裁判例からわかる

スポーツ事故の法律実務

静岡県弁護士会［編集］

ぎょうせい

刊行にあたって

本書は、静岡県弁護士会が、2020（令和2）年度関東十県会夏期研究会の担当会として、研究テーマである「スポーツ事故の法律問題」についての研究成果をまとめたものです。

関東十県会は、東京高等裁判所管内の10県の弁護士会が構成する組織であり、夏期研究会は、毎夏に担当弁護士会が業務に役立つような実務的なテーマについて研究した成果を書物にして刊行しております。

本年度の研究テーマの選定段階では、本年夏に東京オリンピック・パラリンピックが開催される予定であったことから、そのようなスポーツの祭典の年にふさわしいテーマとして「スポーツ事故の法律問題」を取り上げました。残念ながら、東京オリンピック・パラリンピックは、COVID−19（新型コロナウイルス）の世界的な感染拡大の影響によって、来年への延期が決定されました。

しかし、弁護士の日常業務として、スポーツ事故に関する依頼も珍しくはなく、他方で、スポーツ事故は多種にわたるため、一概にスポーツ事故と言っても、ルールや環境条件等によって責任判断や過失割合が異なることから、関連判例等の調査が重要となります。その意味でも、各種スポーツ事故に関する判例を広く集積し、分析した本書が、スポーツ事故の紛争処理に役立つことができれば幸いです。

本書の刊行に際しては、静岡県弁護士会の準備委員会の皆様の努力に敬意を表します。

令和2（2020）年8月

静岡県弁護士会

会長　白　井　正　人

編集者・執筆担当者及び判例研究者等一覧

【準備委員】編集者・執筆者（◎担当責任者○副担当）

静岡支部

◎松田康太郎　○古澤一樹

栗村香奈子　酒井田　努　小池　賢　石川アトム　伊代田雄大

丸山拓也　西澤美和子　加藤絢子　増井俊泰　渡邊裕太郎

浜松支部

◎杉田智樹　○村松奈緒美

高貝　亮　中野江里香　丹羽崇史　佐々木慎吾　守田佑介

沼津支部

◎梅田欣一　○森本耕太郎

本多孝士　出田早苗　永山亮太　杉山　祥　細沼い竜

【判例研究員】

静岡支部

北上紘生　濱田六法　青木皓平　青柳恵仁　下大澤　健

中田祥子　増本　陽　山本華子　加藤萌樹　亀子伸一

堀尾純矢　太田吉則　長谷川将大　山本　純　市川裕香

大塚晋平　増田　靖　柳川侑馬　佐野公洋

浜松支部

河島多恵　岡本英次　鈴木　淳　三和田健介　江間吉洋

妹尾圭持　矢田宗介　山本　諭　名倉祐輔　鈴木悠太

岡崎　毅　岩田祐志　中村恵祐　阿部卓実　根木孝久

能勢洋匡　野形昌三　堀内智幸　山本綾乃　石塚恵太

高浪由有　太田　響　吉田陵平　西沢奈古　吉野哲史

池野慎哉　長野英樹　前嶋直城

沼津支部

尾沢勇紀　斎藤雄太　眞田貴幸　下田朗弘　菅沼　圭

杉山成一　杉山裕紀　鈴木悠起　田上　悠　平　和晃

中村謙介　西宮由希子　長橋　良　原田健一　外立理子
牧野直人　松井　明　原島年央　安本　晋　山本孝介
山本洋祐　岡田　優　柿崎博昭　輿石逸貴　佐野正次郎
佐野可奈　杉山　亮　杉山　隼　高木真二郎　永沼　顕
早川英寿　原　孝至　藤田峻弘　横山正樹

【正副委員長ほか】

委員長　洞江　秀

副委員長　杉田智樹　梅田欣一　山本正幸　松田康太郎
森本耕太郎　村松奈緒美

実行委員　相良優太　西ヶ谷知成　大瀧友輔　佐藤治郎
石槗賢一　天野靖久　石川アトム　石川茂吏
茨木祥人　伊代田雄大　栗田泰吉　露木千尋
三津間秀人　山本　純

凡　例

●裁 判 例

本文及び裁判例一覧表で裁判例を示す場合、「判決」→「判」、「決定」→「決」と略した。

なお、本文中の裁判例に付した「〔判例番号○○〕」は、巻末の「裁判例一覧表」の「判例番号」である。

裁判所の表示、判例の出典については、次のア、イに掲げる略語を用いた。

ア　裁判所名略語

最　大	最高裁判所大法廷
最○小	最高裁判所第○小法廷
○○高	○○高等裁判所
○○高○○支	○○高等裁判所○○支部
○○地	○○地方裁判所
○○地○○支	○○地方裁判所○○支部

イ　判例集・雑誌等出典略語

民　集	最高裁判所民事判例集
集　民	最高裁判所裁判集民事
高民集	高等裁判所民事判例集
東高民報	東京高等裁判所判決時報（民事）
高刑速報	高等裁判所刑事裁判速報集
下民集	下級裁判所民事裁判例集
訟　月	訟務月報
判　時	判例時報
判　タ	判例タイムズ
労　判	労働判例
判例自治	判例地方自治
交　民	交通事故民事裁判例集

自保ジャ	自保ジャーナル
D1-Law	D1-Law.com（第一法規　法情報総合データベース）
判例秘書	LLI/DB　判例秘書INTERNET
ウエストロー	Westlaw　Japan（ウエストロー・ジャパン）
TKC	LEX/DBインターネット（TKCローライブラリー）

目　　次

第１章　はじめに

第２章　スポーツ事故に関する紛争（責任論）

第3章　スポーツ事故に関する紛争（損害論）

第4章 スポーツ事故と保険

資料編

第1章

はじめに

Section
I 総　　論

平成23年8月に施行されたスポーツ基本法の提案理由内で、スポーツは、世界共通の人類の文化であり、心身ともに健やかな人間を育て、人々に大きな感動や楽しみをもたらし、明るく豊かで活力に満ちた社会を形成するとともに、国際的な交流や貢献を果たす上で欠かすことのできないものであると位置付けられている。

しかし、一方で、スポーツは身体的活動を伴うため、一定の危険を内包している。そのため事故による損害賠償が問題となることがあり得るし、以前は不可抗力の事故とされていたものが、科学的知見の進歩により予防法が明確となり、社会の情報化によりこれらが広く知られるようになった結果、避けられる事故とされるものが増え、紛争化の契機も増えている。

また、その紛争当事者も、競技中の接触事故に代表される競技者対競技者のほか、競技者対施設管理者、競技者対指導者、競技者対スポーツ大会等の主催者、ボールが観客や近傍にいた者に当たった事故に代表されるような第三者対競技者、第三者対施設管理者、第三者対指導者、第三者対スポーツ大会等の主催者など、様々な型が考えられる。

スポーツを安全に楽しむことは共通の願いであるから、加害者側及び被害者側の注意義務が司法の場で示され、これが公開されることで、スポーツに潜む危険が認識され、そのことが事故予防に繋がることは歓迎されることである。

本書では、スポーツに起因する事故が発生しその賠償責任が問題となった裁判例をスポーツごとに分析し、誰が、誰に対して、どのような根拠に基づき、どの範囲で責任を負うこととなったのかを検討していきたい。

Section

Ⅱ スポーツ事故と不法行為及び債務不履行責任

1 民法上の責任

(1) 不法行為責任

民法上の不法行為責任は、民法709条に基づくもののほか、指導者やコーチの行為に起因する場合には民法715条、未成年者等の行為に起因する場合は民法714条、土地の工作物の設置又は保存の瑕疵に起因する事故の場合は民法717条が問題となる。

民法709条の責任の要件としては、一般に、①損害の発生、②損害が加害者の故意・過失によるものであること、③損害と過失との間に因果関係があること、④加害行為が違法であること、⑤加害者に責任能力があること、とされている。

また、具体的な注意義務違反（過失）の要件としては、裁判例により表現は様々であるものの、予見可能性、回避可能性を前提とした予見義務違反、回避義務違反が要求されている（最二小判平成18年3月13日〔判例番号246〕)。

この注意義務の具体的内容は、当事者らの属性や、注意義務が問題となる具体的状況等によって異なるため、裁判例では、当事者らの属性のほか、当該スポーツの危険性やルールの内容、事故当時の具体的状況等が検討されている。

なお、民法717条の工作物責任における「瑕疵」の判断においても、同様の事情が考慮要素とされている（札幌高判平成28年5月20日〔判例番号330〕)。

(2) 債務不履行責任

被害者が加害者との間で契約当事者の関係、あるいは契約類似の一定の社会的接触関係にある場合には、契約に付随する信義則上の義務として、「生命及び健康等を危険から保護するように配慮する義務」である安全配慮義務があると解されている（最三小判昭和50年2月25日民集29巻2号143頁、最三小判昭和59年4月10日民集38巻6号557頁）。

具体的な注意義務（要件）については、不法行為責任とほぼ同様であり、予見可能性、回避可能性を前提とした予見義務、回避義務が要求され、この注意義務の具体的内容を検討するに当たっては、当事者らの属性のほか、当該スポーツの危険性やルールの内容、事故当時の具体的状況等が検討されている。

債務不履行責任として構成されるため、責任を負う主体は、被害者と契約又は契約類似の社会的接触関係にある者、具体的には（私立）学校設置者、企業、教室主催者等である。これらに雇用されている指導者やコーチは、履行補助者と位置づけられ、判例は、履行補助者の故意、過失を債務者のそれと同視している。また、判例は、改正前の民法下における消滅時効期間を10年間（改正前の民法167条1項）、遺族固有の慰謝料請求（民法711条）は適用がなく、損害賠償請求権の遅延利息の起算点を損害発生時ではなく請求時（最一小判昭和55年12月18日民集34巻7号88頁）としている。

2 国賠に基づく責任

国賠法1条1項にいう「公権力の行使」には、国公立学校における教師の教育活動も含まれると解され、国公立学校における課外クラブ活動も、学校の教育活動の一環として行われる以上、同条項の適用を受けると解されている（最二小判昭和58年2月18日〔判例番号60〕）。そのため、国公立学校の教師の故意又は過失に起因するスポーツ事故に関しては、国賠上の責任が問題となる。

具体的な注意義務の内容や考慮要素については、民法上の責任で述べたところと同様である。

また、公の営造物の設置又は管理の瑕疵に起因するスポーツ事故に関しては、国賠法2条1項に基づく責任を検討することとなり、「瑕疵」の有無の判断に当たっての考慮要素も、民法上の責任で述べたところと同様である。

Section

Ⅲ スポーツ事故における特色

1 危険の引き受け、社会的相当行為

競技者はスポーツに内在する危険を一定程度引き受けているといえるから、ルールに従った競技に伴い事故が発生した場合には、社会的相当性の範囲内の行為として、加害行為の違法性が阻却されるという立論がある。

しかし、一口にスポーツといっても、柔道やボクシングのような相手の身体を直接攻撃する格闘技から、ラグビーやアイスホッケーのように身体接触がある程度想定される団体競技、スキーや水泳などの個人競技まで多種多様であり、かつ、競技者の属性も、プロ選手から初心者まで様々であって、引き受ける危険の内容も様々であることは容易に想定できる。

こうしたスポーツの特殊性を、賠償責任判断の中でどのように検討するかは、裁判例によって異なるが、大別すると、違法性阻却の段階（社会的相当性や危険の引き受け）で検討するものと、過失の段階（注意義務を制限する事情とする）で検討するものに分かれる。もっとも、違法性阻却の段階で検討する場合も、被害者が当該スポーツの危険を引き受けていたといえるかについては、当事者の属性のほか、注意義務が問題とされる具体的状況（加害行為の態様と競技規則との比較、加害者の過失の程度、負傷の程度、被害者に求められる結果回避の努力等）が考慮要素として挙げられることが多く、注意義務の判断と近接した内容となることが多い。

第2章以下では、スポーツごとに、このスポーツの特殊性を踏まえた裁判例の分析を行っていく。

2　過失相殺

(1)　過失相殺とは、損害の発生又は拡大について、被害者に過失がある場合は、発生した損害を加害者と被害者との間で公平に分担させる制度である。

債務不履行に基づく損害賠償及び不法行為に基づく損害賠償のいずれにおいても認められており、債務不履行に関しては「債務の不履行又はこれによる損害の発生若しくは拡大に関して債権者に過失があったときは、裁判所は、これを考慮して、損害賠償の責任及びその額を定める。」（民法418条）と規定され、不法行為に関しては「被害者に過失があったときは、裁判所は、これを考慮して、損害賠償の額を定めることができる。」（民法722条2項）と規定されている。これら規定の文言によれば、不法行為の損害賠償に関しては、被害者に過失があっても、裁判所は、加害者の賠償責任を否定することはできず、また賠償額を定めるにあたり被害者の過失を考慮するか否かは裁判所の自由であり、この2点において債務不履行に基づく損害賠償の場合と異なっている。

(2)　過失相殺における被害者の過失を斟酌するためには、被害者に責任能力が備わっている必要はなく、事理弁識能力が備わっていれば足りる（最大判昭和39年6月24日民集18巻5号854頁）。

(3)　過失相殺においては、被害者本人の過失のみならず、被害者と身分上ないしは生活関係上一体をなすとみられるような関係にある者の過失も、被害者側の過失として考慮される。具体的には、親権者、配偶者、内縁の配偶者等は、被害者側の過失に含まれ得るが、両親より幼児の監護を委託された者の被用者（保育士）、婚姻関係が既に破綻に瀕しているなど特段の事情がある配偶者などは含まれないとされている。

(4)　過失相殺における過失の有無及び程度を判断するにあたっては、判例上、被害者の年齢（事理弁識能力の有無及び程度）、競技の経験の有無及び習熟度、競技自体の危険性、競技する場所の状況、指導者や監督者等からの事前の指導や注意の有無、自ら危険な行為をしているか否か等の事情が検討されている。

3 免責同意

スポーツ活動への参加にあたり、活動主催者側の責任を免除する旨の免責同意書が作られることがある。

しかし、消費者契約法では事業者の故意、重過失に基づく賠償責任を免除する条項は無効とされている。裁判例でも、「人間の生命・身体のような極めて重大な法益に関し、一切の責任追及をあらかじめ放棄するという内容の前記免責条項は、被告らに一方的に有利なもので……社会通念上もその合理性を到底認めがたい」として、「被免責者の故意、過失に関わりなく一切の請求権を予め放棄するという内容の免責条項は、少なくともその限度で公序良俗に反し、無効であるといわざるを得ない。」(東京地判平成13年6月20日〔判例番号205〕)とするものがある。

免責同意書の作成により、生命身体への賠償責任一切を免除することは、活動の主催者が危険回避措置を講じる動機付けを減じることにもなりかねず、不当であろう。

第2章

スポーツ事故に関する紛争（責任論）

Section

I スポーツの種目ごとの責任論

1 ゴルフ

(1) 特　色

ゴルフは、ゴルフコースにおいて、プレーヤーがクラブでボールを打つことにより行われるスポーツである。

ゴルフのプレー中は、プレーヤー相互間の距離が近い場面も少なくない。そのため、ショットしたボールが他のプレーヤーに衝突してしまう危険を常に帯びている。

また、プレーヤーの技量によっては、ショットしたボールがプレーヤーの意図した方向と異なる方向に飛んで行ってしまうことも少なくない。そのため、広いゴルフコースの中で、想像しない方向から高速度のボールが飛んでくることがありうる。こうした特色も、ボールが他のプレーヤーに衝突してしまう事故を発生させる一つの原因になっているものと思われる。

ところで、ゴルフボールの直径や重量には規制があり、直径は一定程度以上の大きさを求められる一方で、質量は一定程度以下にすることが求められている。

しかし、そのような規制はあるものの、規制の範囲内でできる限りボールを遠くに飛ばせるよう、小さいボールであるにもかかわらずその重量は比較的重いものになっている。

そのため、ショットされたボールが他のプレーヤーに衝突した場合には、大きな怪我に繋がりやすく、それゆえに賠償額の高額化が生じやすい。

このように、打球事故が生じた場合の被害が大きい競技であるため、事故の発生を防止すべくコースの設計にも一定の配慮が必要となる。そのため、コースの運営会社に対しても別途責任が追及される場面が生まれる。

このように、プレーヤー以外にも責任追及の対象となる主体もあることから、以下では主体別にそれぞれの責任を論じ、併せて過失相殺についても検討する。

(2) 加害競技者の責任

ア 一般論

(ア) はじめに

ゴルフ競技中においてプレーヤーに不法行為責任が生じる場合の典型例は、ショットした打球を第三者に衝突させた場合である。

そして、被害者の類型としては、同組の競技者、別組の競技者、そしてキャディー（利用者のラウンドにあたっての助言や補助をする者）があるが、後述するとおり裁判例においては、それぞれの類型ごとに競技者の注意義務違反の判断が若干異なっている。

(イ) 注意義務の根拠となる規範

なお、注意義務の根拠となる規則として考えられるものとしては、R&A（全英ゴルフ協会）とUSGA（全米ゴルフ協会）によるゴルフ規則（財団法人日本ゴルフ協会から日本語版も出されている）がある。

ゴルフ規則は定期的に改定されるため時期によって規則の内容が異なっているが、たとえば2016年1月施行の規則中には「エチケット」という章があり、そこには安全の確認として次のような記載がなされていた（なお、最新版のゴルフ規則では以下の記載は見当たらない）。

・プレーヤーは、ストロークや練習スイングをする場合、次のことを必ずよく確かめるようにするべきである。
  ① 近くに誰も人が立っていないかどうか
  ② クラブや、球や石、砂利、木の小枝などが飛んで行って当たりそうな場所に誰も人が立っていないかどうか
・プレーヤーは、前の組のプレーヤーたちが球のとどく範囲外に出るまではプレーを始めてはならない。
・プレーヤーは、近くや前方にいるコース作業員に危険な思いをさせる可能性のあるときは、ストロークを行おうとする前に必ずその人たち

に注意するよう声を掛けるべきである。

・打った球が誰か人に当たる危険性のある方向に飛んで行った場合、プレーヤーはすぐに大声で危険を知らせるべきである。そのような場合に伝統的に使われてきている掛け声は「フォー!!」である（ただし、裁判例では「フォー」と表記されている事案は稀なので、本書では比較的多く使われている「ファー」に統一する。）。

このように、ゴルフ規則にはプレーヤーの行うべき安全確認の具体的な内容が記載されている。

もっとも、裁判例において、注意義務違反の根拠としてゴルフ規則を挙げているものは少ない。しかし、ゴルフ規則と同趣旨のものを注意義務として挙げる裁判例は多くある。

㈦　具体的な注意義務

裁判例では、被害者の類型によって以下のように注意義務違反の存否の判断がなされている。

a　被害者が同じ組の競技者の場合

同じ組で回っている競技者が被害者となる場合、加害者と被害者は同じホールにいることになる。その場合には、ショットする場所から比較的近い距離に同伴競技者が存在しているため、打球が衝突する事故があった場合、ショットする前に打球が衝突することがないように何らかの注意をすべき義務があったとされやすい。

裁判例において挙げられている具体的な注意義務の内容は、同伴競技者との距離やコース状況などにより異なってくるが、①ショット前に声を掛けること、②同伴競技者の位置を確認すること、③打球が当たり得るような位置に同伴競技者がいる場合には移動してもらうこと、④自己がボールを打つ前に、同伴競技者がこちらを見ているかを確認すること、⑤ミスショットした場合に「ファー」などの大声を出すことなどである。

しかし、プレーヤーにどのような注意義務が生じるかはまさに状況によって異なるものであり、これら全ての行為を履行していなければ注意義務違反が認められてしまうわけではない。

たとえば、ミスショットした場合に「ファー」などの大声を発することで打球を回避することができるのは、ショットした場所から被害者までの距離にある程度余裕がある場合に限られる。なぜならば、距離がない場合には、ファーなどの大声を出したときには既に打球が衝突してしまっているからである。

そのため、たとえば東京地判平成29年10月26日〔判例番号349〕も、ショットした場所から被害者までの距離が30ないし40ヤードであった事案で、ファーなどの大声を発しなかったことについては過失があるということはできないと判断している。

b 被害者が別の組の競技者の場合

別の組でプレーしている競技者が被害者となる場合には、加害者と被害者が同じホールにいる場合（同ホール内で先行して被害者の組がプレーしている場合）も、別のホールにいる場合もあり得る。

(a) 同じホールにいる場合

ゴルフにおいては、別の組が同じホールにおいてプレーしていることは一般的な事象である。

こうしたことから、同じホールで先行してプレーしている競技者の存在は容易に予見できる。そのため、先行して同じホールを回っている被害者に打球を衝突させた場合には、後行してプレーしていた競技者の注意義務違反は肯定されやすくなっている。

裁判例においても、傾斜や林などのために先行プレーヤーのことを直接視認できないような場合であっても、後行プレーヤーとしては先行してプレーしている競技者に対して危険を及ぼすことのないよう、万全の配慮をなすべき極めて高度の注意義務を負うとされている。

よって、先行してプレーしている競技者の位置を確認すべき注意義務があることを前提に、もし先行競技者が自己のショットするボールが届き得る範囲内にいるときには、ショットするのを待つべき注意義務が課されることになる。

(b) 別のホールにいる場合

他方、被害者が加害者とは別のホールを回っている際に打球が衝突した事故の場合には、裁判例も判断が分かれている。

責任を肯定する場合であっても否定する場合であっても、打球が届く範囲の安全を確認するべき注意義務を課するという点では大きくは異ならない。責任の肯否を分けるのは、確認の結果として、他の競技者の存在を認識し得たといえるかどうかという点にあるようである。

責任を肯定する裁判例には、他の競技者の存在が客観的に予想されるのであれば、実際には樹木等で視認が困難であっても、よく確認さえすれば認識は可能であるとして、注意義務違反を肯定するものもある。

その一方で、他の競技者の認識が困難であり、打球も狙った方向とは相当異なる方向に飛んだような場合に、スポーツ競技に認められる「許された危険」の概念があてはまるとして、責任を否定する裁判例もある。

c　被害者がキャディーの場合

打球がキャディーに衝突した事故の場合にも、基本的な注意義務は競技者に対するものと同様に考える裁判例が多い。

これに対して、加害者に故意又は重過失がない場合には、競技中において通常予測し得るような危険はこれを受忍することに同意していたものというべきであるとして責任を否定した裁判例や、自己のパーティを担当するキャディーの一切の動静に注意を払って位置関係を完全に把握した上で打球を放つべき注意義務まではないとして責任を否定する裁判例も存在している。

イ　具体的裁判例の検討

ゴルフ競技者の責任が問題となっている裁判例は多数存在しているが、深く責任原因を検討していないものも少なくないように思われる。

そこで以下では、ある程度具体的に責任原因について検討している裁判例を挙げて検討することとする。

㋐　同じ組の競技者に対する事故

プレーヤーの注意義務について詳細に説示した裁判例として、大阪地判平成17年2月14日〔判例番号237〕がある。

この裁判例は、加害者が第2打をグリーンに乗せようとして9番ウッドで思い切りショットしたところ、ボールが右曲がりに弧を描いて飛び、

40mあまり離れた右前方にいた被害者に衝突させ、脳挫傷等の傷害を負わせた事案についてのものである。

判決は、プレーヤーの注意義務について、次のように述べている。

「一般に、ゴルフプレーにおいて、ショットをしようとする者は、まず同伴プレーヤーが自己の前方にいるか否かを確かめる義務を負うのは当然として、仮にいることを認めた場合には、自己と同伴プレーヤーとの間の距離、自己のボールの飛距離に鑑み、①自己と同伴プレーヤーとの距離が離れていて、自己のボールが同伴プレーヤーの方向に飛んで行ったとしても、同伴プレーヤーがボールの行方を見ていさえすればボールの衝突を回避できる距離にいる場合には、自己がボールを打つところを同伴プレーヤーが見ていることを確認する義務を負うにとどまるが、②自己と同伴プレーヤーとの距離が近く、自己のボールが同伴プレーヤーの方向に飛んで行ったならば、同伴プレーヤーがボールの行方を見ていたとしてもボールの衝突を回避できない可能性がある距離にいる場合には、同伴プレーヤーを安全な場所まで下がらせる義務があるというべきである。そして、ミスショットの可能性は、それによってボールが同伴プレーヤーの方向に飛ぶ可能性が否定できない場合には、それに応じて、この義務が加重されるというべきである。また、ショットをした者は、③ボールが同伴プレーヤーに当たるまでの間に、「ファー」などの大声を掛けて警告を発すれば、警告を聞いてボールの飛来に気付いた同伴プレーヤーがボールの衝突を回避できる可能性がある場合には、自己のボールが同伴プレーヤーの方に向かって飛ぶとすぐに、「ファー」などの大声を掛けて警告を発する義務を負うというべきである。」

この判決では、同伴プレーヤーが自己の前方にいるかについて確認すべき注意義務を課したうえで、距離が離れている場合は同伴プレーヤーが見ていることを確認する義務があるにとどまるとする一方、距離が近い場合には同伴プレーヤーを安全な場所まで下がらせるべき義務があるとした。そのうえで本件では、被害者を安全な場所まで下がらせないまま漫然と本件ショットをした過失を認定して、損害賠償責任を認めている。

なお、この判決では、ボールが同伴プレーヤーの方に向かって飛んだ場合にはすぐに「ファー」などの大声で警告を発する義務があるとしているものの、本件ではショットから数秒でボールが衝突していたこともあり、前掲東京地判〔判例番号349〕と同様に、「たとえ被告が警告を発したとしても、警告を聞いた被害者がボールの飛来に気付いてボールの衝突を回避できた可能性はなかったというべきであるとして、警告を発しなかったことについては過失がないものとしている。

(イ)　別の組の競技者に対する事故

別の組の競技者に対する打球事故の場合、責任を肯定する裁判例が多数ある一方で、責任を否定する裁判例も存在している。

【責任を肯定する裁判例】

責任を肯定する裁判例としては、たとえば東京地判平成18年7月24日〔判例番号251〕がある。

この裁判例の事案は、3番ホールから4番ホールを結ぶ歩道を歩行中の原告に、5番ホールにおいて第2打をショットした被告の打球が衝突して、肋骨骨折等の傷害を負わせたものである。

被告は、本件歩道付近は樹木に覆われ、被告から見通すことができず、被告が人影に気付く可能性はなかったとして過失がないと主張した。

これに対して裁判所は、まず「本件歩道は3番ホールから4番ホールへ移動するために設けられた歩道であり、当日が一般に客の多い日曜日であったことからすれば、他の組の者が本件歩道を歩いていることは客観的に予想されたところであり、また、証拠によれば、本件事故現場付近には樹木が生育していたが、被告が第2打の前に本件歩道方向を十分に確認すれば、原告がいるのを認識することができた」として、予見可能性がなかったということはできないとした。

そのうえで、「強打したゴルフ球が人に当たれば危険であることは自明であるから、ゴルフ場でプレイする者は、ゴルフ球を打つ際は、そうした危険が生じないように自己の技量に応じて打球の飛ぶ可能性のある範囲を十分に確認すべき義務がある。」として、被告の過失を認めた。

【責任を否定する裁判例】

このように、安全の確認が不十分であったとして過失を認定する裁判例がある一方で、過失を否定する裁判例も存在している。

たとえば東京地判平成6年11月15日〔判例番号145〕は、18番ホールで第2打をショットした被告が、10番ホールのティーグラウンド付近にいた原告にボールを衝突させ、外傷性眼球破裂等の傷害を負わせた事案に関するものである。

この判決は、自己の技量に応じた注意義務を設定している。すなわち、「ゴルフを始めたばかりのビギナーであれば、ボールを正確に打つことができないのであるから、打ちたい方向のみならず、前方180度に近い角度の範囲に人影のないことを確認したうえでプレーすべきであるが、上達するに従って自己の打球の癖に注意して、行きやすい方向に人影のないことを確認してプレイすべき」としている。

そのうえで、①本件では被害者が木陰から出てきた直後に打球が当たっていることから見ると、ショット前に10番ホールのティーグラウンド付近に人影が見当たらなかったとしても不自然でないこと、②角度的にも、被告の狙った方向と10番ホールのティーグラウンド方向とはかなり異なっており、被告の技量がそれほど優れていなかったとしても、全くのビギナーとまでは認められず、打球が10番ホールのティーグラウンド方向に行きやすい状況にあったと認めるべき特段の事情もないこと、③仮に10番ホールの方向に打球が飛んだとしても、松林の枝に遮られていて、直撃的に10番ホールのティーグラウンド付近に飛び込むことを予想することは困難であることなどを述べた上で、「すべてのスポーツ競技に共通して認められるところの『許された危険』の概念に照らして考察するとき、本件打球について、被告の過失を認めることは相当でない」と判示して、競技者の責任を否定している。

(ウ) キャディーに対する事故

キャディーに対して打球が衝突する事故の場合にも、基本的にはショット前に安全確認を行っているかどうかが問題となる。

しかし、キャディーはプレーヤーとは異なる立場にあることから、プレーヤーに対する責任判断とは違った観点から責任を否定する裁判例もある。

【責任を肯定する裁判例】

名古屋地判平成14年5月17日〔判例番号214〕の事案は、グリーンそばのバンカーからショットした被告の打球がシャンクして右方向に飛び出したために、グリーン上の別のプレーヤーからボールを受け取って拭こうとしたキャディーに衝突し、左眼球破裂等の傷害を負わせたものである。

本判決は、バンカーの状況から球が正確にクラブに当たらず、シャンクその他の不規則な飛び方をするおそれが通常より相当高かったものといえるとしたうえで、「他の競技者らは既にグリーン上に球を乗せ、グリーン周りの比較的近い位置に集まって来ていたのであるから、このような場合、事故の起きる可能性はより高く、それだけに被告としては、他の競技者や原告の動静に普段以上に十分な注意を払い、後方など完全に安全な位置にいるか、あるいは飛球を避けられる程度の位置・距離にいて打球動作を注視しているかを確認し、もし少しでも不安が残る時には、声をかけるなどして自分が球を打つことに注意を喚起する義務があったものというべきである。」として、キャディーを意識におくことすらないまま球を打った被告には過失があるとした。

【責任を否定する裁判例】

一方で、キャディーに打球をぶつけた場合に過失を否定する裁判例も存在する。

a　神戸地伊丹支判昭和47年4月17日〔判例番号13〕

本件は、ティーグラウンドから約180m離れた地点で第1打の打球の行方を確認するため待機していたキャディーの頭部に、ティーグラウンドからショットした第1打の飛球が衝突し、頭部外傷を負わせたものである。

この判決では、「およそ、ゴルフ競技のごときスポーツに参加する者が、競技の過程において被害を受けた場合には、加害者において故意又は重大なる過失がなく、かつ被害の原因となるような競技のルールや作法に反する行動のないかぎり、競技中において通常予測しうるような危険は、これを受忍することに同意したものというべく、この理はゴルフ競技におけるプレーヤーとキャディとの間にも妥当するものと解すべきである」として、通常予測しうる危険については受忍することに同意しているとの構成をした。

そして、「ゴルフ競技における打球は、非常に打球の巧みなプレーヤーを除き、一般に意のごとくならないもので、打球の方向や距離を調節してキャディとの衝突を避けることは、ゴルフ競技の性質上きわめて困難であるのに対し、一方キャディにおいては、飛球の位置を見失わないかぎり、飛来する球を避けることは比較的容易であるから、プレーヤーとしては、かような場合キャディが打球に対する危険を避けうる態勢にあることを確認したうえ、キャディのいる方向に打球しない心構えで打球すれば足り、それ以上の注意義務を要求することは妥当ではない」と述べている。

そのうえで、本件にこれをあてはめると被告に注意義務違反があったとはいえず、かつ原告においても、かような被害の発生は通常予測し得る危険として受忍するのが相当であるとして、不法行為の成立を否定している。

b　神戸地姫路支判平成11年3月31日〔判例番号190〕

本件は、プレーヤーが第2打をショットした際、そのプレーヤーよりも前方にいた別のプレーヤーにクラブを渡すためにカートに乗って移動していたキャディーの右足首にボールが直撃し、右足関節内顆骨折等の傷害を負わせた事案についてのものである。なお、プレーヤーはショット前に前方にいた別のプレーヤーには声を掛けてからショットしている。

本判決は、「通常ゴルフプレーヤーが球を打つに際しては、前方に同伴競技者等がいないこと、同伴プレーヤー等がいる場合には、その者らに対し、自己がこれから球を打つことについて注意を喚起すべき義務があるものと解されるところ、右義務はキャディに対しても同様であるというべきである」と述べたうえで、「しかしながら、ゴルフがスポーツであり、スポーツに厳格な注意義務を求めるのは相当ではないこと、同伴プレーヤーらとしても、パーティ全体のプレーの流れや状況等については当然把握しているはずであること等に照らせば、球を打とうとするプレーヤーにおいて、同伴プレーヤー又は自己のパーティを担当するキャディの一切の動静に注意を払い、それらの者の位置関係を完全に把握した上で打球を放つべき注意義務まではない」とした。

そして、本件の事実関係の下では、プレーヤーの前方にキャディーが移動していることは予想し得ないとして過失の存在を否定した。

(3)　指導者の責任

ア　概　　要

ゴルフにおいては、ボールやゴルフクラブの接触による事故が特に問題となりやすく、いわゆる打ちっ放しの練習場での周囲のプレーヤーとの間の事故や、他のプレーヤーの打ったボールが衝突した事故などが主な類型といえる。このような事故においては、直接の加害者であるプレーヤーの過失の有無が問題となることが一般的だが、ゴルフレッスンの際に上記事故が生じた場合、指導者の対応が注意義務違反と捉えられ、債務不履行又は不法行為による損害賠償責任が成立する可能性もあることから、ここでは競技に関して指導者の責任が追及されたケースについて触れることとする。

イ　裁判例の検討

(ア)　東京地判平成2年9月19日〔判例番号106〕

本件は、ゴルフ練習場で開催されたゴルフ教室において、被告甲からレッスンを受けた際に指導を聞くために、同じ受講者の被告乙側の歩径路マット（通路から打席に入る際に通るマットで、隣接する打席との間に敷かれているもので、利用者は打席に向かって左側のマットを通って打席に入る）付近に立つように言われたことから、同所に原告が立っていたものの、被告甲のスイングに恐怖して後ずさりし、同歩径路マットに侵入してしまったため、同歩径路マット上でスイングしていた被告乙のゴルフクラブが後頭部に当たり、後頭部挫傷等の傷害を負った事案である。

これにつき、裁判所は、被告乙が被告甲の指導を実践するために不適切な場所でスイングをしたことが事故の一因であることを認めつつ、他人の歩径路マット上に侵入すること自体が危険な行為であることを理由に、被告甲につき、指導を受けるための適切な位置を指示すべき義務及びスイングに畏怖して危険な位置に侵入しかねない場所で指導者がスイングすべきでない義務に違反するとして、過失を認めた。

(イ) 東京地判平成15年5月15日〔判例番号220〕

本件は、被告会社の経営するゴルフスクールにおいて、他の生徒が打ったゴルフボールが原告の右後頸部を擦過したため、レッスンプロである被告会社従業員が擦過部位を約20cmの距離から地肌に直接冷却スプレーを複数回噴射したところ、第II度の化学熱傷になり、右後頸部から肩にかけて手のひら大の円形の色素脱失斑が生じた事案である。

これにつき、裁判所は、使用された冷却スプレーの用法として、直接皮膚に吹きかけたり、30cm以内（特に20cm以内）の近距離から、あるいは、2秒以上吹きかけたりすると凍傷を生じさせるおそれがあること等の注意書きがなされていること及び、前記従業員は前記冷却スプレーの使用経験がなかったにもかかわらずこれらの注意書きを読んでいなかったことから、同従業員には、容器に表示された使用方法や使用上の注意を事前に読み、これを守って使用すべき注意義務に違反があるとして、過失を認めた。

ウ 予防策・対応策

指導的立場にいる者は、ゴルフ教室等の利用契約上又は信義則上、指導の対象である生徒に何らかの問題が生じることのないよう管理監督する抽象的な義務を負っていると思われる。そのため、生徒が第三者に危害を加えてしまうおそれがある場合にはこれを防止するための措置を講ずることが求められるし、逆に生徒が危害を加えられてしまうおそれのある（あるいは加えられてしまった）場合にはその危害が及ばないあるいは、それによって被害を小さくするための措置を講ずることが求められる。

前者の措置についていえば、ゴルフスクールの際の事故で指導者の責任が追及されることが多いが、ゴルフスクールでは、様々な技量の生徒が同時に競技を行っているため、指導自体は個別的なものとなりやすい。そして、特にマンツーマンの指導においては、指導者自身が他の生徒の行動への注意が及びにくい状況を作出していることから、指導者に対しては一層高度な管理監督義務が要求されると思われる。また後者の措置についても、前記裁判例では事故後の対応が問題となっているが、事故に備えて事前に指導者として行うべき応急手当等の救護措置を習熟しておくことが望ましい。

(4)　施設の責任

ア　総　　論

ゴルフ施設における事故については、プレーヤーとゴルフ施設経営者（会社）間では、ゴルフコース（以下「ゴルフ場」という。）・ゴルフ練習場の施設等に起因する事故である場合には、施設そのものの瑕疵として工作物責任（民法717条）の問題となり、キャディーが介在している事故の場合には使用者責任（民法715条）が問題となる。

ゴルフ施設とは、ゴルフ場とゴルフ練習場をいうところ、それぞれの施設において、発生する事故類型が異なることから、各施設における注意義務についても異なるものとなる。

そして、ゴルフ場、ゴルフ練習場経営者等のゴルフ施設管理者の責任については、ゴルフ競技がプレーヤーの高度な技術を要するうえに、危険を伴うスポーツであることから、ゴルフ施設管理者としては、利用者へのプレーのさせ方（施設の利用方法及び利用者に対する注意喚起等）、ゴルフコースの設計、危険防止策、キャディーに対する教育等、事故発生の防止策全般について、一般的なスポーツ施設管理者の注意義務よりも強い注意義務が要求されていると考えられる。

イ　ゴルフ練習場における事故

(ア)　施設管理者の責任が問われる場面

ゴルフ練習場での事故において、施設管理者の責任が問われる場面としては、練習場利用者同士の事故が当該施設の不備により発生した場合が、主として考えられる。

ゴルフ場との施設の違いとしては、多くのゴルフ練習場においては、利用者は一定のスペースを空けて並んだ各打席において、個別に練習をしていることから、ゴルフ場のように前方の者に打球等が衝突するといった事故の発生は通常考えられない。

ゴルフ練習場での事故として具体的に想定されるものとしては、各スペースで練習している利用者の振ったクラブが隣接する打席等にいる他の利用者に当たったり、ミスショットした打球が設備等に当たり跳ね返ったボールが他の利用者に衝突するような状況が考えられる。

そのため、ゴルフ練習場の施設管理者については、当該事故が生じないように打席等の練習スペースにつき通常の利用方法であれば他の利用者と接触したりすることがないような十分な事故防止措置や事故防止のための注意喚起を行っていたか否かといった事情から施設管理者としての注意義務を尽くしていたかが判断される。

(イ)　ゴルフ練習場の管理者の注意義務と裁判例

ゴルフ練習場の管理者に対して民法717条責任を追及した裁判例は2件あり、責任を肯定したものと、責任を否定したものがそれぞれ存在する。

いずれについても、ゴルフ練習場で隣り合う打席において練習していた者同士の事故における練習場管理会社の責任について判断されたものである。

千葉地判昭和46年10月29日〔判例番号10〕は、自身の打席で練習中の原告が打席内でティーアップのために前かがみになった際に前方の打席の利用者がテイクバックをしたため、そのクラブが頭部に当たって傷害を受けたものであるが、これについては、通常では前方の利用者のクラブが当たることはないが、手動でティーアップをしなければならなかった本件の練習場においては、利用者が前方の打席の近くに寄ってボールをティーに乗せることがあり、その際に前方の打席の利用者がクラブを振れば後ろ（背後）の打席の利用者にクラブが当たる可能性はあるとして、練習場の設置及び保存に瑕疵があったとして、施設管理者としての民法717条責任を認めている。

他方、静岡地判平成7年3月10日〔判例番号151〕は、ゴルフ練習場で練習していた原告が、練習中に前方の打席に入り込んでしまい、その際に同打席利用者がテイクバックしたクラブに当たり傷害を負ったものであるが、これについては、練習場利用者に対して利用打席エリアが独占的かつ排他的に与えられており、第三者が不用意に入り込んでくることは予想できないため、特段の事情がない限り周囲の安全をいちいち確認する義務を要求されるものではないとしたうえで、練習場管理者においても、そのような不用意な入り込み等まで予想して危険防止のための監視員を置く義務があるとはいえないとして、練習場の施設管理者である被告につき、土地の工作物の設置保存（管理）に瑕疵や契約上の安全配慮義務の不履行があったとまではいえないとして、練習場管理会社の責任を否定している。

以上のように、同じ打席内における練習中の事故についても結論が異なることから、ゴルフ練習場での事故について、注意義務の内容を一般化することは困難であると思われる。しかし、練習場側としては、利用者が一般的な利用方法により練習をしていたにもかかわらず打席間での衝突事故が生じてしまった場合で、その事故がゴルフ練習場利用者として特異な事故でないのであれば、やはり練習場の打席の設置管理に瑕疵があったといわざるを得ず、逆に、静岡地裁の裁判例のように他者が打席に進入してしまった場合のような事故については、一般的にそのような行為が危険であることは明らかである以上、当該行為に事故の原因があり、練習場側に打席の設置管理の瑕疵があるとはいえないということになろう。

ウ　ゴルフ場における事故

(ア)　施設管理者の責任が問われる場面

ゴルフ場での事故において、施設管理者の責任が問われる場面としては、プレーヤーが同伴キャディーの過失により傷害等を負った際に使用者責任（民法715条）を問われる場合やゴルファーが施設の設置管理の不備により傷害等を負った際に工作物責任（民法717条）を問われる場合、ゴルフ場利用契約上の安全配慮義務違反が問われる場合（債務不履行責任）が考えられる。

ゴルフ場での事故は、ゴルファーそれぞれの技量に幅がある上、多くのゴルフ場で各ホールが隣接していることや前後の別の組にもプレーヤーがいること、キャディーの指示でプレーの進行をすること等から、前の組や隣接コースの組への打ち込み事故が発生した場合において、施設管理者としての工作物責任や安全配慮義務違反の有無が問われる事例が多くみられる。また、ゴルフカート乗車中の事故についても、施設管理者の責任が問われる事例も多数存在する。

具体的に想定される事故としては、キャディーの指示に従った後方のプレーヤーが打った打球が前方のプレーヤーに当たる事例、防護ネット等が設置されていないコースにおいて隣接のホールや練習場から打ち込まれた打球に当たる事例のほか、ゴルフコース内に設置されている設備等によって負傷する事例、電動ゴルフカートに追突されたり、カート上から落下したりするような事例等が考えられる。

(イ) ゴルフ練習場の管理者の注意義務と裁判例

以上のような事故が想定されることから、ゴルフ場の施設管理者としては、当該事故が生じないように隣接するホールや隣接する施設等との間に防護ネットを設置する等の事故防止措置をとっていたか、設備・カートの適切な利用方法の告知や注意喚起を行っていたか、同伴キャディーの教育を適切に行っていたか等、ゴルフ場としての特殊性を踏まえたうえで、ゴルフ場が通常備えている十分な事故防止措置や事故防止のための注意喚起を行っていたか否かといった事情から施設管理者としての注意義務を尽くしていたかが判断される。

以下においては、事故の類型別に裁判例を紹介する。

なお、裁判例においては、施設管理者の責任が認められた場合であっても、プレーヤーやキャディーの側に相当程度の過失を認めたものが多数存在する。

a　ゴルフ場内の設置物を原因として生じた事故についての施設管理者の責任

ゴルフ場内の設置物が原因で傷害を負った場合については、それがゴルフ場運営会社の管理にかかる設置物であれば、まさに施設管理者の工作物責任の問題である。

浦和地判昭和53年9月28日〔判例番号37〕及び東京高判昭和56年1月30日〔判例番号52〕は、ゴルフのショートコースを利用しているプレーヤーが、ゴム製ティーマットの設置されたティーグラウンドにおいてティーショットをした際、ティーが高く跳ね上がって眼に当たり負傷し失明したことにつき、ティーが高く跳ね上がったのはゴム製ティーマットを設置していたことが原因であるとしてショートコース運営会社の工作物責任を主張した事件の第1審と控訴審である。第1審は、ゴルフにおいてティーショットで跳ね上がったティーが打者に当たって負傷すること自体は経験則上明らかであり、通常のゴルフを行っているプレーヤーは、ティーの跳ね上がりが起きうる危険であると認識している（容認している）としたうえで、ゴム製ティーマットが通常の天然芝や人工芝よりも跳躍度が大きくなるということは認められず、ゴルフをする者が通常認識し容認した通常起こり得る危険が不幸にしてたまたま起こったものとして、請求を棄却している。そして、控訴審においても、ゴム製マットを使用した場合とそうでない場合のティーの跳躍度に関する鑑定をしたうえで、原審と同様の判断をしている。

また、東京地判平成24年1月25日〔判例番号283〕は、ゴルフ場のホール間のラフにあった蓋のしていないマンホールに落ちて負傷したプレーヤーがゴルフ場を訴えたものである。この裁判例では、ゴルフ場の多くが地形を利用した起伏や湾曲等のあるコースであることやコース内にはコースの特色を出すため大小様々な人工物が存在しているのが通常のことであり、これら全てについて市街地や公道上の様な安全性を確保すべきとまではいえないとしつつも、万が一当該マンホールに落ちれば大きな傷害を負うこともあり得る形状の工作物である以上、蓋がされていなかったことは、ゴルフ場が「通常有すべき安全性を欠いていた」状態にあったとして、施設管理者の責任を肯定している。

つまり、上記裁判例からすれば、ゴルフ場やゴルフ競技に内在する危険についてはプレーヤーが認識・容認しているものであることを前提に、ゴルフ場の施設管理者としては、設置物等の有する危険性が、プレーヤーの認識・容認している危険の範囲を超えた場合において「工作物が通常有すべき安全性を欠いている」として責任を負うものと考えられる。

b　打ち込み事故についての施設管理者の責任

打ち込み事故の類型には、プレーヤー間における打ち込み事故とプレーヤーの打球がキャディーに直撃する事故の2種類がある。いずれの場合にも、施設管理者が防護柵、ネット等の打ち込み防止策を講じていたか否か等によって工作物責任が問われ、さらに、プレーヤー間の事故については、後述するキャディーの安全教育に不備がなかったか否かによって使用者責任が問われることになる。また、キャディーに直撃する打ち込み事故の場合にも、同キャディーに対しての安全対策上の指導をどの程度行っていたかによっては、安全配慮義務違反を問われることもある。

プレーヤー間での打ち込み事故については、コース横の林の中で自身の打球を探していたプレーヤーに隣接の練習場からの打ち込みの打球が直撃した事例（京都地判昭和58年12月23日〔判例番号67〕）やボールの飛来を防ぎきれない高低差や樹木等があるだけの隣接ホールに打ち込んだ打球がプレーヤーを直撃した事例（東京地判昭和60年5月29日〔判例番号74〕）、隣接ホールのティーグラウンド付近に打ち込んだ打球がプレーヤーに直撃した事例（東京地判平成6年11月15日〔判例番号145〕）がみられるところ、いずれにおいても近接する練習場やホールにおいて他のプレーヤーの打球が飛来することは通常予想できるものであることから、打球の飛来を防護するネットや障壁等の打球の飛来防止施設を設置していないことは、「ゴルフ場として通常有すべき安全性を欠いていたものと認められる」と判断されている。

プレーヤーの打球がキャディーに直撃する事故については、基本的には、先述したプレーヤー間における打ち込み事故の場合と同様に、飛来防止措置の有無に加え、キャディーが、事故の起きるラウンド中は職務の遂行中であるという点から、キャディーの職務内容に着目してその上での危険防止措置をとっているか否かも判断の一要素となっている。大阪地判昭和61年10月31日〔判例番号84〕は、キャディーがプレーヤーの打球の行方とその落下を確認するため、必然的に打者より前方に出ざるを得ない構造になっているホールにあって樹木等の遮蔽物もないような場所では打球衝突事故が発生することが十分予見できるため、キャディーの生命身体に対する安全確保のため防御網等の保安設備が設けられなければならず、それがないホールはそれ自体、土地工作物の設置に瑕疵があるとしている。

いずれの場合においても、打ち込みの可能性が予想できるコース、特に、打球衝突事故が以前にも発生したことがあるようなコースや傷害結果が発生していなくても打ち込み事例が生じやすい構造になっているコースについては、その事故を受けてコースレイアウトの変更や防護柵等の効果的な事故防止設置がとられているか否かが施設管理者の工作物責任を判断するうえで重要な要素となると考えられる。

c　カート事故についての施設管理者の責任

ゴルフ場における事故については、打ち込み事故以外の事故として代表的な事例として、ゴルフ場の電動カート（以下「カート」という。）が関係する事故がある。

カートは、主にゴルフ場でコースをラウンドする際にプレーヤーが乗車して移動するものであり、自動運転の場合と手動運転の場合があるが、いずれの場合においてもカートがゴルフ場の管理するものである以上、ゴルフ場の工作物であり、その瑕疵により怪我等が生じれば、施設管理者たるゴルフ場の工作物責任が問われることとなる。

主な事故類型としては、地面に埋められている誘導線にしたがって自動走行しているカートや他のプレーヤー・キャディーが運転しているカートがプレーヤーに衝突する事例、カート乗車中にカートの操作ミスやカート自体の不具合により怪我をする事例等がある。

カートがプレーヤーに衝突する事例として、カート走行路とプレーヤーの歩行路が重なる場所において遠隔操作のカートが追突した事故（名古屋地判平成7年10月25日〔判例番号156〕）につき、カート走行路とプレーヤーの歩行路が重なり衝突する危険がある場所においては、「各通路を別個に設け、同危険を抜本的に除去するか、両者が不用意に接触をすることがないよう、合流地点付近にゴルファーの背後からカートが接近して来る可能性につき警告する看板その他標示を設けるほか、係の従業員を立たせるのであれば、作業員を置いて注意を促す等必要な措置を講じた上でカートを発進させられるような設備を整える義務」があり、それを欠いている場合には、土地工作物が通常備えているべき安全性を欠くものとして、工作物の設置又は保存に瑕疵がある場合に当たるとしている。

つまり、カートとの衝突事故については、プレーヤーがカートと衝突をしないよう、ゴルフ場として、自動運転のカートの発進・走行に際して周囲のプレーヤーの安全を感知することができていたか、危険回避のための警告や注意喚起等の措置をとっていたか等が、工作物責任の重要な判断要素となる。

次に、カート乗車中にカートの操作ミス等により怪我をする事例については、運転手の運転技能も関係してくるところ、カートは一般の自動車に比べれば極めて単純な運転操作であることから、カート道路の構造や注意喚起の方法については、普通自動車を運転する能力を有する者が行うことを前提とした注意喚起内容であれば十分であり、その能力がない者に対してであっても、カート道路の危険箇所等の具体的な注意を行えば足りるとされており、酒気を帯びた運転手が運転するカートの同乗者がその運転により縁石に乗りあげた際にカートから放り出された事故（名古屋地判平成10年7月31日〔判例番号181〕）においても同様の判断がされ、施設管理者の責任は否定されている。

また、カートが急停止した際に体が揺られた同乗者が頭をカートの柱にぶつけて負傷した事故（大阪地判平成16年6月22日〔判例番号228〕）においても、カートには「乗車中は手すりをお持ちください」との注意書きが掲示されているだけであったものの、当該カートが最大時速8kmであり、急停車したとしてもそれほど衝撃は大きくないとして、上記注意書きで十分であり、カートの支柱等に被覆や緩衝材を施し、事故発生の予防措置を講ずるまでの注意義務は認められないとして工作物責任及び債務不履行責任を否定している。

以上のことから、カート事故については、ゴルフ場特有の事故ともいい得るが、ゴルフ場として通常有すべき安全性を欠いていたか否かについては、何ら特殊な考慮要素があるわけではなく、カートという工作物を利用している施設管理者が、プレーヤーとの事故が生じないための危険防止措置として一般的に考え得る対応策を講じていれば、その責任を追及される可能性は低いと思われる。

なお、キャディーがカートの運転等をしていた場合のカート事故については、キャディーのカート操作の方法が適切であったか、必要な措置を講じていたか、プレーヤーへの注意喚起を行っていたか等によってその過失の有無が判断され、キャディーに過失があるとされた場合には、雇用者たる施設管理者については使用者責任が生じる（キャディーの行為による施設管理者の責任については次項参照)。

d　キャディーの過失により傷害が生じたときの施設管理者の責任（使用者責任）

ゴルフ場によっては、ゴルフをプレーする組にキャディーを同伴させる場合がある。

前提として、キャディーは、当該ゴルフ場に直接雇われた者である場合と、ゴルフ場経営者が依頼したキャディー派遣会社から派遣された者の場合があるものの、いずれの場合においても、ゴルフ場経営者には、キャディーに対して、前後の組との関係において打ち込み防止等の安全確保や同伴プレーヤー間における安全確保といった一般的なゴルフキャディーとしての教育だけでなく、当該コースにおける危険やその予防策、その他具体的状況下における安全対策についての指導教育をすることで事故を未然に防止すべき義務があるというべきである。

したがって、当該義務を履践していれば避けることができたようなキャディーの不注意等によってプレーヤーに傷害等の結果が生じた場合においては、使用者たるゴルフ場の施設管理者が、使用者責任（民法715条）を負うことになる。

この点、名古屋地判昭和57年9月24日〔判例番号57〕、同控訴審である名古屋高判昭和59年7月17日〔判例番号69〕は、後続プレーヤーの打球が先行プレーヤーに直撃して負傷した事故についてキャディーの不注意に基づく使用者責任を主張した事例であるところ、事故現場の具体的状況から、「打球地点からは全く見えない状況にあるのであるから、このような構造上の特質を有する施設の設置管理をなす会社としては、事故の発生を未然に防止するため、使用人たるキャディーをして十分に前方の状況を把握させ、打球者に適切な指示、助言をなさしめるべき」（第一審）として、キャディーに対して施設管理者としての義務の内容を明らかにしつつ、キャディーが、打球者への適切な指示、助言を怠って適切な指示をしなかった過失につき使用者責任を肯定している。

大阪地判平成12年10月26日〔判例番号200〕においても、施設管理者のキャディーに対する安全教育や事故防止策につき指導することを前提として、打者の前方に出ていた同伴者に何ら注意をしなかったため、その打球が同伴者に直撃した事故につき、キャディーの過失を認めたうえで施設管理者の使用者責任を肯定している。

キャディーとして、同伴プレーヤーに対する指示や助言の程度に関して、どの程度行っていれば注意義務を果たしたといえるかについては、岡山地判平成25年4月5日〔判例番号301〕は、1番ホールから13番ホールまでのラウンドにおける所作から基本的なマナーやルールを認識しているプレーヤーであると過信し、打者の前方に出ることを阻止しなかったキャディーの行為につき、必要な注意喚起をしなかった過失があるとして施設管理者の使用者責任を肯定し、さらに、東京地判平成5年8月27日〔判例番号132〕は、ティーショットの打球が先行プレーヤーに直撃した事故につき、ラウンド中にプレーヤーから注意を無視されていたとしても、危険な行為をしようとしているプレーヤーを制止すべき義務を負っていたとして過失を認め、使用者責任を肯定しているものがある。

したがって、キャディーの同伴プレーヤーに対する指示・助言については、たとえプレーヤーが上級者であっても、また、指示や助言を無視するような者であっても、それ自体をしなかったという場合には、事故防止のための義務を履行しなかったと考えられることが多く、使用者責任を負うことになると考えるべきである。

(5) 主催者の責任

ア 概　要

ゴルフ競技中に、あるプレーヤーの打球が先行する他のプレーヤーや隣接するホールのプレーヤー、又はギャラリーやスタッフ等コース内の他者に当たるといった事故が発生する場合がある。

ゴルフ競技の主催者（コース経営者・管理者と重複する場合が多い）は、このような打球の衝突による事故の発生を防止する措置をとる義務を負い、これに違反した場合は安全配慮義務違反に基づき契約責任を問われ得る。また、同伴するキャディーの過失により事故が発生した場合はその使用者として不法行為責任を負う（民法715条）。

当該プレーヤーにも（周囲の確認が不十分なままショットした等）過失が認められる場合、主催者は共同不法行為として連帯して賠償責任を負う。

なお、本書作成時の調査においては、個別のコンペを主催した者の責任が追及された事案は見当たらなかった。

イ 裁判例の検討

ゴルフ競技中の事故における主催者の責任について明確に一般論を述べた裁判例は見当たらないが、個別の事案においては、以下のような事情が考慮され注意義務の存否や内容、その違反の有無が認定されている。

(ア) 高知地判昭和57年9月3日〔判例番号56〕

被告らが主催したチャリティゴルフ大会において、プレーヤーの打った打球がグリーン付近にいたゴルフ場被用者（ワンオンしたプレーヤーにワンオン賞を渡すためにグリーン近辺で待機していた者）に当たった本事案では、事故発生地点であるグリーン近辺は必然的にボールが飛来する危険性のある場所であること、当該被用者が事故発生地点にいたのは主催者の指示によるものであること、当該被用者に対しヘルメットの着用やパラソルの設置等ボールの衝突を防止する措置をとっていなかったこと等の事情が考慮され、安全配慮義務違反による賠償責任（民法415条）が肯定されている。

(イ)　一審：名古屋地判昭和57年9月24日〔判例番号57〕、控訴審：名古屋高判昭和59年7月17日〔判例番号69〕

ゴルフ場内で発生する典型的事故においても、主催者（コース経営者）の責任が問われている。打球が先行する組のプレーヤーを直撃し負傷させた本事案では、当該コースが打球の飛来方向に向けて急激な下り坂になっておりプレーヤーの地点から事故発生地点を含むそれ以遠の地域がまったく見えないという構造であったこと、及び先行者の存在を認識したプレーヤーがしばらく待機した上でキャディーに対し「もういいかね。」と確認の言葉を発したのに対し当該キャディーが内心では少し早いと思いながらも特に否定せず黙っていたため打球者がプレーに及んだことを踏まえ、主催者は事故の発生を未然に防止するためキャディーをして十分に前方の状況を把握させ、打球者に適切な指示、助言をなさしめるべきとされている。これにより、当該ゴルフ場経営者に使用者責任（民法715条）が認められている。

プレーヤーに同伴するキャディーは、コースの形状や状況、他のプレーヤーとの位置関係等を把握し、プレーヤーが安全に競技できるよう案内・指示する役割を担う。キャディーがその役割を全うできるよう、使用者たる主催者はキャディーとしての能力を確保するための適切な指導監督が求められている。

なお、本件ではプレーヤー自身も先行するプレーヤーに対する危険を及ぼすことのないよう万全の配慮をなすべき極めて高度の注意義務を負うとして不法行為責任が肯定されているが、主催者との内部的な負担割合は前記事情を踏まえ主催者が4・プレーヤーが1とされている。

ウ　予防策・対応策

ゴルフ場は、ゴルフコースとしての戦略性からプレーヤーの視界を遮る障害物や高低差が設けられていることが一般的であり、ゴルフ競技中は、そのような状況下で、後続のプレーヤーによる打球や隣接するホールからの打球が飛来する可能性が常に存在する。使用されるボールも小さく打球地点も他者からは必ずしも把握できないことから、サッカーや野球といった他の球技以上に観客や他のプレーヤーに回避行動を求めることが難しく、裏を返せば主催者に求められる安全確保のための措置は高度なものになるといえる。競技会の主催者としては、死角からの打球の飛来について注意を促すための信号やアナウンス、事故防止のための防球ネットといった物的設備を設けることは必須といえよう。さらに、キャディーに対しコースの構造やプレーヤーの技量の程度を十分に理解・認識させ、かつ危険があればその危険を回避するための指示を即座に出せるよう指導監督しておく等人的な面でも安全性を確保しておく必要がある。

また、裁判例としては見当たらないものの、広大な土地で行われるため事故が発生した場合に救護に至るまでの時間を少しでも短縮するための措置や、落雷時の避難場所の確保、ゴルフカートの衝突防止、ギャラリーがいる場合の安全な観戦場所の設定といった点にも留意すべきであろう。

(6)　過失相殺

ア　被害者にも過失を認めて過失相殺した裁判例

ゴルフは、金属製のクラブで球を打ち、その打球は高速であることが多い。また、いわゆるトップやシャンクなどミスショットも往々にして生じる。

そのため、競技者及びキャディーには、プレーヤーの後方など安全な場所に待機することやプレーヤーのショット及び打球の行方を注視すること等が求められる。これらの注意を怠り打球が当たった場合、被害者にも過失を認めて過失相殺した以下のような裁判例がある。

(ア) ゴルフコースに隣接するアプローチショット練習場で練習していた被告の打球が、コースの木立付近で自身の打球を捜していた約40m前方の被害者に当たり、被害者が負傷した事案において、被害者も打球の所在を捜すのに心を奪われ、被告がパターの練習をしているものと軽信して練習場に近付いた過失があるとして3割の過失相殺をした（京都地判昭和58年12月23日〔判例番号67〕)。

(イ) 被害者がグリーン上に佇立していたところ、約30m離れた地点から打った被告のアプローチショットの打球が当たり負傷した事案において、被告が警告したにもかかわらず被害者がグリーン上に留まっていたこと、被害者が他のプレーヤーにアドバイスをしていて被告の動作及び打球を全く見ていなかったこと、被害者は被告が初心者程度の技量であり、被告のアプローチショットが相当高度の技術を要するものであることを容易に理解できたこと等の事情から、被害者には、被告のミスショットを予測し、これを避けるため被告を注視すべきであったのに、それを怠った過失があるとして、6割の過失相殺をした（東京地判平成3年9月26日判時1417号95頁)。

(ウ) プレーヤーの打球がキャディーに当たり負傷した事案において、キャディーが安易にプレーヤーの前方に出たことが事故の原因だとして、キャディーのプレーヤーに対する請求は棄却し、ゴルフ場に対する請求については8割の過失相殺をした（神戸地姫路支判平成11年3月31日〔判例番号190〕)。

(エ) 同伴プレーヤーである被告の打球が被害者に当たり負傷した事案において、被害者には、球を打った被告の左前方約20mの至近距離に立っていたという過失があるとして、4割の過失相殺をした（東京高判平成11年11月2日判時1709号35頁、原審は浦和地熊谷支判平成11年1月29日判時1709号39頁)。

(オ) プレーヤーの打球が、約11m離れた位置にいたキャディーに当たり負傷した事案において、被害者であるキャディーには、プレーヤーの球がまだグリーンに乗っていないにもかかわらず、プレーヤーの打球動作を注視していなかった等の不注意があることから、

5割の過失相殺をした（名古屋地判平成14年5月17日〔判例番号214〕）。

(カ) 同伴プレーヤーである被告の打球が、約43.5m前方にいた被害者に当たり負傷した事案において、被害者には、被告がミスショットした場合に打球を回避できない場合もあると予測できたにもかかわらず、被告の前方に立っていた等の過失があるとして、6割の過失相殺をした（大阪地判平成17年2月14日〔判例番号237〕）。

(キ) 同伴プレーヤーである被告の打球が、右斜め前方8ないし9mにいた被害者に当たり負傷した事案において、被害者には、自分のボールがグリーンに乗ったかどうかの確認に気を取られ、被告の行動を確認しないまま不用意に被告の前方に出たという過失があるとして、同伴プレーヤーである被告に6割、同伴したキャディーに1割、被害者に3割の過失割合を認定した（岡山地判平成25年4月5日〔判例番号301〕）。

(ク) 同伴プレーヤーである被告の打球が、30ないし40ヤード前方にいた被害者に当たり負傷した事案において、ゴルフ初心者である被告が谷に打ち込んだボールを探していたにもかかわらず、被害者は、他の同伴者とともに被告の前方に移動して、被告の様子に注意を払っていなかったことから、被害者にも安全の確保を怠った過失があるとして、4割の過失相殺をした（東京地判平成29年10月26日〔判例番号349〕）。

イ　過失を認めなかった裁判例

なお、太陽光線の影響でボールの行方を見失いボールが当たったキャディー（神戸地伊丹支判昭和47年4月17日〔判例番号13〕）又は大会スタッフ（高知地判昭和57年9月3日〔判例番号56〕）に過失を認めなかった裁判例もある。

ウ　プレーヤーに対する過失相殺の裁判例

ゴルフプレーヤーは、他の競技者の動静や打球に注意すべきほか、ゴルフコースの状況等にも注意を要すべきである。プレーヤーがOBライン付近に設置された雨水排水用チューブに足を挟んで転倒した事案において2割の過失相殺をした裁判例（さいたま地判平成23年11月11日〔判例番号281〕）、プレーヤーがコース脇にある蓋のないマンホールに落下した事案において7割の過失相殺をした裁判例（東京地判平成24年1月25日〔判例番号283〕）、プレーヤーがゴルフカートと接触した事案においてカートの動静に対する注意を怠ったとして2割の過失相殺をした裁判例（大阪地判平成14年10月31日〔判例番号216〕）がある。

なお、プレーヤーが後方からカートに追突された事案で過失相殺をしなかった裁判例（名古屋地判平成7年10月25日〔判例番号156〕）、カート後部座席に乗車していたところカート道路のそばで素振りしていた者のゴルフクラブが当たった事案で過失相殺をしなかった裁判例（東京地判平成22年3月31日・ウエストロー2010WLJPCA03318013）もある。

エ　ゴルフ練習場の裁判例

ゴルフ練習場においても、コース同様、利用者は、他の練習者の動静に注意する必要がある。隣接する打席で練習中の者のクラブが当たった事案において、打席間の距離からしてクラブが当たるおそれがある場合は、被害者にもこれを避けるよう注意する義務があるとして、6割の過失相殺をした裁判例（千葉地判昭和46年10月29日〔判例番号10〕）、同様の事案において7割の過失相殺をした裁判例（東京地八王子支判平成元年2月1日判タ709号215頁）がある。

なお、ゴルフ練習場の練習用打席以外の場所でゴルフ教室受講生の素振りしたゴルフクラブが他の受講生に当たったという事案において過失相殺をしなかった裁判例（東京地判平成2年9月19日〔判例番号106〕）、道路上でゴルフクラブを素振りしたところ自転車に乗った通行人に当たったという事案において過失相殺をしなかった裁判例（大阪地判昭和63年3月10日判時1275号84頁）もある。

2 雪上スポーツ

(1) 特　色

スキーやスノーボードに代表される雪上スポーツは、主に冬期に山岳や人工的な競技施設において滑走具を装着して雪上で行われる競技である。スキーは北欧のスカンジナビア地方で誕生・発展し、距離（クロスカントリー)、飛躍（ジャンプ)、複合（コンバインド）の3競技を中心とするノルディックスキーと、1920年代後半から盛んになりはじめた滑走を中心とするアルペンスキーに分類される。スノーボードは、1960年代に米国で始められ、1990年代には急速に人気が高まった。1998年の冬季長野オリンピックより、アルペンスタイルのパラレル大回転とフリースタイルのハーフパイプが正式種目となった。ハーフパイプは、雪上に設置された円筒を半分にして横に倒した形状の構造物であり、円弧状の斜面と水平な底面を競技者が往復しながら様々な技を繰り出す競技である。

雪上競技の多くは屋外の自然の地形上に設営された競技場で行われる。そのため、自然に由来する各種の危険、例えば吹雪などの天候に伴う危険、崖や急斜面など地形に伴う危険、アイスバーン（凍った雪面）やクレバス（深い割れ目)、雪崩など雪質や雪面の状態による危険、立木や岩石など自然の障害物による危険などが内在する。また、リフト支柱や標識、ロープなど人工の工作物による危険や雪上車両との衝突の危険など、競技者以外の要因による危険もある。このような環境や設備等に内在する危険性のみならず、雪面の滑走は、通常の人間の移動速度を大きく上回る速度に達することから、競技者のスピードの出し過ぎ、転倒、他の競技者との衝突、不適切な用具の使用など競技者の要因による事故が発生する危険がある。

(2) 加害競技者の責任

ア 一 般 論

スノースポーツ安全基準（全国スキー安全対策協議会発行　平成25年10月改定　坂東克彦弁護士監修）によれば、競技者の義務として、一般に次のような義務が認められる。

競技者は自己または他の競技者に危険が及ぶことがないよう、スキー競技に内在する危険を予測し、危険を回避しながら競技すべき責任を負っている。そのためには、競技者は常に視界の及ぶ範囲で動き、いつでも止まったり曲がったりできなければならない。

競技者は、他の競技者に危険を及ぼすような危険な行為をしてはならない。他の競技者に危険を及ぼす可能性のある行為の具体例としては、他の競技者の間近を滑走すること、他の競技者の滑走を妨げること、飲酒や薬物等の影響により、心身が正常でない状態で滑走すること、長時間コース内で立ち止まったり座り込んだりすることが挙げられ、これらの行為は禁止される。

競技者は危険を予測し回避するために徐行義務が課せられており、例えば、徐行の標識があるところや地形や障害物で前方が見えにくいところ、積雪が十分でないときや降雪や日没時で視界が悪いとき、コースの合流地点やコースの狭いところ、コースの脇や末端に近づいたとき、コースが混雑しているとき、子供用ゲレンデに近づいたとき、業務のため出動しているパトロールや雪上車両に近づいたときなどには徐行しなければならない。

また、滑走時の義務としては、①滑り出し・流入・横断のときには上方からのプレーヤーを優先させる義務があり、②滑走中は前方の競技者の動向を注視し、前方の競技者との間に安全な距離を保たなければならず、③ゲレンデ内で立ち止まったり、登り・降りをするときは、コースの端を利用すべきであり、④業務のため出動しているパトロールや雪上車両があるときはその運行を優先させ、進路を空けて停止又は徐行しなければならない。⑤競技者は、競技中に滑走具が外れて滑走具だけが斜面をすべっていく状態（板流し）を生じさせ流した滑走具で他の人に危害を与えないよう、用具に流れ止めをつける義務がある。

イ　具体的裁判例の検討

以上に述べた競技者の責任の一般論は、概ね裁判例においても踏襲されている。

【判例の動向】

スキー場において上方から滑降する者は、前方を注視し、下方を滑降している者の動静に注意して、その者との接触ないし衝突を回避することができるように速度及び進路を選択して滑走すべき注意義務を負う（最二小判平成7年3月10日〔判例番号152〕）。同判例の原審（札幌高裁平成5年10月28日）は、「……スキー場での滑走には相当の危険を伴うものである。したがって、スキー滑走を行う者にはそれぞれにそのような危険を回避する注意義務がある。その一方、スキーは、レクレーションにとどまらず、スポーツとしての側面が大きく、特に高度の技術を駆使する上級者の滑走についてはこの点が顕著であるから、滑走に際してはそのような危険が常に随伴することを承知の上で滑走しているものと解すべきである。とすれば、スキーの滑走がルールや、当該スキー場の規則に違反せず、一般的に認知されているマナーに従ったものであるならば、他の滑走中に傷害を与えるようなことがあっても、それは原則として注意義務の違反と目すべきものではなく、また行為に違法性がないと解するのが相当である。」として、不法行為責任を否定していた。先に一般論で述べたとおり、競技者には視界の及ぶ範囲で動き、いつでも止まったり曲がったりできるような滑走が義務付けられている。雪上競技は、上方から下方に向かって滑走する競技であるから、上方から滑走してくる者は、下方を滑走する競技者をその視界に入れて事故を回避し得るのに対し、下方を滑走する者が上方の状況を確認することは困難である。それゆえ上方を滑走する者に注意義務及び回避義務が課されるのは自然なところである。

下方を滑っていた者が進路を変えた場合であっても、かかる義務は変わらない（神戸地判平成11年2月26日〔判例番号188〕）。同裁判例は、スノーボード上級者の被告が上方より滑走してきて、スキー初心者の原告と衝突した事故であるが、被告が原告から目を離した間に原告が進路を変えて、再び被告が原告に気づいたときには衝突の直前で回避が困難であった事例である。スキー競技において、競技者が急に進路を変えること自体は珍しいことではなく、上方から滑走してくる者は、そのような事態も想定して下方を滑走する者の動静に注意し危険回避を図る義務を負っている。

事故前後において、いずれが上方に位置していたかは、必ずしも判然としないこともある。上下関係は、その注意により衝突を回避し得た地点において比較される。かかる地点において、両者の滑走コースに明確な上下関係があったとは認められない場合には、両者がそれぞれ前方左右に対する安全に注意を欠いたために生じた事故と認めるのが合理的であり、それぞれの過失割合は等しいものとされる（東京地判平成30年3月7日〔判例番号357〕）。

【滑走者の技量等が考慮された事例】

競技者の技量によっても責任割合は異なり、上級者の方が回避可能性が高いものとされる。被告がスキー上級者であり事故現場となったコースでの滑走経験が多数回あった事実から結果回避可能性があったと認定したものがある（東京地判平成26年10月21日〔判例番号313〕）。

プルークボーゲン（スキー板をハの字にして滑る基本的な滑走方法）でゆっくり滑走している者を認めた場合には、注視して減速や安全な方向に進路を変えるなどの措置をとるべきである（神戸地判平成11年2月26日〔判例番号188〕）。

上級者にあっては、雪庇を使ったジャンプをすることもある。ジャンプをする際には、十分に見通しのきく場所において前方及び左右の状況を確かめるか、又は見張りの者を立てるなどして、自己のジャンプしようとする進路に向かって滑走してくる者がいないことを確認すべき注意義務がある（東京地判昭和39年12月21日〔判例番号3〕）。同裁判例は、ジャンプした際やその直後に前方に競技者を発見しても、加速度のついた状態で避譲措置をとることは困難であることなどから同様に判示している。なお、同裁判例は、スキー場のパトロールに従事する者が加害者になった事例であり、判旨は、被告について、パトロールの職務を忘れ自己のスキーに興じたものと断じている。

転倒中に他の競技者が接触する形態の事故も多い。初級者コースやスキー客で混み合っているゲレンデにおいては、滑走者にはいっそうの注意が求められる（東京地判平成25年1月29日〔判例番号298〕）。

【違法性阻却】

ゲレンデを横切るような滑走をしていた行為について、過失を否定した裁判例において、傍論における判示であるがスポーツのルール又はマナーに照らし社会的に容認される範囲内における行動は正当行為ないし正当業務として違法性を阻却するとしたものがある（札幌高判昭和61年9月30日〔判例番号83〕）。ただし、前掲平成7年最判〔判例番号152〕は、同様に判示して加害競技者の責任を否定した控訴審を破棄しており、競技者に義務違反が認められる場合に安易に免責されるものではない点に留意すべきである。東京地判昭和39年12月21日〔判例番号3〕も、スキーヤーは衝突の危険を容認して滑走しているものと考えられるからゲレンデ内の事故は特段の事情がない限り被害者が甘受すべきで賠償責任を生じないとした被告の主張を排斥している。

【過失相殺】

山側に手をついて四つんばいになる形で転倒した被告が、そのままゲレンデを横断するように滑走していたところ、上方から滑走してきた原告のスキー板前部を被告のスノーボードで踏んで原告を前方に転倒させた事案において、下方を走行している者であっても、他のスキーヤーの進路を妨害する可能性の高い滑走方法をとっていた場合には、他のスキーヤーの進路を妨害することのないように行動すべき注意義務を負っていたとして、過失相殺を認めたものがある（東京高判平成24年12月19日〔判例番号296〕、原審さいたま地判平成24年6月28日〔判例番号290〕）。一般論で述べたとおり、他の競技者に危険を及ぼす可能性のある行為は禁止されており、競技中に転倒した競技者には、他の競技者の妨げにならないよう速やかにコースから退避することが求められているものといえよう。

【スノーボード】

スノーボードにおいても、競技者の責任の考え方は、スキーと共通する。もっとも、スノーボードは、操作可能範囲がスキーよりも狭く、走行に他者との接触を伴うことが多いことからすると、滑走にはより一層の注意を要求される（東京地判平成28年5月12日〔判例番号328〕）。ただし、同裁判例は、一般論として前記のとおりスノーボード競技者の注意義務が加重されることを述べつつ、本件においては、原告が上方から滑降してきた者であったことなどからスノーボードで滑走していた被告の責任を否定している。

(3) 指導者の責任

ア 概 要

雪上スポーツにおいては、競技者の衝突事故が紛争となる傾向にあり、これが雪上スポーツの教室のレッスン中に発生するような場合には、教室を指導するインストラクターの責任が問題となる。インストラクターの責任においては、生徒が事故に遭った際に管理監督義務を果たしているかどうかという過失の有無が問題となることはもちろん、スポーツとして社会的に容認される程度の事故であるかという違法性についても問題となりうる点では他の競技と同様であるが、他の競技における指導が生徒に口頭でアドバイスをしたり、適宜手本を見せたりするのに対し、雪上スポーツの指導者は、いわば競技者の一員として競技をしながら指導をしているという点に特徴があるといえる。

イ 裁判例の検討

東京地判平成26年10月21日〔判例番号313〕

本件は、スキー合宿に参加していた当時中学生の被告甲が、スキー滑走中に被害者に衝突し、被害者を死亡させてしまった事故につき、被告甲を指導する被告乙による指示が不適切であるとして、その責任が問われた事案である。

これにつき裁判所は、スキー滑走時の一般の概括的注意をしていたことに加え、他のスキーヤーがいる等実際に注意をすべきときには個別の注意をしていたことを認めたうえで、被告甲を含む合宿の参加者がスキー上級者であることを踏まえ、上記一般的な指導指示をすれば注意義務として足りるとして、注意義務違反を否定した。

ウ　予防策・対応策

雪上スポーツにおいてインストラクターに課される注意義務は、大きく分けて、指導する生徒が接触等の事故を起こさない（起こされない）ように指導監督する義務のほか、指導中に自らが滑降する際の義務の2つがある。

前者の義務は、スポーツインストラクターであればおよそ課される義務であり、その際には受講者への注意喚起が要請されるところ、これには、大きく分けて実際の指導が始まる前段階（教室開始時の集合説明等の段階）での注意等の概括的注意と実際に指導を受けながら競技をする最中の具体的場面においての個別的注意の2つが存在する。そして、個々の場面において指導者に要求される注意喚起の程度は、ゲレンデの状況、受講者の水準等により異なるが、他の利用者も滑降するゲレンデ内で指導を行うこと及びゲレンデの状況は刻一刻と変化していること等からすれば、たとえ生徒が上級者だったとしても、それをもっていずれか一方の注意を省略することが許容されるものではなく、指導者としては実技前・実技中問わず事故防止のための注意喚起を行う必要があるだろう。

また後者の義務は、一般的な競技者と類似しているが、指導者的立場の者がお手本として競技を行う場合には、指導者たる地位や技量等にかんがみ、一般的な競技者以上に厳格な注意義務が課される傾向にある。そのため、指導者としては、この義務の存在を意識しつつ、生徒の管理監督者としての責務を果たすことが求められているといえよう。

(4)　施設管理者の責任

ア　一般論

スキー場のゲレンデは、主として自然の地形を利用するものの、樹木を伐採し、地盤を造成、整備するなどして土地に加工を施したものであることから、土地の工作物であるといえる。

また、一般に、スキー、スノーボード及びそり等（スキー等）は、自然の地形を利用したスポーツであり、その性質上、雪崩、沢への転落、転倒及び立木、リフト支柱、他のスキーヤー等との衝突等の様々な危険を伴うので、ゲレンデを滑走する者には、自らの技量及び用具の性能に応じてコースを選択し、スピードや方向をコントロールした上で滑走し、コントロールを失った場合には、自ら危険回避措置をとり、またこのような措置をとることが可能な範囲で滑走することが要求される。

他方、スキー場を経営し、あるいはスキー場のリフトを管理する者（スキー場経営者等。以下、「施設管理者」という。）は、スキーヤー等を滑走に適した滑走斜面の上部に運送し、スキーヤー等を上記のとおり危険を内包する滑走面に誘導する以上、スキーヤー等が自身で甘受すべき程度を越えた危険に遭遇することのないよう、現実のスキーヤー等の利用状況、積雪状況、滑走面の状況等を考慮の上、スキーヤー等の安全を確保すべき義務があるというべきである。

したがって、施設管理者が不注意によりその義務を尽くさず、スキーヤー等が自身において負担すべき程度を越えた危険に遭遇して受傷又は死亡した場合には、施設管理者は、債務不履行ないし不法行為責任を負うものである。

スキー等滑走時に当該スキーヤー等が本来的に甘受すべき危険の範囲か否かは、当該スキー等事故の態様、結果、当該スキー等事故がスキー等滑走時において通常伴う程度のものか否か、スキーヤー等についてスキー等滑走時に要求される一般的、原則的ルールの遵守の有無、程度、施設管理者による当該事故現場の管理状況等を考慮して個別具体的に判断されることになる。

イ　具体的裁判例の検討

(ア)　施設管理者の責任を否定した裁判例

横浜地判昭和60年12月18日〔判例番号77〕は、すでに閉鎖されていた通路を滑走していたスキーヤーが、別の通路と交わる地点において、他のスキーヤーと衝突して死亡した事故につき、かかる事故防止のためには、別地点に設置された一時停止の標識で十分であり、施設管理者に注意義務の懈怠はなく、本件事故はスキーヤー自身のテクニックが未熟であることから発生したものだとして、スキー場経営会社の過失を否定した事例である（民法709条）。

富山地高岡支判平成2年1月31日〔判例番号102〕は、夜間、スキー場において遊具用そりで滑走中の原告が鉄塔に衝突し、負傷した事故につき、滑走者は、当該鉄塔にぶつからないように滑走コースをとるのが通常であり、仮にコントロールを失って鉄塔方向に流されても、転倒するなどして危険を未然に回避しなければならず、ゲレンデの設置者としては、滑走者がこのような危険回避行動をとることを前提として施設等を設置し、安全に配慮すれば足りるとして、スキー場経営会社の責任を否定した事例である（民法415条、709条、717条1項）。

東京地判平成2年6月21日〔判例番号105〕は、そりで滑走中、2つのゲレンデの区分帯に生えている樹木に衝突して負傷した事故につき、一般的に当該樹木に衝突する可能性は高くなく、十分衝突を回避できる時間的及び場所的な余裕があったことなどに照らせば、当該樹木を伐採しなかったこと等についてゲレンデの「設置又は保存に瑕疵」は認められないとして、スキー場経営会社の責任を否定した事例である（民法717条1項）。

横浜地川崎支判平成2年12月6日〔判例番号108〕は、スキーヤーがゲレンデ下方に設置されているテニスコート及びゲートボール場の舗装部分に激突して死亡した事故につき、本件ゲレンデの状況からすると、スキー場経営会社において、技術も十分でないスキーヤーが本件ゲレンデを直滑降で滑走し、グラウンドの平面まで滑降することを予想し、本件ゲレンデの上端に進入禁止措置を講ずべきであったと要求することはできないとして、土地工作物の設置・保存の瑕疵及びスキー場経営会社の過失を否定した事例である（民法415条、709条、717条1項）。

福岡地行橋支判平成14年3月5日〔判例番号210〕は、スキーヤーが松の木に衝突して死亡した事故につき、当該松の木は、視認可能性の高い位置に、黒色で目立つ形で立っているものであること、衝突しやすい位置や状態に置かれていることはないことなどの理由から、松の木に防護マットを敷設せずにゲレンデ内に残しておいたことに、土地工作物の設置・保存の瑕疵及びスキー場経営会社の安全配慮義務違反を認めることはできないとした事案である（民法415条、717条）。

長野地判平成16年7月12日〔判例番号229〕は、スノーボーダーがコース外に転落して死亡した事故につき、スノーボーダーが支柱に衝突したことは明らかでなく、また、被告であるスキー場経営会社の支柱の管理については、本件コースの難易度、支柱の位置及び本件コースの利用者数等からしても、被告において、支柱にマットなどの衝突緩和のための方策を講じるまでの義務はないから、工作物の設置・保存上の瑕疵を否定した事例である（民法717条1項）。

東京地判平成16年11月19日〔判例番号233〕は、そりで滑降中にリフトの鉄柱に衝突して負傷した事故につき、被告であるスキー場管理者は、本件支柱に緩衝マットを巻いて衝撃を緩和する措置をとっていたのに対し、原告には減速の措置をとるのが遅れたために停止することができなかった落ち度があるとして、被告の過失を否定した事例である（民法709条）。

これらの事例においては、スキーヤー等自身が甘受すべき程度を越えた危険に遭遇することのないよう、現実のスキーヤー等の利用状況、積雪状況、滑走面の状況等を考慮の上、スキーヤー等の安全を確保すべき施設管理者の義務は尽くされており、当該事故は、スキーヤー等の自己責任の範囲内で発生した事故であるとの理由で原告の請求が認められなかったものといえる。

(イ) 施設管理者の責任を肯定した裁判例

これに対し、旭川地判昭和62年6月16日〔判例番号86〕は、スキーヤーが照明燈支柱に衝突して死亡した事故につき、ゲレンデに要求されるスキーヤーの危険防止措置に欠けるところがあったといわざるをえないとして、被告であるスキー場経営会社に民法717条1項の責任を認めた（ただし、被害者にも事故発生につき相当大きな過失があるとして、75パーセントの過失相殺がなされている。）。

東京地判平成2年3月26日〔判例番号104〕は、スキーヤーが崖から駐車場に転落して死亡した事故につき、ゲレンデの具体的状況からすると、滑降中のスキーヤーは駐車場とゲレンデの終わり付近との判別がつかず、駐車場がゲレンデの延長であり、そのまままっすぐ滑降するのが自然のように錯覚し、駐車場に転落する可能性があったにもかかわらず、被告であるスキー場経営会社において必要な危険防止措置をとらなかったとして、被告に民法717条1項の責任を認めた。ただし、被害者において、進行先がスキー滑降を全く予定していない場所であることを承知の上で、駐車場内に入り事故を起こしたこと、駐車場西側入口には通り抜け禁止の看板が立てられていたことなどからすると、被害者にも重大な過失があるとして、8割の過失相殺がなされている。

東京地判平成10年2月25日〔判例番号175〕は、スキーヤーが村営スキーコース途中の橋から転落して死亡した事故につき、橋の部分に十分な安全性を有する防護ネットが設置されていなかったとして、被告である村に国賠法2条の過失を認めた。控訴審である東京高判平成10年11月25日〔判例番号183〕は、〔判例番号175〕と同様に被告の責任を認めた。ただし、〔判例番号175〕では、20パーセントの過失相殺がなされたのに対し、〔判例番号183〕では、よりスキーヤーの過失割合が大きかったとして、6割の過失相殺がなされている。

(ウ) 審級により判断が分かれた裁判例

東京高判昭和60年1月31日〔判例番号71〕は、5月中旬にスキー場でリフトを利用して山頂に登り滑降中のスキーヤーが2度にわたりクレバスに転落して負傷した事故につき、スキー場の管理運営会社及び現実の管理者である被告らには、スキー場の閉鎖を周知させなかったこと、閉鎖後もリフトを観光客用に運行しこれを一般スキーヤーが利用することを制止しなかったこと、スキー場のパトロールが不十分であったこと等の点で過失があるとされた（民法709条、715条）。

しかし、〔判例番号71〕の上告審である最一小判平成2年11月8日〔判例番号107〕は、被告らの過失を否定した。すなわち、第一事故については、①積雪が減少したためにスキー場の現実の管理者である被告Y_2がスキー場の閉鎖を決定した日から10日以上を経た、スキー場の一部に芝生が生え、ハイカーが来ているような暖かい日に、②指導員の資格をもつベテランスキーヤーである原告が、スキー場の閉鎖を掲示してあるロープウェー待合室の掲示板を見過ごした上、リフトを降りてから第一事故現場付近に至るまでのより安全な地形の場所にあるコースのすべてに閉鎖の表示がなされているのを知りながら、被告Y_2が年間を通じてほとんど滑降を禁止しているような急傾斜地において、前方にクレバスが見えているにもかかわらずその付近に向かって滑降し、クレバスに転落したという事実関係に着目した。そして、シーズン末期のスキー場閉鎖の前後において、クレバス付近をスキーで滑降すれば積雪が崩落してクレバスに転落するおそれがあることはクレバス付近にコース閉鎖等の表示がなくても、スキーヤーにおいて当然に予知し得るところであり、本件事故は原告自身の過失に起因するものであるとして、第一事故につき、被告らの責任を否定した。また、第二事故についても、原告は、前記のとおり危険が予知されるシーズン末期に、前年同時期に第一事故を惹起して本件スキー場のこの時期の危険性を熟知しているはずであるにもかかわらず、第二事故現場上方でいったん停止して前方を確認した際、前方が約25度の急傾斜地で、しかも死角になって安全を確認できない場所があるのに、安全を確認しないままその場所に向かって飛び出したという事実関係に着目し、第二事故は原告自身の過失によるものというべきであるとして、被告らの過失を否定した（民法709条、715条)。

㈓ 小　　括

以上のように、スキー場の施設管理者の工作物責任、安全配慮義務違反の有無や、スキーヤーらの過失の有無は、当該事案における具体的事情を詳細に比較検討して、スキー場の施設管理者において、スキーヤー等が自身で甘受すべき程度を越えた危険に遭遇することのないようにスキーヤー等の安全を確保すべき義務を怠ったか否かにより判断されることになるものである。

ウ　責任が発生しないための予防策・対応策

スキーヤー等の技術のレベルは様々であるが、技術レベルの程度に応じた通常のスキーヤー等を想定した場合において、通常のスキーヤー等が回避不可能な危険がある場合には、スキー場の施設管理者としては、その危険を回避する措置を講ずべき義務を尽くさなければならないことになる。逆に、このような危険を回避する措置を講じていれば、免責されるものと考えられる。

⑸　主催者の責任

ア　概　　要

スキーやスノーボード等雪上スポーツの競技会や教室では、競技者同士の衝突や障害物との衝突、コースを外れたことによる事故等が考えられる。このような事故について、それらの主催者が安全配慮義務違反又は不法行為に基づく賠償責任を負う場合がある。インストラクター等の被用者に過失が認められる場合には使用者責任（民法715条）も問われることになる。

イ　裁判例の検討

㈠　東京地判平成12年7月4日〔判例番号197〕

本件は、スキー教室における夜間のそり遊び中にそりに乗っていた小学生の児童2名が崖下に転落し死亡・負傷したという事案である。主催者は、幼児や児童に対する体育指導、スキー教室などを開催すること等を業とする会社であり、事故が発生したスキー教室ではその従業員らが引率者として同行していた。本事案における主催者の責任について、裁判所は、コースが中級者向けの難易度であったこと、事故当日は外気温の低下により雪面が凍結してアイスバーンのような状態になり滑りやすい状況であったこと、照明の届く範囲を超えるとかなり暗く極めて見通しが悪くなること、参加者は5歳から中学生までの児童という一般に突発的な行動をとりやすく危険についての認識・判断能力が十分でない者であること等を踏まえ、主催者の被用者である引率者には、そり遊びを実施するにあたって、そり遊びの範囲を傾斜が緩やかな箇所に限定しそれを参加者に明確に指示するとともに、雪上に標識等を設置して範囲を明示し、かつ児童らが範囲外に行かないよう監視のための人員を配置する等の措置を講じ、もってそりの滑走による不測の事故の発生を未然に防止する義務があるとした。

口頭で指示することにとどまらず、参加者の属性を考慮して、物的・人的にもその指示を明確化し安全性を確保することが求められている。

(イ) 大阪高判平成18年6月23日〔判例番号248〕

本件は、スノーボードの競技会において、先に転倒していた競技者に後方から滑走してきた競技者が接触したという事案である。裁判所は、主催者は事故発生時の救急体制を整備し、実際に事故が発生した場合は負傷者を適切に救護する義務を負うとした上で、主催者が救護担当者のいるパトロール室への連絡先を把握していなかったことや、主催者は負傷者が動けないことや痛がっていることを把握しその負傷状況を確認することは容易であったにもかかわらずこれをしなかったという不手際があったことにより結果として約10分救護が遅れたものの、事故発生後直ちに競技を一時中断し現場に向かい負傷者を運び出し安全を確保したこと、また救護場所へ搬送する手配をとっていること等から、救護活動を全体として見れば、大会責任者として不適切な救護活動であったとまではいうことはできず、救急体制整備義務違反はないとして、主催者の責任を否定した。なお、この事案において、約10分の救護の遅れが損害を拡大させたという事情はなかった。

主催者は、万が一事故が発生した場合には、負傷者の救護を適切に行うために競技の中断を含む運営責任者としての判断が求められている。

なお、本競技会はスノーボードショップが主催したものであり競技団体公認の競技会ではないが、同競技において事故が発生し得ることは十分予測可能であることから上記義務の存在は否定されないとされている。競技の主催者である以上は公認非公認を問わず同程度の義務を負うものと思われる。むしろ、例えば技量に大きな差がある競技者が同走したり競技場所の整備が不十分である等公認の競技会より事故発生の可能性が高いことが予見されるような場合、より高度の救護義務が求められることも考えられよう。

(ウ)　長野地松本支判平成7年11月21日〔判例番号157〕

やや特殊なケースではあるが、高校の山岳部において実施された雪山での雪上歩行訓練中に参加者が雪崩に巻き込まれた事故（教員と高校設置者の県が被告とされた）について、裁判所は、本訓練の責任者である講師らは雪崩発生についての条件や判断方法について事前に十分な調査検討をすれば雪崩を回避することが相当程度可能であったとした上で、現場の状況や参加者の知識・技量の程度、他方で講師らのこれまでの経験等を踏まえ、講師らには雪上歩行訓練を実施した場合の雪崩発生の可能性について事前の十分な調査及び検討協議を尽くした上、雪崩が発生する危険を的確に判断し、雪崩による遭難事故を回避すべき義務があったとした。

自然災害の発生を予測することは必ずしも容易でないが、当時の一般的知見や主催者の経験、参加者の技量等から、災害発生の予見可能性、回避可能性及び回避義務が肯定されることはあり得る。本件でも、一般登山者向けの雑誌や研修会等でも雪崩発生の客観的条件や判断方法が指摘されていたこと、訓練参加者が技術・知識において未熟な初心者であったのに対し講師らは指導員としての資格を有し雪山登山の経験も豊富であり安全の確保を委ねられていたこと、事前調査も限局された範囲で行えば足り安全に調査し得たこと等の事情が認定されている。

ウ　予防策・対応策

雪上スポーツは、雪上を滑走するため急制動等の事故回避行動をとるためには相応の技量が求められる一方で、競技会においては複数人が同時にかつ高速度で競い合う場合もあることから、競技者間で接触事故が発生する危険性は大きい。また、種目によっては外気温や雨天等天候の影響を受けやすい。そのため、競技会や教室の主催者には参加者の技量や当日の状況を的確に把握し、それに合わせたコース設計や競技範囲の指定、競技実施のタイミングの決定が求められる。

また、他のスポーツの競技会同様、主催者の義務は事故発生の予防に尽きるものではなく、事故が発生してしまった場合においても速やかな救護を行えるよう人員の配置等の体制を整備しておく必要がある。医師や看護師等救護担当者が一定の場所に待機しているような場合には、事故発生時に速やかに救護担当者に連絡がとれるよう連絡手段も確保しておかなければならない。裁判例においても、事故発生の未然の回避及び事故発生時の対応について物的・人的両面の整備が求められていることに注意が必要である。さらに、事故が発生しやすい、あるいは事故が発生した場合の重大な結果となり得ることが想定されるような場合には、救護体制の整備義務もより高度なものが求められるであろう。

(6)　過失相殺

ア　過失相殺を認めた裁判例

被害者において、ゲレンデの状況や周囲の人の動静等の注視を怠った場合、速度調整など適切な操作を怠った場合、衝突の回避措置を怠った場合等に過失相殺を認めた以下の裁判例がある。

(ア)　スキーヤーである被害者がゲレンデを直滑降している際に雪面から突出していた伐倒木に衝突し死亡した事案において、スキーヤーは、自己の技量に応じて無理のない滑走に努めるほか、滑走中は常にゲレンデの状態について相当の注意を払うべきであるが、本件ではゲレンデの状況及び事故態様からすれば被害者にも相当の過失があったとして、約8割の過失相殺をした（長野地判昭和45年3月24日判時607号62頁）。

(イ)　スキーヤーである被害者が時期が異なる2度にわたり同一のスキー場のゲレンデで滑降中にクレバスに転落して受傷したという事案について、控訴審は、第1事故については被害者が相当の注意をすれば既にスキー場が閉鎖されていたことを知ることができたはずであるのにこれに気付かなかった過失があり、第1事故及び第2事故ともに5月中旬にことさらゲレンデの状況の悪い急斜面を選んで滑走し、滑走に際しクレバスの確認及び回避に十分な注意を払わなかった過失があったとして、第1事故については9割、第2事故については7割の過失相殺をした（東京高判昭和60年1月31

日〔判例番号71〕)。ただし、上告審は、第1事故及び第2事故ともに、スキー場管理者の管理の過失によるものとはいえないとして、被害者の請求を棄却した（最一小判平成2年11月8日〔判例番号107〕)。

(ウ) スキーヤーである被害者がゲレンデを滑降中にコンクリート製の照明燈支柱に衝突して死亡した事案について、同支柱は明確にその存在を認識できるものであるから、被害者にはその周辺を通過するにあたって滑降経路、速度等に注意して慎重に滑降すべき義務等を怠った過失があるとして、75%の過失相殺をした（旭川地判昭和62年6月16日〔判例番号86〕)。

(エ) スキーヤーである被害者が被告に衝突され受傷した事案において、ゲレンデ上で停止した被害者が他のスキーヤーとの衝突を避けるために移動したことは認められるものの、その移動が不十分であったとして、3割の過失相殺をした（東京地判平成7年3月3日〔判例番号150〕)。

(オ) スキーヤーである被害者の前方を被告が横切った際、双方のスキー板が接触し、被害者が転倒・受傷した事案において、被害者も転回して方向を変えながら滑降しているため、同人にも安全を確認してから転回を開始すべき注意義務違反があるとして、2割の過失相殺をした（千葉地判平成9年7月24日判時1639号86頁)。

(カ) スキーヤーである被害者がゲレンデを滑走中、ゲレンデ上の橋の上でバランスを崩し、転落防止ネットに衝突後、橋の下に転落し死亡した事案において、被害者には自己の技量に応じた無理のない滑走により危険箇所を通過するよう努めるべき注意義務があったにもかかわらず、特段の減速をせず、速度の出やすいパラレルターンで橋の上を滑走したという過失があるとして、6割の過失相殺をした（東京高判平成10年11月25日〔判例番号183〕、なお原審である東京地判平成10年2月25日〔判例番号175〕は2割の過失相殺)。

(キ) スキーヤーとスノーボーダーがゲレンデで衝突し双方が受傷した事案について、双方に進路方向の安全確認を怠った過失があるとして、過失割合をスキーヤー35%、スノーボーダー65%とした（東京地判平成12年10月31日・ウエストロー2000WLJPCA10310006）。

(ク) スキーヤーである被害者が滑走中にコース外に転落して死亡した事案において、「SLOW」という標識が立っていたにもかかわらず、被害者はスピードを出して緩斜面を滑走したことから、7割の過失相殺をした（東京地判平成19年8月31日ウエストロー2007WLJPCA08318003）。

(ケ) スキーヤーである被害者に上方から滑走してきたスノーボーダーである被告が衝突し被害者が受傷した事案について、一般的には下方をゆっくり滑走しているスキーヤーに上方から滑走してくる者の動静に注意すべき義務はないが、被害者は、他人が滑降してくる可能性のあるコースを横切って滑走しようとしていたのであり、遠方とはいえ一旦被告が高速で滑降してくるのを認めたのであるから、被告の方向に注意すべき義務があったとして、1割の過失相殺をした（東京地判平成19年9月14日ウエストロー2007WLJPCA09148004）。

(コ) スキーヤーである被害者がリフトの支柱に衝突して受傷した事案について、被害者もスキー板を制御することが困難な状態になった時点で自ら尻側から転倒するなどして他のスキーヤーや障害物への衝突等による危険性を可及的に減少させる措置をとるべきであったとして、2割の過失相殺をした（東京地判平成23年10月20日ウエストロー2011WLJPCA10208004）。

(サ) スノーボードに乗って転倒し、そのままゲレンデを横断するように滑降していた被告に、上方から滑降してきたスキーヤーである被害者が衝突し受傷した事案について、第一審は、被害者は、被告の存在を早期に認め、いったんは同人との衝突を回避する措置をとっているものの、その後被告との衝突の危険がある方向へターンしていることから、被告の動静に注意し衝突を回避できるよう滑走すべき注意義務を怠った過失があるとして、8割の過失相殺をした（さいたま地判平成24年6月28日〔判例番号290〕）が、控訴審は、

5割の過失相殺とした（東京高判平成24年12月19日〔判例番号296〕）。

(シ)　スノーボーダーである被害者が転倒して停止していたところ、上方からスノーボードで滑降してきた被告が衝突し、被害者が受傷した事案について、被害者は、転倒後直ちに立ち上がって上方から滑降してくる者との衝突を回避すべきであったが、うつぶせに倒れたまましばらく停止していたとして、1割の過失相殺をした（東京地判平成25年1月29日〔判例番号298〕）。

(ス)　スノーボーダーである被害者がゲレンデ内のモーグルコースに進入し転倒して受傷した事案について、被害者においてゲレンデの状況の確認や滑走進路、速度の制御管理が十分ではなかったとして、7割の過失相殺をした（東京地判平成30年3月1日〔判例番号356〕）。

(セ)　スキーヤーである被害者が、スキーヤーである被告と衝突し受傷した事案について、被害者及び被告ともに、自身の進路前方を滑走するスキーヤーがいるとは考えず、前方左右に対する安全に注意を欠いたため、その過失割合は同等とみるのが相当であるとして、5割の過失相殺をした（東京地判平成30年3月7日〔判例番号357〕）。

イ　過失相殺を認めなかった裁判例

なお、一般に、スキー場において、下方を滑降する者は、上方（後方）を注視しながら滑降することは困難であるため、事故発生に寄与するような危険な行動をとっていなければ、下方を滑降する者に過失は認められないであろうと思われる（東京地判平成23年2月28日ウエストロー2011WLJPCA02288012、東京地判平成26年2月4日ウエストロー2014WLJPCA02048001、東京地判平成29年5月29日ウエストロー2017WLJPCA05298005）。

3 野球（キャッチボール、素振り等を含む）

(1) 特　色

日本における野球の歴史は深く、日本国民に広く浸透しているスポーツの代表といえる。競技者は多く、その年齢層も小学生から高齢者まで幅広く、老若男女問わず親しまれている。さらに、プロ野球だけでなく、社会人野球や高校野球など、観戦するスポーツとしても、広く親しまれている。

一般的な競技方法としては、2つのチームが守備側と攻撃側に分かれ、投手（守備側）が投げたボールを、打者（攻撃側）がバットで打つというものである。打者は、フィールドに設置された4つの塁（ベース）を進み、一周することで得点が入る。攻守を交代するためには、3つのアウトを取る必要があり、アウトを取るために、ボールを持った野手（守備側）が打者よりも先に塁を踏んだり、ボールを持った野手が打者にタッチしたりなどする必要がある。

このような競技方法であるため、主にアウトを取る際に競技者同士が衝突する危険を有している。また、相手が競技者であるかにかかわらず、打者が打ったボールや守備側の選手が投げたボールが人にぶつかったり、打撃の際に折れたバットが人にぶつかったりするという危険も有している。

競技のルールとしては、統一的なルールとして「公認野球規則」が定められている一方で、各カテゴリーに応じて個別に適用されるルールも定められている（例えば、一般財団法人全日本野球協会が定める「アマチュア野球内規」など）。その中には、走塁妨害や守備妨害など、競技者同士の接触を防止することも考慮に入れたルールが存在する。

近年では、2016年から日本野球機構（NPB）において、本塁での衝突プレーを回避するためのコリジョンルールが採用されている。これにより、走者は本塁上で守備側の選手にタックルをすることが禁じられ、捕手は得点しようとする走者の進路をブロックすることが禁じられた。

(2) 加害競技者の責任

ア 概　　要

一般的にスポーツにはルール（規則）が定められているところ、これは、野球においても同様である。しかしながら、安全性を確保するためのルールばかりではなく、そのスポーツを競技として成り立たせるためのルールもある。そのため、加害行為がルールに反するものだから直ちに違法となるわけではなく、そのルールの趣旨や違反の程度も違法性を判断する上で考慮されている。

また、仮にルールに従ってプレーをしていたとしても、怪我をする可能性をゼロにすることはできない。そのような場合については、「スポーツが競技の過程での身体に対する多少の危険を包含するものであることから、競技中の行為によって他人を傷害せしめる結果が生じたとしても、その競技のルールに照らし、社会的に容認される範囲内における行動によるものであれば、右行為は違法性を欠く」と解釈されている（東京地判平成元年8月31日〔判例番号100〕）。

他方で、競技者のプレーが原因で第三者に怪我をさせる事故としては、打者が打ったボールが観客に当たる事故や観客以外の第三者に当たるという事故が想定される。これらの事故については、通常、加害競技者ではなく、施設管理者や競技の主催者の責任が問題とされることが多く、競技者個人の責任が追及される事例は少ない。しかしながら、法的には、競技者個人の責任も問題となりうる。

このような場合は、事故や周囲の状況などから加害競技者に過失があったか否かが判断されている。

イ 裁判例の検討

(ア) 東京地判平成元年8月31日〔判例番号100〕

本件は、社会人の草野球大会において、三塁ランナーが三塁と本塁の間で挟殺される間に、サードゴロを打った打者が一塁を回って二塁に向かったところ、二塁手と打者が二塁付近で接触し、二塁手が左足内側々副靭帯損傷の傷害を負ったという事案である。

判決では、前述の判断基準を示した上で、原告の主張していた「守備妨害の目的で、敢えて二塁ベースから1メートルも離れた位置にいた原告にスライディングした」という事実や、「原告の立つ位置を二塁ベースと誤解してスライディングした」という事実を認定せず、「衝突による原告の受傷が、被告…の故意又は重過失に起因する行為によって生じたものということはできず、また…被告…がルールに違反する危険なスライディングの方法をとっていた等の事情も認められないから、結局、本件は、野球のルールに照らし、社会的に容認される範囲内における行動」に起因するものであり、打者の行為は違法性を欠くと判断された。

(イ) 大阪地判平成11年7月9日〔判例番号191〕

本件は、高校の野球部でダブルプレーの練習(監督が三塁に向けてノックをし、三塁手はノックの打球を捕球して二塁に投げ、二塁手は捕球後に一塁に投げ、一塁手が捕球するもの)をしていた際、三塁手が監督からのノックを受けたボールを捕球した後、二塁に送球せず、一塁をめがけて投げ、そのボールが一塁ベース付近にいた選手の右眼に当たり、右眼失明等の傷害を負ったという事案である。

判決では、被告である三塁手に過失を認めたところ、その理由について「被告は、ダブルプレーの練習においては、三塁手はノックのボールを捕球した後、二塁に送球しなければならないということを認識していながら、…監督や捕手の、ダブルプレーを行う旨の指示を不注意で聞いていなかったため、ノックのボールを捕球した後、漫然と右ボールを一塁方向に投げ」たと指摘している。

また、被告側から、競技の性質上、傷害の危険が内包されており、硬式野球のルール上許された行為をしていたにすぎないという反論がなされていたところ、ダブルプレーの練習は、「各自の行うべきプレーが固定化又は定型化された練習方法」であり、「定型化されたプレーに反する行動をとる者が出ることを予想していないのが通常で」、ルールの範囲内で各選手がプレーを選択する試合に比べて、非定型のプレーの危険性は極めて高く、ルールに反していないとしても違法だと判断された。

(ウ) 東京地判平成13年11月2日〔判例番号207〕

本件は、草野球の試合中、同一チームに属する三塁手（原告）と投手（被告）が、フライを捕球しようとして接触し、三塁手が負傷したという事案である。

判決では、フライの落下点（≒両者の衝突地点）は、「一般的には、投手の通常の守備範囲であるとはいえず、三塁手の守備範囲内」であり、衝突態様として「捕球体勢をととのえた原告に被告…が衝突してきた」との事実を認定した。

一方で、被告の責任について、スポーツの加害行為が「スポーツの安全面にかかわる基本的なルールに反するものでなく、かつそのスポーツを行うに際して通常予測され得る動作や対応に起因するものであるときには、…加害行為が意図的である場合など、加害行為の違法性が基礎づけられる特段の事情がある場合を除いては、当該加害行為には違法性」がないとの判断基準を示した。その上で、隣接する野手の守備範囲は重なり合っており、これを超えたプレーが想定されるから、実際に三塁手の守備範囲内に落下していたフライを「サード」という指示に反して投手が捕球することは、安全面に関する基本的なルールに反せず、当該プレー自体、通常予測される範囲内だと判断した。また、「特段の事情」については、原告が捕球体勢をとっていたことを被告が十分に認識しながら捕球を妨害して自ら捕球するような態様であればまだしも、被告が原告の動静に対する注意を怠ったために衝突したのであれば、通常予測され得るものだと判示して、被告の行為の違法性を否定した。

(エ) 大阪地判昭和47年11月25日〔判例番号17〕

本件は、公園でノック練習をしていたところ、被害者がノッカーの背後に接近した際、ノッカーが被害者に気づかずにノックをし、振り切ったバットの先端が被害者の前額部に接触し前額部開放筋断裂などの傷害を負ったという事案である。

判決では、公園には球技禁止の立て札がなかったものの、主として不特定多数の子どもが来集する小公園において野球の練習をすることは、

「行為自体が危険であって社会的に許容され」ず、ノッカーはノック直前に周囲を確認せず漫然とバットを振り回したのだから、重大な過失があると認定した。

(オ) 大阪地判昭和55年7月14日〔判例番号48〕

本件は、小学校の仮設グラウンドで、硬式球を使用して投球練習をしていた際、投手が暴投したボールが、近くにいた被害者の後頭部を直撃し、左小脳挫傷兼頭蓋骨骨折により死亡した事案である。このような場合、投手の責任が問題となるのが通常であるが、この事案では、投球練習の相手であった捕手の責任が問題になった。

判決では、練習相手の投手が速い球を投げる一方で制球力を欠いて暴投することや捕手の後方に小学生がいることを認識していたのだから、暴投となった場合に後方にいる小学生に当たる可能性を十分予見することが可能だったと認定された。また、被告(当時14歳)には硬球が当たったときの危険性について認識する能力もあったから、被告としては「直ちに投球練習を中止するか、中止しないとしても少なくとも後方に小学生がいないことを確認して続行するなど事故を防止すべき義務」を負い、漫然と投球練習を続けた過失があると認定した。

(カ) 仙台地判平成17年2月17日〔判例番号238〕

本件は、公園でキャッチボールをしていたところ、投手(小学4年生)が投げたボールが被害者の胸腹部にあたり、心臓震盪によって死亡し、投手の過失が問題になった事案である。

判決では、加害者には、本件事故当時の公園の状況でキャッチボールをすれば、ボールがそれて他人に当たることが十分に予見でき、軟式球が他人に当たった場合に、その打撃部位によっては他人に傷害を与え、さらには死亡するに至らせることがあることも予見できたから、危険な状況でのキャッチボールを避けるべき注意義務があったのに、漫然とこれを行った過失があると認定された。なお、この判決では、加害者は責任無能力者であることが前提で判断がなされている。

(3) 指導者の責任

ア 概　　要

野球における事故としては、試合中・練習中の場面での事故と、友人とのキャッチボール等試合・練習以外の場面での事故が想定される。野球では、競技方法ゆえに相手が投げたボールや相手が振ったバットが当たることで負傷する危険性が高く、実際にもこれらが主な事故類型として挙げられる。また、ボールやバット等の用具は、硬式・軟式を問わず硬質である一方で、キャッチャー等一部の選手以外の選手は防具を装着していないため、ボールやバットが体に当たった場合には負傷の程度が大きくなりやすい傾向にある。

ただ、野球における事故は、プロスポーツや部活動、少年野球における事故を除くと、指導者のいない場面での事故が一般に想定され、その場合には競技者が主な責任主体であることから、指導者の責任が直接追及される事案として特筆すべきものはなかった。その一方で、キャッチボール等では、小さい子どもでも比較的簡単にできることから、責任無能力者である子どもが加害者になってしまう可能性もあり、その場合、加害者の監督義務者である両親の責任が追及されることもあるため、ここでは責任無能力者による事故の場合の監督義務者の責任を取り上げる。

イ 裁判例の検討

(ア) 仙台地判平成17年2月17日〔判例番号238〕

本件は、加害者Ａと加害者Ｂ（いずれも事故当時小学４年生）が公園でキャッチボールをしていたところ、Ａの投げた野球ボールがそれ、Ｂの付近にいた被害者の胸腹部に当たり、同人が心臓振盪に陥り死亡したことから、Ａ及びＢの各両親に対して損害賠償を求めた事案である（Ａ及びＢが責任無能力者であることは当事者間で争いがなかった。）。

裁判所は、Ａが投げたボールが被害者の胸腹部に当たったことで同人に心臓振盪を引き起こし、これにより被害者が死亡したこと並びにＡ及びＢの過失を認めた上で加害者の両親の監督義務についても、加害者らには他人を死亡する結果が予見できたことから、これを回避するための指導監督をしていない以上、責任は免れないとした。

(イ) 福岡地判昭和47年3月16日〔判例番号11〕

本件は、フェンスで囲まれた社宅広場で、加害者Aと加害者B（いずれも事故当時小学4年生）がソフトボールでキャッチボールをしていたところ、Aの投げたボールがそれ、フェンスの外側の道路を歩行中の被害者の後頭部に当たり後遺症を伴う傷害を負わせたことから、A及びBの各両親に対して損害賠償を求めた事案である。

裁判所は、A及びBの過失を認めた上で、各両親には、子どもに対して道路の状況にも注意してボールが外に飛び出さないよう向きをかえるなどして遊ぶよう注意すべき義務があるとして、その責任無能力者の法定監督義務者としての責任を認めた。

ウ 予防策・対応策

責任無能力者による事故の場合、当該無能力者の行為に注意義務違反があることを前提に、その監督義務者に同義務の履行が認められるかが問題となる。特に監督義務者の直接の監視のない状況での事故の場合、監督義務者が、責任無能力者が予見できる危険を予測し、これを回避するための措置をとれるように指導監督していたかどうかが焦点となりやすい。これは、スポーツ指導者とは異なり、責任無能力者の法定監督義務者の場合には、スポーツに限定されずに広く監督すべき義務が課されていることも背景にあると思われる。

(4) 施設管理者の責任

ア 概　要

野球場での事故における施設管理者の責任が問われるケースは、プロ野球における試合前の打撃練習中の打球が観客に当たった事例や、ファウルボールや折れたバットが観客に当たった事例等が考えられるところ、バックネットや内野席において、ファウルボールや折れたバットが観客に当たった事例が多いといえる。

これらの事例では、国賠法2条1項及び民法717条1項の責任、その他安全配慮義務違反の責任の有無が問題となるところ、これらについては、プロ野球観戦に伴う危険から観客の安全を確保すべき要請と、観客の側にも求められる注意の程度、プロ野球観戦にとって本質的要素である臨場感を確保する要請の諸要素の調和の観点から検討することになる。

具体的には、当該球場におけるバックネットないし内野フェンスの構造、内容について、当該球場でとられている他の安全策をも考慮してプロ野球の球場として通常備えるべき安全性が認められるか否かが判断されることになる。

この場合､観客席の場所によっても試合の臨場感や危険性が異なるし、また、プロ野球の観戦に来たとはいっても必ずしも野球に詳しいとはいえない者もいるので（子どもに同伴してきた母親等)、球場側がどのように観客を招致したかなども、個別具体的に検討することになる。

なお、安全対策の点から見ると、ファウルボールと折れたバットとでは、違いはないと思われる。

イ　裁判例の検討

㈠　仙台地判平成23年2月24日〔判例番号274〕、仙台高判平成23年10月14日〔判例番号279〕（〔判例番号274〕の控訴審）

本件は、プロ野球の試合の観戦中にファウルボールによって内野席で観戦していた観客が負傷した事故において、当該球場に民法717条1項及び国賠法2条1項にいう「瑕疵」が認められるか否かが問題となった事案について、本件球場に設置された内野席フェンスの構造、内容は、球場でとられている安全対策と相まって、観客の安全性を確保するために相応の合理性があるといえるから、「瑕疵」は認められないとして、原告の請求が棄却された事例である。

㈡　千葉地判平成23年10月28日〔判例番号280〕

本件は、プロ野球の試合前の打撃練習中に外野の芝生席にいた観客が顔面に打球を受け右眼球破裂などの傷害を負った事故において、本件球場への入場制限の措置をとらなかった過失の有無、及び、打球衝突の危険を認知させなかった過失の有無が争われた事案について、被告には、本件打撃練習が終了するまでの間、ライト側外野席内の打球が太陽光によって見えなくなり、観戦客に打球が衝突する可能性の高い場所について入場制限を行う義務はなく、また、打球衝突の危険を認知させるべき義務を怠った過失があるともいえないとして、いずれも球場を管理する被告球団の過失が否定された事例である。

(ウ)　札幌地判平成27年3月26日〔判例番号319〕、札幌高判平成28年5月20日〔判例番号330〕（〔判例番号319〕の控訴審）

本件も、プロ野球の試合の観戦中にファウルボールによって観客が負傷した事故である。

〔判例番号319〕は、球場に設けられていた安全設備等は、当該座席付近で観戦する観客に対するものとしては通常有すべき安全性を欠いていたとして、工作物責任（民法717条1項）及び営造物責任（国賠法2条1項）上の瑕疵を認定した。

これに対し、〔判例番号330〕は、工作物責任及び営造物責任上の瑕疵は否定したが、野球観戦契約上の安全配慮義務違反を認定して、一審原告の請求を一部認容した。

〔判例番号330〕においては、一審原告は、野球に関する知識も関心もほとんどなく、野球観戦の経験も硬式球に触れたこともなく、ファウルボールに関する危険性もほとんど理解していなかったこと、そのような一審原告が本件試合を観戦することになったのは、球団側が、新しい客層を積極的に開拓する営業戦略の下に、保護者の同伴を前提として本件試合に小学生を招待する企画（本件企画）を実施したところ、一審原告が子どもらとともに本件企画に応じて本件ドームに来場した経緯であったこと、本件座席は、内野席の最上部や外野席等と比較すると、相対的には上記のファウルボールが衝突する危険性が高い座席であったが、本件企画において選択可能とされていた席であったことなどが認められるところ、球団側としては、少なくとも一審原告のようなファウルボールに関する危険性をほとんど理解していない保護者らとの関係は、野球観戦契約に信義則上付随する安全配慮義務として、本件企画において上記危険性が相対的に低い座席のみを選択し得るようにするか、又は保護者らが本件ドームに入場するに際して、ファウルボールの危険があること及び相対的にその危険性が高い席と低い席があること等を具体的に告知して、当該保護者らがその危険を引き受けるか否か及び引き受ける範囲を選択する機会を実質的に保障するなど、招待した小学生及びその保護者らの安全に、より一層配慮した安全対策を講じるべき義務を負っていたものと解するのが相当である、と判示されている。

ウ　予防策・対応策

工作物責任及び営造物責任上の瑕疵や、安全配慮義務違反の有無は、一般的・抽象的にではなく、個別具体的に判断されることになる。

契約約款、試合観戦チケット裏面、案内状等に危険性の注意喚起がなされていたからといって、それらは、あくまで野球場内で起こり得る危険に留意するようにとの注意を一般的・抽象的に促すものにすぎず、当該被害者に当該危険を具体的に告知するものとはいえない。

あくまで、当該被害者の属性や観戦に至った経緯を加味したうえで、個別具体的に判断し、危険性を回避しているか、被害者が危険性を引き受けたといえる状況になっていなければ、施設管理者は免責されないものと考えられる。

⑸　主催者の責任

ア　概　　要

野球の競技会や教室等で主催者の責任が問題になり得るケースとしては、ボールが観客や控え選手に当たる事故や、バットとの接触事故（例えば、素振りや折れたバットが飛んで当たるケース）等が考えられる。それらの場合、係員やインストラクターに過失が認められれば主催者はその使用者として賠償責任（民法715条）を負う可能性がある。また、球場等の設備自体の安全性に不十分な点があり事故に至った場合には、同法717条に基づく工作物責任や安全配慮義務違反に基づく契約責任（同法415条）も問題となる。

イ 裁判例の検討

野球において主催者の責任が問われたケースとして、本書作成時の調査においてはアマチュア野球の事例は見当たらなかった。以下では、プロ野球観戦中の観客にファウルボールが当たり負傷したという事例を紹介する。

なお、プロ野球では球団所有者が試合の主催者となる。

(ア) 一審：札幌地判平成27年3月26日〔判例番号319〕、控訴審：札幌高判平成28年5月20日〔判例番号330〕

本件は、プロ野球の球団所有者らが主催者及び球団管理者等として責任を追及された事案である。

事案の詳細及び裁判所の判断については前記(4)イ(ウ)を参照されたい。

プロ野球の試合を主催して興行している球団の賠償責任について、一審は球場の占有者として工作物責任を認めたが、控訴審はこれを否定した。もっとも控訴審は、(ファウルボールに関する危険性を認識している)通常の観客との関係では、観客がその危険を引き受けているものとして相応の安全策を行えば足りるとする一方、球団が実施した企画に参加しファウルボールに関する危険性をほとんど認識していないような観客との間では、野球観戦契約に信義則上付随する安全配慮義務として、企画において危険性が相対的に低い座席のみを選択し得るようにしたり、球場への入場に際して上記危険性があること及び相対的にその危険性が高い席と低い席があること等を具体的に告知して、当該観客にその危険を引き受けるか否か及び引き受ける範囲を選択する機会を実質的に保障するなど、招待した当該観客の安全に、より一層配慮した安全対策を講じるべき義務を負っており、球団がかかる安全配慮義務を十分に尽くしていたとは認められないとして、球団の債務不履行責任を認めた。

(イ) 同事案の免責条項

同事案では、球団所有者と観客との間で交わされた観戦契約中の免責条項についての合意の成否等も問題となった。免責条項は、主催者としての責任の減免に関して主催者との間で合意が取り交わされることが多いと解されることから、本項で紹介する。

本件における観戦契約の約款には、「主催者及び球場管理者は、観客が被った以下の損害の賠償について責任を負わないものとする。但し、主催者若しくは主催者の職員等又は球場管理者の責めに帰すべき事由による場合はこの限りでない。」とした上で、個別の損害項目及び包括的な損害項目が掲げられていた。

控訴審（前記〔判例番号330〕）は、この免責条項につき、具体的な法的紛争において免責条項による法的効果を主張するためには、観客において当該条項を現実に了解しているか、仮に具体的な了解はないとしても、了解があったものと推定すべき具体的な状況があったことが必要である旨述べた。そして、本件では、観客に契約内容を説明し実質的な同意を得る等の対応はなかったこと、契約内容は観客が検索すれば球団ホームページ上で表示できるというだけであったこと等から、観客は契約約款（特に免責条項）の存在及び内容を了知していなかったとして、免責の合意は成立していなかったとした。なお、条項の有効性自体についても、球団が発生した損害に対し損害保険等での対応をすることなく本件にそのまま適用することは消費者契約法10条により無効である疑いがあるとしている。

ウ　予防策・対応策

上記裁判例はプロ野球についてのものであり、判決では多数の観客には様々な属性の者がいること、打球が極めて高速度であること、主催者が利益を得ている一方で損害を塡補しないのは公平に反すること等の事情が言及されているが、一般に行われる草野球や少年野球の大会等でも観客や球場近辺の者に打球の飛来等による危険が及び得ることは主催者としては念頭に置くべきであろう。少年野球大会や部活動の大会等では、野球に詳しくない保護者らが観戦に訪れることは当然想定される。そして、プロと比べて打球が遅いとしても、観客席を競技エリアに過度に近い場所や防球ネットやフェンスのない場所に設けた場合、そのような観客に上記危険が及ぶことは十分予測しうる。主催者としては、観客らに対し打球等への注意喚起を行いその危険性を周知した上で、グラウンドと観客との間に危険を回避できるだけの十分な距離をとる、あるいは防球ネットを設けるといった物的設備を整備することが望ましい。さらに前記裁判例を踏まえれば、単に打球飛来の一般的な危険性があることを知らせるだけでは足りず、どのような時に、どのような危険が生じる可能性があるのか、その危険によりどのような事態が生じかねないのか、その事態を避けるためには観客はどのような行動をとればよいのか等についても、できるだけ具体的に注意喚起をしておくべきであろう。

(6)　過失相殺

ア　守備練習中に被害者に過失を認めた裁判例

守備練習中にノックのボールが被害者である選手の身体に当たった場合、ノックをする者の動静、打球の行方等に対する注意を怠ったとして、被害者に過失を認めた裁判例がある（広島高判平成4年12月24日〔判例番号126〕は2割の過失相殺、札幌地判平成15年3月14日判時1818号158頁は7割の過失相殺、名古屋地判平成18年11月28日〔判例番号252〕は4割の過失相殺、徳島地判平成26年3月24日〔判例番号310〕は1割の過失相殺）。

イ　フリーバッティング練習（打撃練習）中の裁判例

フリーバッティング練習（打撃練習）は、横並びの複数のゲージに入った打者が同時にバッティング練習をすることが多いが、ピッチングマシンの操作役に隣のゲージの打者の打球が当たった事案において、他のゲージの打者の打球を注視していなかったこと及び防護ネットが設置されていないことに気付かなかった等の事情により3割の過失相殺をした裁判例がある（横浜地判平成25年9月6日裁判所ウェブサイト）。また、防護ネットが損傷していたため、ピッチングマシンの操作役に打者の打球が当たった事案において、防護ネットに損傷があることを認識していながら、損傷箇所を打球が通過することはないと軽信し同ネットを使用したとして、5割の過失相殺をした裁判例（神戸地尼崎支判平成11年3月31日〔判例番号189〕）、小学校の授業中のソフトボールの試合において、審判をしていた被害児童の顔にファウルチップのボールが当たった事案において、防護マスクを着用していなかった等の事情から２割の過失相殺をした裁判例がある（浦和地判平成４年４月22日判時1449号123頁）。

なお、私見ではあるが、被害者が学生の場合、教諭や監督のもとで練習が行われ、防護ネット等は学校の備品であることが多いと思われるが、安全な練習環境の確保は基本的に監督者や管理者の責任であることからすれば、学生である被害者の過失の有無は慎重に検討されるべきと考える。

他方、過失相殺を否定したものとして、フリーバッティング練習中に投手の頭部に打球が当たった事案において、監督が投手に対し、公益財団法人日本高等学校野球連盟が着用を義務付けている投手用ヘルメットを着用するよう指導しなかった過失は重大であるから、仮に投手が防護ネットに頭部を隠すことが遅れたとしても、過失相殺をすることは相当ではないと判断した裁判例がある（静岡地判平成28年５月13日〔判例番号329〕）。

ウ　練習又は試合の参加者以外の者が被害者となった裁判例

練習又は試合の参加者以外の者が被害者となったものとして、高校野球部員のフリーバッティング練習の打球が、同一グラウンド内でコートのライン引きをしていたハンドボール部員に当たった事案において、打球が当たる危険があることを熟知していながら打球の行方に注意を怠った等の事情により５割の過失相殺をした裁判例がある（福岡地小倉支判昭和59年１月17日判時1122号142頁）。多くの学校では、同一グラウンド内において複数のクラブ活動や部活動が行われていることから、グラウンドにいる生徒は周囲の状況に注意すべきであろうが、根本的にはそのような危険な練習環境を作出・黙認していた学校に責任があると考えられること、フリーバッティング練習では複数の打者が同時かつ連続して打撃するため打球の行方の注視を厳格に求めるとグラウンドを利用する他の生徒の活動が大きく制限されること等からすれば、被害者の過失の有無及び程度は、慎重に検討すべきと考える。

なお、野球部員の打球が、同じグラウンドで練習していたサッカー部員に当たった事案において、被害者であるサッカー部員が入学して3日での事故であり、顧問から野球部の打球に気を付けるよう具体的な注意喚起がされていなかったという事情から、被害者に過失はないと判断した裁判例がある（福岡地小倉支判平成25年12月10日〔判例番号308〕）。

エ　ファウルボールが当たった裁判例

プロ野球の試合中、打者の打ったファウルボールが観客に当たった事案において、第一審では、打撃から約2秒後に観客席に到達するような打球が飛来する具体的危険があることまで認識できなかったとして観客である被害者の過失はないと判断されたが（札幌地判平成27年3月26日〔判例番号319〕）、控訴審は、グラウンドに比較的近い座席を選択したのは被害者の夫であること、事故が発生するまでの間にもファウルボールが観客席に飛来する機会があり被害者が危険性を感じていたこと、球場ではファウルボールの危険性に関する放送が流れたり警笛が鳴っていたこと、被害者が打球の行方を最後まで見ていなかったこと等の事情により、2割の過失相殺をした（札幌高判平成28年5月20日〔判例番号330〕）。

4　その他球技（サッカー、バレーボール、ハンドボール、ラグビー、アメフト等）

(1)　特　　色

サッカー（フットサル）、ハンドボール、ラグビー、アメリカンフットボール（通称「アメフト」）は、同じフィールドに敵味方が入り乱れて競技するため、競技者同士が接触する危険を有している。特に、攻撃側と守備側が一つのボールを奪い合う場面では、競技者同士がより接近することが想定され、敵味方問わず競技者同士の身体的接触による危険度は非常に高い。

バレーボールやバドミントンなどは、チームごとにプレーするエリアが区分されているので、相手競技者との接触の可能性はそこまで高くない。他方で、味方同士の距離感が近いだけでなく、ボールやシャトルの状況に応じて流動的にプレーするという特徴から、プレーエリアの重なり合いの程度が他のスポーツに比べて大きく、味方競技者同士が接触する危険性がある。

他方、サッカー（フットサル）、バレーボール及びハンドボールなどは、選手がボールを蹴ったり、打ったり、投げたりして、守備側の選手はこれを守備することで、得点を阻止するというのが特徴の一つである。そのため、攻撃側の選手は、強くボールを放つ傾向にあり、ボールに当たった競技者が負傷するという危険性を有している。

他の競技と同様に、事故発生時の責任を検討する上で、競技ごとのルールが参考になる。

例えば、サッカーには、国際サッカー評議会が制定する「サッカー競技規則」があり、フットサルには国際サッカー連盟が発行する「フットサル競技規則」があり、いずれも日本サッカー協会（JFA）のホームページで公開されている。他の競技でも、各種の競技団体が規則を定めているが、同じ競技でも種目が異なる場合（例えば、6人制バレーと9人制バレーなど）やカテゴリーが異なる場合（例えば、U–15ジュニアラグビーと19歳未満の国内高専・高校以下のラグビーなど）には、統一的なルールとは別に適用されるルールが定められていることがあるので、事故発生時の責任を検討する際には、注意が必要である。

⑵　加害競技者の責任

ア　概　　要

基本的には、野球における加害競技者の責任（本章Ⅰ**3**⑵**ア**）と考え方は同じである。

この点について、裁判例では、「一般に、スポーツの競技中に生じた加害行為については、それがそのスポーツのルールに著しく反することがなく、かつ通常予測され許容された動作に起因するものであるときは、そのスポーツの競技に参加した者全員がその危険を予め受忍し加害行為を承諾しているものと解するのが相当であり、このような場合加害者の行為は違法性を阻却するものというべき」という解釈が示されている（東京地判昭和45年2月27日〔判例番号8〕）。

イ　裁判例の検討

㈠　東京地判昭和45年2月27日〔判例番号8〕

本件は、PTA主催のバレーボールの練習中に、スパイクを打った選手がその直後に転倒し、反対側コートにいた相手選手の右足膝部に衝突したため、相手選手が右膝関節捻挫兼十字靱帯損傷の傷害を負った事案である。判決では、加害選手のセミタイトスカートという服装は練習で許容されており、前衛を不得手としていたものの、スパイクしたはずみで転倒することは、予想される動作であるから、違法性を欠くと判断された。

㈡　横浜地判平成10年2月25日〔判例番号176〕

本件は、テニスの練習中に、コート脇のベンチに腰掛けていた練習生が、他の練習生の打ったボールを顔面に受けて右眼球を負傷した事案である。判決では、「練習とは技量の未熟を前提とし、その向上を図るために行われるものであるから、ルールを遵守してまじめに練習に取り組んだ結果、ミスをしたとしても直ちに過失があるとはいえ」ず、練習生に「ミスショットをしない（あるいは危険のないようにことさら弱いボールを打つ）注意義務があったなどとはいえない」、練習生が「ふざけてショットしたり、コーチの指示に従わないなど、ことさら不適切な練習態度であった」という事実もないと認定した。また、「自ら指導コーチに申し出て練習の中断等の措置をとってもらうべき義務」や、練習生の一人に過ぎない被告が同僚の練習生に対して「自らその待機位置などについて指示をすべき義務があったともいえない」として、過失を否定した。

㈢　東京高判平成30年9月12日〔判例番号360〕

本件は、バドミントンのダブルス競技中に、ペアのラケットが左眼に当たり、負傷したという事案である。判決では、前衛の同伴競技者の動静に注意して、ラケットが当たらないよう配慮する義務を怠ったとして後衛競技者の過失を認定した上で、後衛競技者の行為の違法性阻却については「バドミントン競技の競技者が、同競技に伴う他の競技者の故意又は過失により発生する一定の危険を当然に引き受けてこれに参加しているとまではいえない」として違法性阻却は否定した。

(エ)　サッカーやフットサルをプレー中に接触した事故では、結論を異にした三つの裁判例を紹介する。

①　東京地判平成28年12月26日〔判例番号339〕

本件は、社会人サッカーリーグでの試合中に、加害競技者が伸ばした左足の裏側と相手選手の左脛部が接触し、左下腿脛骨骨折等の傷害を負ったという事案である。接触前の状況や加害行為の態様などから、「スパイクシューズを履いている自身の足の裏が、ボールを蹴ろうとする原告の左足に接触し、原告に何らかの傷害を負わせることは十分に予見でき」、「無理をして足を出すべきかどうかを見計らい、原告との接触を回避することも十分可能であった」と判断し、加害競技者の過失を認めた。また、違法性阻却については、「スパイクシューズを履いた足同士が接触し、これにより負傷する危険性が内在」し、試合の出場者は「このような危険を一定程度は引き受け」ているから、「たとえ故意又は過失により相手チームの選手に負傷させる行為をしたとしても、そのような行為は、社会的相当性の範囲内の行為として違法性が否定される余地がある」と認定した。その上で、「社会的相当性の範囲内の行為か否かについては、当該加害行為の態様、方法が競技規則に照らして相当なものであったかどうかという点のみならず、競技において通常生じうる負傷の範囲にとどまるものであるかどうか、加害者の過失の程度などの諸要素を総合考慮して判断すべき」とし、本件では加害行為の態様としては、競技規則に反し、退場処分が科されることも十分に考えられる行為であり、負傷の範囲としても、競技中に通常生じうる傷害結果とは到底認められず、被告の過失は軽過失にとどまるものとはいえないから、加害競技者の行為は社会的相当性の範囲を超えるとして、違法性阻却を否定した。

②　東京地判平成30年2月28日〔判例番号355〕

本件は、社会人サッカーリーグに所属するクラブチームでの練習試合中に、加害競技者がスライディングをしたところ、相手選手が転倒し、右足関節開放性脱臼骨折を負ったという事案である。判決では、スライディングをした具体的状況から、「少なくとも、原告の真後ろのように、原告の視野の外で、およそ原告が認識し得ないような位置からされたもの」ではなく、相手選手も「被告が…スライディングなどのプレーを行うことも、当然に予想し得る状況にあった」と判断された。さらに、「競技規則においてファウルないし不正行為と評価されるのは、…過剰な力や粗暴な行為や相手チームの選手の安全を脅かす方法でのプレーであ」ることも考慮すると、「スライディングを行ってはならないという結果回避義務を課すべき状況にあったとまで認めるに足りない」と判断し、過失を否定した。

③　東京地判平成19年12月17日〔判例番号258〕

本件は、フットサルのゲーム中、ボールを保持していた原告の右膝側面に、被告の左膝付近が衝突し、右脛骨関節内骨折の傷害を負ったという事案である。判決では、ルール上、過剰な力を用いて体を投げ出して安全を脅かす以外は反則として禁止されておらず、ボール保持者がボールを奪われまいと相手方の動作とは逆の動作をすることも頻繁にあるため、競技者の結果回避義務違反が認められるのは、相当限られた場合になると指摘された。その上で、本件では、傷害を生じさせる結果まで予見できたとは認定できず、過失を否定した。

㈹　東京地判平成26年12月3日〔判例番号315〕

本件は、大学ラグビーの試合中に相手方選手からタックルを受けた原告が頸髄損傷による重度の後遺障害を負った事案である。判決では、被告の加害行為を、原告のジャージの襟首又は胸あたりを摑みながら、地面に右半身を下にして倒れ込み、原告を自分の上半身側に引き込み、原告が頭から地面に突っ込む行為だと認定した。その上で、このような態様で引き倒した場合には、相手が頭から地面にたたきつけられることで傷害を負うことが容易に予見でき、結果を回避することも可能であったとして、被告の過失を認めた。また、過失の有無は、単にルールに反したかではなく、注意義務違反の有無という観点から判断されるべきであり、ルールに反していないから過失はないとは言えないとしつつ、本件の加害行為は、ルール上、危険なプレーと評価し得ると指摘された。

⑶ 指導者の責任

ア 概　　要

指導者が関わる野球・ゴルフを除く球技としての代表的スポーツとしてテニスを取り上げる。硬式テニスの場合、プレー中の打球が顔面（特に眼球）に当たる事故や、ボール拾いをしている最中にボールが顔面に当たることによって事故が生じることがある。このような場合、指導監督上の過失を主張し、指導者や使用者の不法行為責任あるいは債務不履行責任が追及され得る。

イ 裁判例の検討

㈠ 横浜地昭和58年8月24日〔判例番号64〕

テニススクール（初心者クラス）において、コーチが受講生に対してバックハンド・ストロークの指導をしていた際、コーチの指示により、受講生が打ち返すボールの間をぬうようにしてコート上のボールを拾っていたところボールが顔面に当たり眼球を負傷した事案である。

テニスコーチについて「受講生の生命・身体を損なうことのないようその受講者の資質、能力、受講目的に応じた適切な手段、方法で指導をなすべき注意義務がある」とした上で、「初心者の原告に対し、練習者の近くでボール拾いをすることの危険性やその危険防止について何の指導もしないまま」ボールが衝突する危険のある状況でのボール拾いの指示をしたとしてテニスコーチの過失を認め、使用者に対する損害賠償（不法行為責任）を認めた。

㈡ 横浜地平成10年2月25日〔判例番号176〕

テニス教室（上級者クラス）における練習中、練習生の打ったボールがコート脇で待機していた別の練習生の顔面に当たり眼球を負傷した事案である。

テニスコーチについて「練習を指導しているコーチはそのプレーにこそ細心の注意を払うことが要請されているのであるから、待機中の練習生の待機位置などについては、(ことに本件のような上級者クラスにおいては) 各練習生自身が適切に対処することを期待してよく、(プレー中のコート内に立ち入るなど明らかに不適切な行為を発見したような場合を除き) 事細かな指示を与えるべき注意義務はない」として、過失が否定されている。他方、傷害を負った練習生について「練習に参加している以上、現にプレーをしている以外の練習生もボールの飛来する可能性のあるコート周辺で待機せざるを得ないことは当然である。したがって、各練習生は自ら適切な待機場所を選んで、自己の安全を確保し、プレーの妨げにならないように配慮すべき義務がある」と言及している。

ウ　予防策・対応策

テニスにおいては、ボール拾い中やコート脇で待機中等、コート周辺にいるときに思わぬ方向から飛来したボールが顔面に衝突し負傷するという事故が起こり得る。上記裁判例は、いずれも自己がプレーしていない状況でボールが当たった事案であるが、初心者クラスと上級者クラスの場合とでコーチの過失についての判断が分かれている。

テニスにおいては、プレー中のみならずボール拾い等のプレー外においてボールが眼に当たることがあり、指導者としては、特にテニスの初心者に対し、自分がプレーしていない場合に不意打ち的にボールが飛んでくる危険性を十分説明する必要があるといえる。

⑷　施設管理者の責任

ア　サッカー

㋐　概　　要

施設管理者の責任が問われた事案としては、サッカーゴールの転倒事故につき、サッカーゴールの設置、保存に瑕疵があったとされた事案とサッカーボールがグラウンドから逸出してそれによって傷害を負った事故につき、ボールの逸出防止措置が十分にとられていないことが瑕疵にあたるとされた事案がある。

いずれの事案についても、事故が起こる予見可能性があったにもかかわらず、その防止に必要な措置をとっていなかったこと（ボールの逸出事案では適切な逸出防止措置がとられていなかったこと、サッカーゴールの転倒事案ではゴールを固定しておかなかったこと）を理由に工作物責任（民法717条1項）あるいは営造物責任（国賠法2条1項）が肯定されている。

(イ)　裁判例の検討

a　大阪地判昭和48年1月17日〔判例番号19〕

私立中学校のグラウンドでサッカーの練習をしていた生徒が蹴り上げたボールが、グラウンドに設置されていた金網塀を越えて道路に逸出し、そのボールが道路を原動機付自転車で走行していた原告にぶつかり、原告が傷害を負ったことにより、民法717条1項の工作物責任を根拠に学校に対し損害賠償を求めた事案で、ボールの逸出を防止する措置としては、グラウンドと道路との間に高さ5.8メートル弱の金網塀が設置されているだけであり、ボールの逸出による人的物的の損害を防止するための設備として設置に瑕疵があるとして被告学校の責任を肯定した。

b　大分地判平成25年6月20日〔判例番号302〕

市立小学校の校庭において、生徒がサッカーゴールに向けてサッカーボールを蹴ったところ、そのボールがサッカーゴール上方に逸れ、開放されていた職員室の窓から同室内に入り、学校職員である原告の頭部に当たり、原告が頸椎捻挫等の傷害を負ったことにより、学校設置者である市に対し、国賠法2条1項に基づき損害賠償請求をした事案である。

判決は、教室棟の窓と本件ゴールの距離、位置関係（教室棟の窓から約9メートル離れた所に、本件ゴールが設置されている）からすれば、職員室の中にボールが飛び込むことは、十分に想定し得た一方、職員室にボールが飛び込むことを防止するための措置は何らとられていなかったことから、瑕疵があったとして小学校設置者である市の責任を肯定した。

c　鹿児島地判平成8年1月29日〔判例番号160〕

中学生が一般公開前の市営多目的広場に置かれたサッカーゴールを倒して同級生を死亡させた事故につき、ゴールの設置又は管理に瑕疵があると主張し、広場の管理者である市に国賠法2条1項に基づき損害賠償請求をした事案である。

判決は、本件事故当時（平成6年5月28日）、本件広場は、自由に出入りできる状態であり、同広場に立ち入った者が本件ゴールを使用する可能性を認識し得た一方、被告市は、本件ゴールを含め二基を同広場内にて立てたまま又は単に倒したまま放置していたという事情から、被告市は、本件ゴールを通常備えるべき安全性を欠いた状態に置いていたといえるから、同ゴールの設置又は管理には瑕疵があった（国賠法2条1項）というべきであると判示して市の責任を肯定した。

(ウ)　予防策・対応策

ボールの逸出事故については、グラウンドを使用する者の年齢、グラウンドと逸出先の場所的関係などから、一概に、例えば何メートルの塀等を設置すればよいなどという結論が出るわけではないが、施設管理者としては、ボールがどこに逸出する可能性があるのかを考え、ボールが逸出しないように必要十分な防止措置をとることが求められよう。グラウンドからボールが逸出し、その結果、人的物的損害が生じる可能性があることが予見可能であったにもかかわらず、逸出防止措置がとられていなかった、あるいは、逸出防止のための設備があってもそれが逸出を防ぐのに不十分なものであった場合には、施設管理者の責任が肯定されるであろう。

サッカーゴールの事故については、前記〔判例番号160〕において認定されているように、サッカーゴールを倒して移動させることが通常予想されるものであるという前提に立つのであれば、管理者としては、ゴールを動かせないように固定する措置をとっていなければ瑕疵があると判断される可能性があるといえよう。なお、この点、文部科学省は関係各所に対し、移動式のサッカーゴール、バスケットボールゴール等による事故が発生しないよう、固定方法等に配慮することが重要である等の事務連絡をしている。このことからも、サッカーゴール等の転倒等に伴う事故については、地面に固定したり、砂袋等重量のあるものによって転倒しないような措置をとっていない場合は、瑕疵があると認定される可能性があると思われる。

イ バレーボール

㈠ 概　要

バレーボールに関しては、バレーボールのネットの巻き上げ器具の使用中の事故により傷害を負ったという事案と体育館の天井に設置されていた飾り板を踏み抜いて転落し、傷害を負ったという事案がある。

前者の事案は、いずれも、器具が正しく設置されていれば事故は生じなかったであろうとして責任が肯定されている。

後者の事案は、以前にも同様の事故が起きていたにもかかわらず、事故防止の措置をとっていなかったことから事故は予見可能であったとして責任が肯定されている。

㈡ 裁判例の検討

a 福岡地判平成26年11月18日〔判例番号314〕

県立高校のバレーボール部員であった原告が、バレーボール用ネットを張るためにネットの支柱に取り付けられていたネット巻き器のクランクを回していたところ、同ネット巻き器が支柱の上部まで上昇して顔面を直撃する事故が発生したという事案において、本件ネット巻き器及び支柱には異常がなく、支柱に取り付ける際のボルトによる固定が不十分であったと推認されるとして、本件事故当時、通常の手順であっても強くネットを張ろうとすると、本件ネット巻き器が上方にずり上がり、事故が起きる危険性があったとし、通常有すべき安全性を欠いていると判断して学校設置者である市の責任（国賠法２条１項）を認めた。

b 大分地判平成26年6月30日〔判例番号311〕

公立中学校体育館内のバレーボール用支柱に設置されたステンレス製ネット巻き器を使用した際、当該ネット巻き器が急激に跳ね上がって顔面を直撃し、傷害を負ったという事案で、本件ネット巻き器が急激に跳ね上がったのは、本件事故当時、2450ニュートン（250キログラム重）

程度の張力が本件ネット巻き器にかかると、本件ネット巻き器が、急激に跳ね上がる状態になっていたことを認定し、中学生が、バレーボールネットを張るに際し、多少強く2450ニュートンの張力がかかる程度に、本件ネット巻き器のハンドルを回すことは十分に想定されるところであり、この程度の張力で、本件事故当時、本件ネット巻き器が、急激に跳ね上がる状態であったのであるから、本件ネット巻き器は、通常有すべき安全性を有しておらず、その設置又は管理に瑕疵があったものと認められるというべきであるとして学校設置者である市の責任（国賠法2条1項）を肯定した。

c 大阪地判平成25年7月29日〔判例番号304〕

高校のバレー部員であった原告が、体育館の天井部分に乗ったボールを取ろうとはしごを使い天井部分に上ったところ、天井の飾り板部分を踏み抜いて転落し、受傷したことで、被告大阪府に対し、本件体育館の設置又は管理の瑕疵を主張して、国賠法2条1項に基づき、損害賠償を求めた事案である。

判決において、本件体育館の天井部分のうち、飾り板部分は、厚さ3ミリメートルのベニヤ板が張られたのみで、人の体重を支えることができない構造であり、本件事故当時、はしごを使用すれば、生徒が容易に天井部分に上ることができたこと、過去にも部員がはしごを使用して天井部分に上り、ボールを取っていたこと、平成19年に部員が天井の飾り板を踏み抜いた事故があったこと、高校は、この事故があった後も、本件事故に至るまで、天井部分にボールが乗らないようにする措置や部員が物理的に本件はしごを使用できないようにする措置を何らとっていないことから、被告は、本件事故の時点において、部活動中にボールが天井部分に乗り、部員がボールを取るため天井部分に上る可能性があることを十分認識することができ、ひいては、本件事故を予見できたというべきであると判示し、本件体育館は設置又は保存に瑕疵があったとして学校設置者である被告の責任を認めた。

(ウ) 予防策・対応策

前記(イ)a及びbの事案については、いずれも、機器が正しく固定されていれば事故は生じなかったであろうことが認定されており、施設管理者としては、機器を正しく設置することは当然のこととして、その後の管理においても定期的に、例えば固定されているボルトが緩んでいないか等の確認をするなど、事故防止のために必要な措置をとることが必要である。

また、前記(イ)cの事案においては、過去にも同様の事故があったにもかかわらず、学校側が特段の対策をしていなかったことから責任が肯定されている。この事案はバレーボールに限らず、体育館等の施設全般に当てはまるであろう。施設管理者としては、一度事故や危険な事態が生じた際に、それが施設の不備に起因するものと考えられる場合には、事故の再発を防止する適切な措置をとることが必要であり、そのような措置をとらずに再度同様の事故があった場合は、施設の保存に瑕疵があるとの判断がなされる可能性が高いと思われる。

ウ　テニス

(ア)　概　　要

テニスコートにおける事故としては、テニスコートのベンチ付近に設置されていた日覆いが転倒して受傷したという事案と幼児がテニスコートの審判台に上り、イスの背当てから降りようとしたところ審判台が転倒して死亡したという事案がある。

いずれも、営造物責任の判断要素の一つである、本来の用法とは異なる用法で使用したことが原因であるとして、瑕疵が否定されている。

(イ)　裁判例の検討

a　東京地判昭和58年2月24日〔判例番号61〕

公団住宅の団地内テニスコートに設置されていたベンチの日覆いの骨組に両手をかけてテニスの準備運動をしていたところ、日覆いが倒壊して受傷したとして、ベンチを設置している公団に対し、日覆いの設置・管理に瑕疵があるとして、国賠法２条１項に基づき、損害賠償請求をした事案である。

判決は、日覆いは、本件テニスコートの利用者等が同コート内のベンチを利用する際の日除けとする目的で設置されたものであり、本件事故は、日覆いの本来の用途に反し準備運動の用に供して過度の重力を加えたために惹起されたものであり、本件日覆いの構造、用途及び場所的環境、日頃の管理利用状況等に照らすと、本件日覆いは日除けとして利用するために具体的に通常有すべき安全性に欠けていたものとは認め難いとして責任を否定した。

b　最三小判平成5年3月30日〔判例番号128〕

幼児が、テニスの審判台に上り、その後部から座席部分の背当てを構成している左右の鉄パイプを両手で握って降りようとしたため、転倒した審判台の下敷きになって死亡したという事故につき、遺族が施設管理者である町に対し、国賠法2条1項に基づき損害賠償請求をした事案である。

下級審は、幼児が審判台に上って遊ぶ等することは予見可能であり、転倒防止措置等をとっていなかったこと等を理由として責任を認めた。

他方、最高裁は、本件事故時のA（幼児）の行動は、極めて異常なもので、本件審判台の本来の用法と異なることはもちろん、設置管理者の通常予測し得ないものであり、幼児が異常な行動に出ることのないようにしつけるのは、保護者の側の義務であるとした上で、本件に現れた付随的事情からすれば、Aは、保護者である被上告人Bらに同伴されていたのであるから、同被上告人らは、テニスの競技中にもAの動静に留意して危険な行動に出ることがないように看守し、万一その危険が察知されたときは直ちに制止するのが当然であり、また容易にこれを制止し得たことも明らかであるとして、施設管理者である町の責任を否定した。

(ウ)　予防策・対応策

前記の裁判例は、営造物責任の判断要素の一つである「本来の用法」と異なるという点が重視されているものである。ただし、営造物責任の判断にあたっては、用法のみならず、営造物の構造、場所的環境、利用状況等の事情を総合考慮して個別具体的に判断をするものであることは既に述べたとおりであり、本来の用法とは異なっていても、例えば、不特定多数者が自由に出入りできる状況のもと、従前から同様の事故が生じており、施設管理者もそのことを認識していた場合などその他特段の事情がある場合には、責任が肯定される余地もあり得るのではないかと思われる。

施設側としては、本来の用法とは異なる利用はしないように注意書きをしておく等すれば、予防策になると思われる。

エ 卓　球

卓球台の移動中に卓球台が転倒したことによって傷害を受けた者が、卓球台製造会社に対して製造物責任に基づいて、また卓球台の管理者である県に対して国賠法2条1項に基づき損害賠償を求めたもので、卓球台の設置又は管理に瑕疵があったとして責任が肯定された裁判例がある(奈良地判平成21年5月26日〔判例番号266〕)。

この裁判例は、そもそも、転倒しやすいという瑕疵のある設備（卓球台）を置いていたという事案であり、施設管理者としては、そもそもそのような設備を置かなければよいということになりそうだが、本件卓球台は輸入されたもので、当時、国際卓球連盟の公認を受けていたことやドイツ連邦規格の検査に合格していたことからも、設備に瑕疵があることを施設管理者が直ちに認識することは困難であったかもしれない。ただし、本件事案では、判決中にもあるように、本件事故以前にも複数回転倒事故があったようであり、施設管理者としては、そのような事故があった場合は、事故がその設備に原因があるのか、使用方法に問題があるのかを調査検討し、設備に原因があると判断した場合には、使用を禁止したり、適切な事故防止措置をとることが必要であるといえるのではないか。

オ バスケットボール

市が設置・管理する体育館において、スポーツ少年団連盟主催の大会に参加した者が、試合中に、壁下部の窓枠に衝突して傷害を負い、後遺症が残った等主張して、体育館を設置・管理する市に対し、国賠法2条1項に基づいて損害賠償請求をした事案で瑕疵の存在が認められたものがある（京都地判平成25年8月28日〔判例番号306〕）。

この裁判例は、バスケットボールのゴールと壁との距離が90cmしかないという状況で、レイアップシュートをした際に勢いを止められずにゴール後ろの壁下部にあった床窓の鉄製枠に足をぶつけたという事案であるが、ゴールと壁との距離をもって施設に瑕疵があるとされたわけではない。このような状況で、壁に設置してある床窓の鉄製窓枠があることでそれに接触して傷害を負う危険性があることに瑕疵があるとの認定がされている。施設管理者としては、競技の性質上、どのような危険が生じる可能性があるかをよく考え、衝突の危険性がある箇所には判決の指摘するように、クッションを設置するなどして事故防止策をとることが必要であろう。

⑸　主催者の責任

ア　概　　要

球技中には、競技者同士あるいは競技者と観客との接触、設備上・運営上の不備による事故等、様々な態様での事故が発生し得る。競技会等の主催者としては、競技者や観客等に危険が及ばないよう安全を確保する義務があり、これに違反した場合は不法行為責任又は安全配慮義務違反に基づく契約責任を問われることになる。また、主催者の被用者に過失が認められれば、その使用者たる主催者も使用者責任（民法715条）を問われることになる。

イ　裁判例の検討

以下では、バレーボール、バスケットボール及びサッカーについての裁判例を取り上げるが、他の球技においても同様に主催者の責任が問題となり得ることはいうまでもない。

㋐　競技者と観客との事故（バレーボール）

県職員間で厚生計画の一環として県が企画・実施したバレーボール大会中に発生した選手と観客（控え選手）との衝突事故（宮崎地判平成4年9月28日〔判例番号124〕。責任を否定）につき、強力なサーブ防止や比較的年齢の高い者・女性の参加といったレクリエーション競技としての趣旨に沿った特別ルールが設けられていたという大会の性質、当該大会は昭和43年ころからは年2、3回の割合で実施されていたがその間同様の事故が発生していなかったこと、当該観客（控え選手）は運動に堪能で通常の注意を払って観戦していれば選手との衝突は容易に避けられたこと、防護柵を設けることで選手との関係で危険が増大するおそれがあること等を踏まえ、サイドラインから一定範囲を立入り禁止にしなかったことやコートと観客との間に防護設備を設けなかったことにつき県の安全配慮義務違反はないとした。

なお、本裁判例では上記のとおりサーブの制限や出場者の年齢条件の規制等のルールを規定してレクリエーションの目的の実現を具体的に目指していることから通常の競技会に比して危険性は減少するとして、安全配慮義務の程度も軽減されるとしている。もっとも、単にレクリエーション目的で実施されたということだけでなく、その目的に沿った具体的なルールが実際に設けられていたことまで認定されていることには注意を要する。

(イ)　設備上の不備による事故（バスケットボール）

小学生によるミニバスケットボール大会において参加者がシュート後の勢いで体育館の壁（窓枠）に激突し負傷した事故（京都地判平成25年8月28日〔判例番号306〕。責任を肯定）では、当該大会を主催した団体の責任について、ミニバスケットボールは身体的に未熟な12歳以下の小学生により行われるものであるから主催者は参加者の安全に配慮する義務があるとした上で、ゴールのバックボードの位置から体育館の壁面までの水平距離が90センチメートル程度であった本件において、通常の使用方法により骨折などの傷害が生じる危険性がある状況にある場合には窓枠にクッションを設置したりするなど事故防止措置を講じなければならなかったとされている。そして、それにもかかわらず主催団体及びその被用者たる指導者は何ら措置を講じず大会を開催したのであり、安全配慮義務違反（民法709条）ないし使用者責任（同法715条）に基づく損害賠償責任を負うとされた。

競技者の身体能力や判断能力、技量・経験の程度といった属性は多くの裁判例で考慮されているが、本事案のように児童による競技の場合はそれらが未熟であることが通常であるため、主催者としては相応の安全策を講じておく必要があろう。

(ウ) 運営上の不備による事故（サッカー）

高校生のサッカー大会中に落雷が発生し参加者が負傷した事故（原審：高松高判平成16年10月29日〔判例番号232〕、上告審：最二小判平成18年3月13日〔判例番号246〕、差戻審：高松高判平成20年9月17日〔判例番号264〕。）につき、最高裁は、まずスポーツ振興を目的とする財団法人であり大会を開催した法人の責任主体としての主催者性に関し、当該法人の加盟団体に大会の実行委員会を設置させ大会を開催したこと、当該法人がサッカー場の貸与を受けていること、大会パンフレットに主催者として記載されていることから、特段の事情のない限り主催者と推認されるとした（特段の事情の有無については、差戻審において、当該法人の上記関与は事務的形式的なものとは言い難いこと等から、大会の開催運営に当たって当該法人が指示をしたり人を派遣したり資金を供与していないとしても上記推認は妨げられないとして否定されている）。大会当日の運営の現場に直接的に関与しない場合であっても法的責任を問われ得ることには注意を要する。

その上で最高裁及び差戻審は、主催者の負う注意義務について、主催者及びその使用人である現場担当者は大会に参加する生徒の安全に関わる事故の危険性をできる限り具体的に予見し、その予見に基づいて当該事故の発生を未然に防止する措置をとり、大会に参加する生徒を保護すべき注意義務を負うとした。そして、落雷事故は全国で毎年5～11件発生し毎年3～6人が死亡していること、当時までに落雷事故を予防するための注意に関する文献が数多く存在していたこと、落雷が発生した試合の開始直前には会場の南西上空に暗雲が立ち込め雷鳴が聞こえ放電も目撃されていたこと等から、同時点頃までには主催者の現場担当者は落雷事故発生の危険性が迫っていることを具体的に予見することができ、これを予見すべき義務があったにもかかわらずこれを怠り、生徒を安全な保護範囲に誘導したり試合開始の延期を申し入れたりする等の措置をとることもなく漫然と試合を開始するに任せたとして、注意義務違反を肯定し、主催者の使用者責任（民法715条）を肯定した。

なお、判旨では、たとえ平均的なスポーツ指導者において落雷事故発生の危険性の認識が薄く、雨がやみ空が明るくなり雷鳴が遠のくにつれ落雷事故発生の危険性は減弱するとの認識が一般的なものであったとしても、その認識は当時数多く存在した文献や科学的知見と相いれないものであるから注意義務の存在を左右しないとも述べられている。

ウ　予防策・対応策

主催者は、イベント全体の統括者として数多い参加者の身の安全を可能な限り確保すべき地位にあることから、競技会や教室の主催者には、当該イベント全体を包摂する広範な注意義務が認められる。すなわち、まさに競技実施中の事故防止策だけでなく、スポーツの特質や危険性を踏まえた会場の設営や日時・場所の選定といった事前の調査検討、さらに現実に事故が発生してしまった場合の適切迅速な救護を実施できる監視体制や緊急連絡手段の確保等イベント全体における安全性の確保に留意しなければならない。その際、事故発生が予見できるか（すべきか）否かについては当該時点において一般的に得られる科学的知見に基づいて判断されることから、想定される事故に関する情報のアップデートも求められる。

なお、仮に当該イベントの実施により主催者が利益を得ている場合において事故が発生した場合、損害の公平な分担という観点から責任を肯定する要素になると考えられる。

(6)　過失相殺

以下、本分野において過失相殺が争点となった裁判例を紹介する。

ア　サッカー

(ア)　原動機付自転車が、公園から転がり出たサッカーボールに乗り上げ、転倒し、運転者が負傷した事案において、運転者は、公園内で児童がサッカーボールを蹴りあって遊んでいる姿を見通すことができたのであるから、ボールが道路上に出てくることを予見し、速度を落とすとともに前方を十分に注視し、ボールが道路上に出てきたときには的確にブレーキ及びハンドルを操作する義務があるにもかかわらず、これを怠ったとして、8割の過失相殺をした（大阪地判昭和62年6月30日交民20巻3号888頁）。

(イ) 広場に設置されたサッカーゴールを移動のためにいったん倒した際、被害者が同ゴールの下敷きになり死亡した事案において、ゴールを倒すと予告した声が被害者にも聞こえていたと推認されるにも関わらず、漫然とゴール近くでリフティングを続けていた等の事情から、2割の過失相殺をした（鹿児島地判平成8年1月29日〔判例番号160〕）。

(ウ) 試合中、相手選手に蹴られ、左下腿脛骨及び腓骨を骨折した事案において、加害者たる相手選手は、足を出すべきか否かを見計らい、被害者との接触を回避すべき義務を怠ったとして責任を認めた一方、被害選手は、先にボールをトラップし、ボールを蹴り出すための動作を開始しており、加害選手の動きを見て接触を控えるべき状況にあったとはいえないとして、過失相殺をしなかった（東京地判平成28年12月26日〔判例番号339〕）。

イ ラグビー

(ア) フッカーとして試合に出場した被害者がスクラムを組む際に負傷した事案において、左右プロップとバインドを密にして相手方に立ち向かうという基本動作を怠った過失があるとして3割の過失相殺をした（福岡高判平成元年2月27日〔判例番号97〕）。

(イ) 試合中に危険なタックルを受け被害者が負傷した事案において、被害者も自ら一定の危険を引き受けた上で試合に出場したこと、試合の流れの中で不幸にも重大な事故が発生したこと、加害者及び被害者の動作ともにやや未熟であった感は否めないことにより、民法

722条2項の趣旨を類推して4割の減額をした（東京地判平成26年12月3日〔判例番号315〕）。

ウ　バレーボール・バスケットボール

(ア)　高校のバレーボール部員が天井に乗ったボールを取るために天井に上ったところ飾り板を踏み抜いて転落し負傷した事案において、天井部分に上る行為が禁止されていたこと、行為の危険性について部員本人が認識していたこと等により3割の過失相殺をした（大阪地判平成25年7月29日〔判例番号304〕）。

(イ)　中学生がバレーボールネットを張るためにネット巻き器を使用していたところ、ネット巻き器が急激に跳ね上がって顔面を直撃した事案において、過失相殺をしなかった（大分地判平成26年6月30日〔判例番号311〕）。

(ウ)　高校のバスケットボール部員が教諭から継続的に暴行や脅迫的言動を伴う指導を受けて自殺した事案において、部員には強度の身体的、精神的負荷に対して脆弱な面があったとして、民法722条2項を類推適用し、自殺に対する教諭の暴行等の寄与度を7割とした（東京地判平成28年2月24日〔判例番号325〕）。

エ　テニス・バドミントン

(ア)　父親がテニスをしている間に、5歳の子が審判台に上った後に降りようとしたところ、審判台が倒れ、その下敷きになった子が死亡した事案において、第1審は、父親が子の監視、監督を怠ったとして7割の過失相殺をした（仙台地判昭和59年9月18日民集47巻4号3237頁）。控訴審は、控訴及び附帯控訴をいずれも棄却したが（仙台高判昭和60年11月20日民集47巻4号3253頁）、上告審は、設置管理者である地方公共団体は損害賠償責任を負わないと判断した（最三小判平成5年3月30日〔判例番号128〕）。

(イ)　中学校テニス部の部員が、コート整備のため、他の部員とともにコンクリート詰め鉄板巻製ローラーを牽引していたところ、ローラーの下敷きとなって死亡した事案において、被害者には駆け足でローラーを牽引した過失があるとして3割の過失相殺をした（静岡地沼津支判昭和62年10月28日〔判例番号88〕）。

(ウ) バドミントンのダブルス競技において、後衛の選手が振ったラケットが、前衛の選手の左眼に当たり負傷した事案において、第1審は、被害者に過失はないものの、競技の性質上被害者も事故発生の危険を一定程度引き受けた上で競技に参加していること、競技の流れの中で発生した事故であること等から民法722条2項を類推適用して加害者に損害の6割を負担させた（東京地判平成30年2月9日〔判例番号354〕）。しかしながら、控訴審は、ボクシング等とは異なり、バドミントンの競技者は、競技に伴う他の競技者の故意又は過失により発生する一定の危険を当然に引き受けて参加しているとまではいえず、本件において被害者に過失があるとは認められない等の理由により、過失相殺ないし過失相殺類似の法理による減額を認めなかった（東京高判平成30年9月12日〔判例番号360〕）。

(エ) テニスコートのネットを張るためのハンドルが中学校テニス部の部員の顔面に衝突し負傷した事案において、教員やコーチが器具の正しい使用方法を指導したことがなかった等の事情から、被害者に過失はないと判断した（宮崎地判平成31年2月1日判例秘書L07450186）。

5 プール、水泳

(1) 特　色

プールでのスポーツとしては、水泳、飛び込み、アーティスティックスイミング（シンクロナイズドスイミング）などがある。

特に水泳は、世代を問わず親しまれているスポーツであり、学校の授業でも実施されている。

水中でのスポーツという特色から、溺水事故などで重大な結果が生じやすい。また、飛び込み事故も、勢いをつけて他者又はプール底等に衝突することになるため、重大な結果が生じることが多い。プールでの事故は、大半が、これら溺水事故と飛び込み事故である。

裁判例としては、指導者や施設管理者の責任が争点となる事案が多い。

事故防止のため、公益財団法人日本水泳連盟では、「競技会における監視救護体制について」「『スタートの段階指導』および『プール水深とスタートの高さに関するガイドライン』」、「オープンウォータースイミング（OWS）競技に関する安全対策ガイドライン」等を定め、ホームページで公開している（https://www.swim.or.jp/about/rule.php）。

※OWSとは、海や川・湖といった自然の水の中で行われる長距離水泳競技

プール施設については、文科省・国交省による「プールの安全標準指針」や、各地方自治体の安全指針が定められている。

学校での水泳指導に関しては、文科省や地方自治体が指針を定めており、日本スポーツ振興センターは「学校における水泳事故防止必携」を出版している。

(2) 加害競技者の責任

ア 一般論

いわゆる競技会における競泳はレーンが決まっており他者との接触が想定されないため、競技者が加害者となる場面は想定しにくい。

競技者の責任が主要争点として問題となるのは、主に、飛び込み時に他の競技者と衝突した事案である。飛び込み時に衝突した場合は、重大な結果が生じやすい。飛び込み者には、他の競技者に衝突しないよう周囲を確認する注意が求められ、殊に、特殊な飛び込み方法による場合には、より高い注意が求められる。

自由遊泳中のふざけ合いなどでも、水中であるが故の行為の危険性によっては責任が認められる可能性がある。

イ 具体的裁判例の検討

飛び込み事案については、スイミングスクールのプールで、スタート台から飛び込んだ会員が自由練習として泳いでいた他の会員に衝突した

事案で、飛び込み者に、前方の確認を十分にしないまま危険な飛び込みをしたという過失が認められている（東京地判平成12年9月26日〔判例番号199〕）。また、ホテル内プールで飛び込み板を利用して、いわゆるかかえ型回転飛び込みを試みたところ、ちょうど落下水面に泳ぎ出していた他の利用者の頸部付近に激突した事案で、飛び込み者に対しては、そのような特殊な飛び込み方法は、多数人が共同で遊泳する公衆プールでは混雑時には避けるべきであるが、敢行する場合は落下水面付近のみならず周囲に人がいないことを確認し事故を防止する義務がある、と判断している（大津地判昭和41年9月24日〔判例番号5〕）。

自由遊泳中の事故では、授業での自由遊泳時間中に特定の児童が他の児童に背中に乗られるなどして3回にわたり水中に倒れ込み水を飲んだ事案において、加害児童の行為は危険性が高いものではなく、ふざけ合いの域を出ないとして責任を否定したものがある（さいたま地判平成20年1月25日〔判例番号259〕）。

(3) 指導者の責任

ア 概　　要

スイミングスクールや水泳教室、講習において、受講生に溺水等の事故が発生した場合、受講生等の指導にあたる指導者が、注意義務違反の不法行為責任や安全配慮義務違反の債務不履行責任を問われることがある。プール内での事故は、短時間のうちに溺死等の重大な結果に至る危険性があり、指導者の過失と結果発生との因果関係が問題となることもある。

イ 裁判例の検討

水泳未経験者や泳げない人を対象とした講習における指導者の過失の判断要素として、浦和地判昭和60年7月19日〔判例番号76〕が参考になる。同裁判例は、「泳げない人の水泳教室」において、参加者が急性心不全で死亡した事案であるところ、気候・水温等の水泳条件、知識・経験・能力を有した指導者の人員配置、物的設備、指導方法、発見救助態勢について検討した上で、指導者の過失を否定した。また、水泳未経験者については、講習時間外にも、受講生が勝手にプールに入ることがないように適切な措置を講じるべきであるとした裁判例もあり（東京地判昭和39年10月27日〔判例番号2〕）、高度の注意義務が課されている。

一方で、受講生が相当の水泳能力を有する場合であっても、プール内で溺れ、重大な結果に至る事故が発生する危険性があることの予見可能性は否定されないが、特段の異常行動がない場合に、動静を終始注視するまでの注意義務は認められないとした例もある（名古屋高判平成18年6月27日〔判例番号249〕）。

ウ　予防策・対応策

指導者としては、受講生等の健康状態を把握し、身体の異常を示す兆候や、異常な行動がないかを観察する必要があり、異常が生じた場合に適宜に対応できるだけの人員配置や発見救助態勢を整えることが重要である。また、異常行動がみられないまま、突然に水没するという事例もあることからすると、多数の受講生がいる場合には、直接受講生を指導する者以外にも、全体を監視する者を配置することが必要と考えられる。

(4)　施設管理者の責任

ア　概　　要

プール・水泳における事故の類型としては、溺水事故、逆飛び込み（競泳で一般に行われる頭からの飛び込み）事故、衝突事故、転倒事故、転落事故、感電事故などがある。

そして、施設管理者の問われる責任原因としては、プール等の水泳施設の設置又は管理（ないし保存）の瑕疵に関するもの（国賠法2条1項、民法717条1項）が最も多く見られるが、施設管理者の直接の安全配慮義務違反に関するもの（民法415条、民法709条）、施設管理者の被用者の安全配慮義務違反に関するもの（国賠法1条1項、民法715条1項）が単独で、あるいは選択的に主張されるケースも一定程度見られるところである。

イ　具体的裁判例の検討

㈠　プール等の水泳施設の設置又は管理（ないし保存）の瑕疵に関するもの

a　国賠法2条1項のいわゆる公の営造物責任と、民法717条1項のいわゆる工作物責任は、前者が後者の特則にあたり、いずれの場合であっても、「公の営造物（土地の工作物）の設置又は管理（保存）に瑕疵があること」とは、公の営造物（土地の工作物）が通常有すべき安全性を欠いていることをいい、同安全性を欠くか否かは、その営造物（工作物）の構造、本来の用法、場所的環境及び利用状況等諸般の事情を総合考慮して具体的、個別的に判断すべきものとされている（最一小判昭和45年8月20日民集24巻9号1268頁、最三小判昭和53年7月4日民集32巻5号809頁参照）。

この具体的な判断方法については、「当該工作物の通常の利用方法に即して生ずる危険に対して安全性を備えているか否かという観点から、当該工作物自体の危険性だけでなく、その危険を防止する機能を具備しているか否かも併せて判断すべきである。」（東京地判平成9年2月13日〔判例番号169〕）との判示が1つのメルクマールとなろう。

b　責任が肯定された裁判例

①　溺水事故（松山地西条支判昭和40年4月21日〔判例番号4〕、大阪地判昭和47年11月15日〔判例番号16〕、大阪高判昭和49年11月28日〔判例番号28〕、福岡高判昭和50年12月25日〔判例番号31〕、広島地判昭和52年12月22日〔判例番号35〕）

いずれも、幼児・児童が、水深の深い大人用のプールで溺死した事故であり、幼児・児童が大人用プールなど深部に赴いて溺水することを未然に防止する措置を講じていなかったことにつき管理体制の面で設置・管理に瑕疵ありと認定した事案。

②　溺水事故（京都地判昭和48年7月12日〔判例番号21〕、大阪地判昭和56年2月25日〔判例番号53〕、横浜地判昭和61年2月28日〔判例番号78〕）

いずれも、幼児ないし高校生の被害者が、プール内の排水口（取水口）に足を吸い込まれて溺死した事故であり、同排水口（取水口）に防護柵を設置するなどの事故防止措置を講じなかった点について設置・管理の瑕疵を認定した事案。

③　逆飛び込み事故（浦和地判平成5年4月23日〔判例番号129〕、大阪地判平成7年2月20日〔判例番号148〕、神戸地判平成10年2月27日〔判例番号177〕、金沢地判平成10年3月13日〔判例番号178〕、奈良地葛城支判平成11年8月20日〔判例番号192〕、奈良地判平成28年4月28日〔判例番号327〕）

いずれも、プールで逆飛び込みして頭部をプール底に打ちつけて受傷した事故であり、日本水泳連盟の策定しているガイドラインに照らすなどして、飛び込みを想定したプールとして通常有すべき安全性を欠く瑕疵を認めた事案。

④　衝突事故（大津地判昭和41年9月24日〔判例番号5〕）

成人男性が勤務先会社内のプールで遊泳中、同プール備付けの飛び込み板から回転飛び込みして入水しようとした者に激突されて受傷した事故において、プールに飛び込み板を設置するなら当然とるべき危険発生防止措置（飛び込み板の使用上の注意事項の策定及び掲出、飛び込み板先端下部水面における危険標識の設置など）をとっていなかったことをもって瑕疵と認定した事案。

⑤　転落事故（福岡地小倉支判昭和47年3月30日〔判例番号12〕、神戸地尼崎支判昭和48年7月30日〔判例番号22〕）

いずれも、小学校敷地内で遊んでいた幼児が、同敷地内のプールの外柵金網の破れ目や扉の隙間からプール場に立ち入ってプールに転落し、溺死した事故であり、児童・幼児をプールに立ち入らせないよう危険防止措置をとらず放置していたことを瑕疵と認定した事案。

⑥　溺水事故（高松高判平成9年1月24日〔判例番号166〕）

普段から児童・幼児の水遊び場となっていた河川の浅瀬に、護岸工事に伴う川底の掘削により深さ約1.6mないし約2.3mの深みを現出させたが埋め戻しが不完全であったため、同深みにはまった幼児が溺死した事故において、危険回避措置（深みを完全に埋め戻す、深み周辺に転落防止のための柵あるいは危険告知の立て札を設置する）がとられていなかったことを踏まえて、河川管理に瑕疵があるとした事案。

⑦　転倒事故（東京地判平成9年2月13日〔判例番号169〕）

スポーツクラブの男性会員がプールでの水中体操後、水着のままロッカールームに通じる廊下を歩行中に転倒して受傷した事故において、本件事故現場箇所は何らかの原因により水たまりができ滑りやすかったが、危険防止措置（カラーすのこを敷くなど）がとられていなかったことを勘案して瑕疵と認定した事案。

c　責任が否定された裁判例

①　逆飛び込み事故（大阪地判昭和44年11月27日〔判例番号6〕、大阪地判昭和54年1月26日〔判例番号38〕、大津地判昭和55年8月6日〔判例番号49〕、大阪地判昭和61年6月20日〔判例番号82〕）

いずれも、プールで逆飛び込みして頭部をプール底に打ちつけて受傷した事故であるが、主に、行為者の受傷が自身の危険な逆飛び込み方法によるものであると認定し、施設管理者の営造物責任を否定した事案。なお、〔判例番号49〕の事案は、当該水泳場それ自体が「公の営造物」には該当しないとしたものである。

②　感電事故（大阪高判昭和60年6月26日〔判例番号75〕）

水泳クラブのコーチの男性が専用使用中の市営プールで同クラブが所有し使用していたタイム測定用電気時計からの漏電により感電死した事故において、本件タイマーの具体的な使用状況に照らし、市営プールと有機的一体関係にはないとした事案。

(イ)　施設管理者の直接の安全配慮義務違反に関するもの

a　プール等の施設管理者の安全配慮義務の内容は、主に、施設利用契約上の義務として、当該施設内において利用者の生命・身体を保護するための万全の配慮をして施設を使用させるべき義務であるといえるが、不法行為責任として主張されることもある。

b　責任が肯定された裁判例

①　溺水事故（大阪地判昭和61年5月9日〔判例番号80〕）

当時17歳の男子が、家族旅行で訪れたホテルが管理する海水浴場で潮に流されて溺死した事故において、監視員はおろか、遊泳区域を示すブイ、ロープ、旗なども設置していなかった事案。

②　溺水事故（富山地判平成6年10月6日〔判例番号143〕）

水泳クラブの男性会員（当時29歳）が、同クラブのプールで練習中に溺死した事故において、蘇生法について知識のない職員一人に水質管理業務を兼ねてプールの監視を担当させるとともに、監視及び救助につき杜撰な指示しかしていなかった事案。

③　衝突事故（東京地判平成12年9月26日〔判例番号199〕）

スイミングスクールの男性会員（当時51歳）が、自由練習中に、スタート台から飛び込んできた他の会員Aに衝突されて受傷した事故において、履行補助者に当たるコーチがAに飛び込み練習を行わせた後、「もう終わりましょう」と告げてその場を離れたのみでその後のAの飛び込みを監視しなかった事案。

④　溺水事故（長崎地判平成14年10月18日〔判例番号217〕）

幼児（当時4歳）が、ホテルに設置された流水プールで溺死した事故において、幼児の利用が想定されていたにもかかわらず、プールサイドに監視員を置いていなかった事案。

c　責任が否定された裁判例

泳者自らの危険行為による受傷に関して施設管理者の責任が否定された事案として、大阪地判平成11年2月15日〔判例番号186〕、岐阜地多治見支判平成24年2月9日〔判例番号285〕、名古屋高判平成24年10月4日〔判例番号293〕がある。

また、泳者自らの危険行為とまではいえないが特異な泳法について考慮した事案として、頻繁に当該プールを利用していた男性（当時44歳）がプールで溺死した事故において、同人が息継ぎをしないで50mを泳ぐ特殊な泳ぎ方をする人物として把握されていたことを踏まえて監視義務の程度を緩やかに解して施設管理者の責任を否定した名古屋地判平成

24年1月27日〔判例番号284〕がある。

さらに、当時18歳の男子がプールで遊泳中、反対方向から泳いできた加害者から衝突され受傷した事故につき、加害者が特定できず不明であったため、施設管理者の責任を追及した事案において、本件プールの設置目的や規模に照らして、施設管理者に遊泳方法の規制及び入場者の制限をすべき義務はなく、監視義務及び救護義務いずれの不履行もないとした横浜地判平成3年1月28日〔判例番号109〕がある。

他方で、名古屋地岡崎支判平成17年6月24日〔判例番号241〕及びその控訴審である名古屋高判平成18年6月27日〔判例番号249〕は、スイミングスクールの生徒（当時14歳）が進級テスト受験中に水没して死亡した事故において、施設管理者に水泳指導を安全かつ適切に行うべき役務提供契約上の安全配慮義務違反を認めながら、同生徒の死因が特定できず原因不明の突然死といわざるを得ないとされ、相当因果関係が認められず、施設管理者の債務不履行責任が否定された。

(ウ)　施設管理者の被用者の安全配慮義務違反に関するもの

使用者責任を認めた事案においては、典型的な被用者の監視義務違反の不法行為を認めたものが多く、岡山地判昭和44年12月10日〔判例番号7〕、福岡地小倉支判昭和47年12月28日〔判例番号18〕、高知地判平成24年11月21日〔判例番号295〕、横浜地判平成29年4月13日〔判例番号344〕があり、同〔判例番号344〕においては、当該幼稚園を運営する学校法人だけではなく、同幼稚園の園長にも民法715条2項の代理監督者の責任が認められている。

特異なものとしては、古い裁判例ではあるが、水深約2mの競技用プールに小学生以下の児童の入場を禁じるか、少なくとも水泳未熟練者ではないことを確認してから入場させるべき注意義務を被用者に認定して使用者責任を認めた宇都宮地判昭和29年4月5日〔判例番号1〕がある。

また、被告市が自らの過失を認めて争わず国賠法1条1項に基づく損害賠償責任が認められた事案として、新潟地判平成20年8月29日〔判例番号263〕がある。

ウ　予防策・対応策

およそプール等の水泳施設は、それ自体、利用者の身体上の故障、水泳の未熟あるいは水泳不能者の転落等が原因となって水死する危険を伴うものである。そのため、施設管理者としては、まずもって、「当該施設について通常予定されている利用方法」を基準にしてそこから生ずる危険を具体的に想定し、それらの危険に即して、物的設備面ないし人的設備面において十全な予防措置を講じるとともに、通常予定されている利用方法に従った利用者の生命・身体を保護するための万全の配慮をして施設を使用させるべき義務を尽くすべきであるといえよう。翻っていえば、そのような義務を尽くしてさえいれば、利用者による通常予定されていない、ないし明示的に禁止されている利用方法によって生じた危害については、原則として施設管理者の責任が発生することはない。ただし、例えば施設管理者においてプールへの飛び込み行為を明示的に禁止していたとしても、「これに違反した飛び込みが頻繁に、あるいはしばしば行われている事実があって、飛び込み禁止が有名無実化していたなどの特段の事情がある場合には、本件プールにおける飛び込みが本件プールについて通常予定する利用方法でないということはできない」(前掲〔判例番号293〕) と評価されうることには注意を要する。

なお、免責の特約については、施設管理者が、利用者に対し、事前に「事故等の責任は一切負いません」などと記載のある書面を交付した前掲〔判例番号78〕の事案において、「右記載の趣旨は、要するにキャンプないし釣り自体に伴い不可避的に生じることがあるべき事故による利用客の損害について、釣場経営者として責任を負わない旨を注意的に示したものであって、それ以上に経営者の不注意によって生じた事故による損害は勿論、まして本件事故前に水難事故の発生したことの窺えない本件キャンプ場における遊泳客の経営者の過失に基づく水難事故についてまで免責することが予定されていたものとは到底解し得ない」との判示が参考となろう。

(5) 主催者の責任

ア 概　　要

水泳教室や水泳講習会、スイミングスクールで発生した事故について、その主催者が法人や地方公共団体であり、被用者である指導者等に過失が認められる場合には、民法715条や国賠法1条1項に基づき賠償責任が発生する。

また、主催者自身の安全配慮義務に基づき契約責任を問われることもあるが、水泳教室の主催者等が負う安全配慮義務の内容については、「スイミング教室を運営する者は、自己が管理するプールにおいて生徒の生命、健康に危害が生じないように物的人的環境を整備し、生徒の生命、健康を保護すべき契約上の安全配慮義務を負うと解すべきである。」(東京地判平成3年3月5日〔判例番号110〕)との判示が参考になる。

イ 裁判例の検討

(ア) 注意義務違反の判断状況

a　18歳以上の社会人を対象とした水泳教室に参加した主婦が水泳中に急性心不全により死亡した事故において、浦和地判昭和60年7月19日〔判例番号76〕は、主催者等が受講者に対して医師による健康診断を行う義務を否定するとともに、水温等の気象条件（天気晴れ、水温27度）や、人員の配置や物的設備（10年以上の水泳指導の経験者や日本水泳連盟公認指導員の有資格者、プールサイドでの監視者が存在していたこと、人工呼吸器や酸素ボンベ等の備え付けはなし）、指導方法及び発見救助態勢の各要素について検討し、監視台や人工呼吸器、酸素ボンベ等が備え付けられていなかったこと、主婦が水中に沈んでいく瞬間を目撃した者がいなかったことをもってしても主催者には注意義務違反はないと判断した。

b　小学校教員を対象とし、四日間にわたって行われた体育実技講習会の最終日に海で実施された水泳講習会に参加した新任教員が溺死した事故において、神戸地判昭和63年12月13日〔判例番号96〕は、主催者による講習日程の企画及び実施について、講習会の一日目から三日目までの講習内容、受講者の身体的状況、水泳講習の目的内容、参加者の決定方法、参加者の水泳に対する能力等を検討して安全配慮の欠落はないと判断するとともに、天候（晴れ）、水温（28度）、遊泳禁止措置の有無（なし）等の浜の客観的状況を前提とする講習実施前、講習実施中の監視態勢、救助活動のいずれにも主催者には過失がないとした。なお、同裁判例においては、水泳講習中の同伴者が溺水者の溺水に気がつかなかったことについて民法715条1項の被用者の故意過失として検討されているが、これについても溺水者の突発的単独行動に起因するものとして、同伴者には事故発生に対する予見可能性がなかったとして責任が否定されている。

c　事故発生時中学校2年生の生徒が、スイミングスクールでの進級テスト中に死亡した事故について、名古屋地岡崎支判平成17年6月24日〔判例番号241〕は、死亡との因果関係を否定して原告の請求を棄却する一方で、指導者が社内の安全講習に適切に参加していなかったり生徒の表情等を適時適切に読み取ることが困難であると解される視力（0.1～0.2）で勤務に臨んでいたこと等の事実を認定し、スイミングスクールの経営会社に対し、事故発生前に、当該指導者の勤務実態を把握し、これを改善させるべく、安全講習への参加の徹底をはかるなど適切な措置をとったことがなかったり、当該事故に際しても、当該指導者の勤務実態を的確に把握した上、個別に安全教育を徹底するか、さもなくば当該指導者が担当する生徒に不測の事態が発生した場合、即座に他のコーチが適切な対応をとり得る態勢を整えるなどした形跡を見いだすことができないなどとして、役務提供契約上の安全配慮義務違反を認定している。

d　上司の指導員による部下の指導員に対する指導等の過失の有無が争点となったという点で特異な事案であるが、大阪地判平成8年1月25日〔判例番号159〕は、スイミングスクールの指導員が、受講生に背泳のスタートの指導をしていた際、誤って飛び出した受講生の手が指導員の目に当たり、当該指導員が目に傷害を負ったという事故について、背泳のスタートについては指導員との衝突の危険が伴うため、泳力の低い受講生を対象とする場合には1コースに一指導員を要すると解されるのに、上司の指導員が、原告一人に約15名の受講生を合計5コース利用して指導をさせたこと、及び、事故発生後もプールでの指導を続けるよう指示したことなどにより傷害が悪化したことについて上司の過失を認定し、民法715条1項に基づきその使用者であるスイミングスクール運営会社にも責任を認めている。

概ね各裁判例は、事故が発生するまでの物的、人的状況や事故本人の年齢、体調、死因、事故発生の原因、事故後の対応等について詳細な事実認定を行った上で、指導者や主催者の注意義務の存否について判断しているといえよう。

(イ) 参加者の年齢による傾向

一般社会人を対象とする水泳教室における事故については、指導者等において参加者が水中に沈んでいく場面を目撃していなくとも必ずしも注意義務違反を問われていない一方（前掲浦和地判〔判例番号76〕、前掲神戸地判〔判例番号96〕)、年少者を対象とする水泳教室については、(3歳の園児の溺死事故について)「各人の監視能力、右能力に応じた監視可能園児数、右監視者の各位置関係及びそこでの具体的監視方法、並びに監視者相互の緊密な連携保持法というような基本事項についても、単に一般的に行われている人員、位置等を形式的にならっていたにすぎず、このような事情はまた、対象者がAらのような3、4歳児で泳げない園児の場合、(中略) 通常考えられる合理的行動に出ることを期待することは到底できず、このため生命の危険率が高いことは、専門家たる被告らが熟知するところであり、したがって、監視者としては事故防止のためいささかの気の緩みも許されないとの厳しい心構え、使命感をもってその実行に遺漏のないよう期すべきであった」(大阪地判昭和62年3月9日〔判例番号85〕) ことを理由に注意義務違反が認められるなどより厳しい認定がなされる傾向がある。

(ウ)　注意義務と結果との因果関係

主催者に一定の安全管理上の注意義務違反が認められた事案についても、死因との因果関係が認められないことを理由に請求を棄却した事案もある（前掲名古屋地岡崎支判〔判例番号241〕）。

一方、死亡事故における担当指導者の注意義務違反と死亡との因果関係を否定しながらも、精神障がい者が参加する水泳教室において、指導担当者が参加者の生命・身体を保護すべき注意義務を負っていたと認定した上で、精神障がい者である参加者の生命・身体の安全が指導担当者にその大部分が委ねられていたという関係、特に当該指導担当者の専門性等に照らせば、指導担当者が適切な熱中症対策措置を講じていたならば参加者がその死亡の時点においてなお生存していた相当程度の可能性という法律上保護される利益があるとして、一定時間ごとに練習生を強制的にプールから上げて給水させるなどの措置をとるべき注意義務違反による相当程度の生存可能性の侵害を認定して賠償責任を認めた事案もある（大阪地判平成29年6月23日〔判例番号347〕）。

(エ)　指導者の選任監督との関係

主催者責任の存否における指導者の選任監督については、民法715条1項ただし書きの抗弁事由となるものであるが、単に水難救助員等の有資格者を配置しただけでは足りず、講習中の職務執行について適切な監督を行っていたか否かについても問題となるもので（東京地判昭和39年10月27日〔判例番号2〕）、一たび被用者の注意義務違反が認められた場合にかかる抗弁事由が認められた裁判例は、今回調べた限り見当たらなかった。

(オ)　そ の 他

前出のプール、水泳における施設管理者の責任に関する分析において取り上げられている施設管理者の安全配慮義務違反が問題となった各種裁判例（本章**Ｉ５(4)イ(イ)(ウ)**）は、本項の主催者責任と責任の所在をほとんど同じくするものであり、事案分析として参考になると思われる。

ウ　予防策・対応策

水泳教室等は、もともと水泳が不得手の人々を対象とするものである。広範な責任を負う主催者としては、参加者において水中で予想外の事態が発生することも念頭に入れた上で、参加者の年齢等に照らして参加者に過度な負担とならないような実施計画を策定し、実施当日の気温や水温を踏まえた実施の是非の判断を慎重に行うとともに、監視態勢や救護態勢を予め万全なものにする必要がある。特に年少者や障がい者を対象とした水泳教室等については常時かこれに近いような監視態勢が必要である。また、不慮の事態が発生した場合にも現場の指導者等をしてこれに適切に対応できるよう、これらの者に対して日ごろから指導監督を行うことも必要であろう。

⑹　過失相殺

ア　被害者に過失を認めた裁判例（飛び込み事故（後述ウ）を除く）

㋐　水泳未経験者であり、指導監督者から講習時間外のプール使用を禁止する旨の注意を受けていたにもかかわらず、講習時間終了後に無断で指導監督者もなくプールを利用したとして約9割の過失相殺をした事案（前掲東京地判〔判例番号2〕）

㋑　管理者等から事前の注意があったにもかかわらず、それに反したとして3割の過失相殺をした事案（大阪地判昭和61年5月9日〔判例番号80〕）

㋒　周囲の人の動静等に対する注意を怠ったとして、5割の過失相殺をした事案（大津地判昭和41年9月24日〔判例番号5〕）、3割の過失相殺をした事案（東京地判平成12年9月26日〔判例番号199〕）

㋓　自ら危険な行為又は軽率な行為をしたとして、6割の過失相殺をした事案（京都地判昭和48年7月12日〔判例番号21〕）、6割の過失相殺をした事案（広島地判昭和52年12月22日〔判例番号35〕）、7割の過失相殺をした事案（大阪地判昭和56年2月25日〔判例番号53〕）、2割の過失相殺をした事案（静岡地沼津支判平成10年9月30日判時1678号123頁）などがある。

イ　親権者等の監督義務者が監督を怠ったとして被害者側の過失を認めた裁判例

親権者等の監督義務者が監督を怠ったとして被害者側の過失を認めた裁判例として、岡山地判昭和44年12月10日〔判例番号7〕（約55％の過失相殺）、福岡地小倉支判昭和47年3月30日〔判例番号12〕（7割の過失相殺）、神戸地尼崎支判昭和48年7月30日〔判例番号22〕（75％の過失相殺）、福岡高判昭和50年12月25日〔判例番号31〕（7割の過失相殺）、広島地判昭和52年12月22日〔判例番号35〕（6割の過失相殺）、福岡地判昭和59年8月9日判時1149号135頁（6割の過失相殺）、長崎地判平成14年10月18日〔判例番号217〕（4割の過失相殺）などがある。プールは、専門的な競技者のみならず、学校の授業やレジャーなどでも多くの人が利用し、親などに引率されて幼児も遊びに来る場所である。また、多くの人で混雑し、水中で事故が生じることが多いため、発見に時間を要し、重大な結果に至る可能性も高いといえる。そのため、親が子の動静に留意しない等監督義務者に過失がある事案では、被害者側の過失として比較的高い過失相殺率が認定されていると思われる。

なお、大阪地判昭和47年11月15日〔判例番号16〕は、7歳の児童の同伴を依頼された隣人を、児童の親権者の監督代行者であるとし、隣人の過失を被害者側の過失と認定したが、控訴審である大阪高判昭和49年11月28日〔判例番号28〕は、隣人に監督者としての過失はあるものの、被害者である児童に事理弁識能力があったこと及び児童と隣人は身分上ないし生活関係上一体をなすと認められる関係にないことを理由に、隣人の過失をもって被害者側の過失とはいえないと判断した。ただし、被害者である児童に単身で大人用プールに近付いた過失があること等を理由に損害額の60％強を減額している。

ウ　飛び込みの際の事故

プールにおける事故のうち多く見受けられるのは、プールに飛び込んだ際にプール底面に顔面や頭部が衝突するという事故である。

(ア) 被害者に過失が認められた裁判例

a　水泳や飛び込みが上手又は習熟していたこと、それまでにも飛び込み又はその失敗の経験があったこと、教師からも事前に指導されていたこと等の事情を考慮し、入水角度が大きくならないようにする等適切な飛び込みを行うよう留意すべき注意義務を怠った事案として、福岡地判昭和63年12月27日判時1310号124頁（6割の過失相殺）、山口地岩国支平成3年8月26日判タ779号128頁（25％の過失相殺）、横浜地判平成4年3月9日〔判例番号116〕（2割の過失相殺）、大阪高判平成6年11月24日判時1533号55頁（3割の過失相殺）、神戸地判平成10年2月27日〔判例番号177〕（5割の過失相殺）、松山地判平成11年8月27日判時1729号75頁（4割の過失相殺）、奈良地判平成28年4月28日〔判例番号327〕（6割の過失相殺）などがある。

b　自らの技術を考慮して、逆飛び込みの練習をする前に、自ら教諭等に基本動作を教わったり、場合によっては習得が不十分なうちは、教諭の立会いのない場での逆飛び込みの練習を控えるなどして、自身で事故防止に努める義務を怠った事案として、東京地判平成16年1月13日〔判例番号225〕（4割の過失相殺）などがある。

(イ) 被害者の過失を認めなかった裁判例

a　第1審：横浜地判昭和57年7月16日判時1057号107頁、控訴審：東京高判昭和59年5月30日判時1119号83頁、上告審：最二小判昭和62年2月6日集民150号75頁（体育の授業中に教師によって指導・指示された方法に従って飛び込みをしたこと等から、被害者に過失はない。なお、上告審では、被害者の過失については判断していない。）

b　大分地判昭和60年2月20日判時1153号206頁（教師が被害者である小学生の能力を把握せず飛び込みをさせており、被害者には教師の指示を無視する等の落ち度は認められない。）

c　大阪地判平成7年2月20日〔判例番号148〕（被害者に教師の指導

に従った飛び込みをしなかったことを認めるに足りる証拠はない。）

d　奈良地葛城支判平成11年8月20日〔判例番号192〕（被害者には軽率さがあったものの、飛び込みに習熟した者などについてもこれまでに同様の事故が発生していること等からすると、過失とまでは評価できない。）

e　東京地判平成13年5月30日〔判例番号204〕（フラフープの輪をくぐって飛び込むという方法は被害者が積極的に行ったものではないこと、飛び込みにあたり被害者がフラフープの輪を調整したことが本件事故に寄与しているか否かは不明であること、被害者は事故が生じないよう注意していたこと等から被害者に過失は認められない。）

f　東京地八王子支判平成15年7月30日判時1834号44頁（教師が示した手本に近い形で飛び込みをしており、そのような飛び込み方をしてもよいと教師が指示していたこと等から被害者に過失はない。）

6　ウォータースポーツ

(1)　特　色

ヨット、モーターボート、水上オートバイ、サーフィンなどウォータースポーツは、レジャーとして行われることが多いが、学校行事等で行われる場合もある。乗り物等を操縦するスポーツでは、水上では進行方向が限定されず、360度自由な方向に進行が可能のため、競技者相互に衝突を回避するための十分な注意が求められる。転覆した場合は、競技者、同乗者が水中に投げ出されるため、重大な結果を生じさせ得る。

釣りは、釣り竿といった使用道具の形状の特殊性から、使用等に際しての注意が必要となる。

スキューバダイビングは、長時間の潜水という本来的に生命への危険も伴うスポーツであり、相応の技術が不可欠で、かつ、事故が発生すると重大な結果が生じることも多い。

そして、海や川でのスポーツにおいては、風や波などの自然条件による予期せぬ危険を内在しているため、事前の安全管理や、慎重な危険回避が求められる。

なお、船舶のうち総トン数20トン未満のものは一部例外を除き小型船舶とされる（小型船舶の登録等に関する法律2条)。ただし、「船舶職員及び小型船舶操縦者法」では、上記に加え、国土交通省令で定める総トン数20トン以上の船舶を含むとされる（同法2条4項)。小型船舶の内、水上オートバイ、ジェットスキー等は特殊小型船舶に該当する（同施行令10条別表第二、同施行規則127条)。また、モーターボート、ヨット等、海洋レクリエーションに使用される小型船舶をプレジャーボートと呼ぶ場合があるが、法律上の呼称ではない。

海上での交通安全のため、船舶（ヨット、モーターボート、水上オートバイ等）の運航は、一定の要件を満たすいわゆるミニボートを除き免許を要し、「海上衝突予防法」「海上交通安全法」等に従う義務がある。一部の自治体では、水上航行のルールを定めた水上安全条例が定められている。また、小型船舶は「船舶職員及び小型船舶操縦者法」で操船の遵守事項が定められている。なお、競技中のヨットの運航は、公益財団法人日本セーリング連盟による「セーリング規則」に従うことになる。

スキューバダイビングでは、団体ごとに認定資格を設けている。認定を受けるにあたっては、遵守事項についても講習を受けることになる。

サーフィンでは、一般社団法人日本サーフィン連盟で「サーフィンのルールとマナー」という冊子を公開し、釣りについても、公益財団法人日本釣振興会等がルール、マナーをHPで公開するなどしている。その他の競技も、各競技団体において、ルールやマナーが定められており、注意義務の判断基準となる。

(2) 加害競技者の責任

ア 一般論

一般的に、他者との接触事故、転覆・転落による溺水事故が想定される。

他者との接触事故では、競技者の衝突を回避するための注意義務が問題となる。殊に、船舶やサーフィン等は急制動が困難という特質を有しており、そのような特質も踏まえて進行方向の安全に注意する義務が認められる。釣りにおいては、釣り竿の形状の特殊性から、道具が他者へ接触しないよう配慮する義務が生じる。

溺水事故において競技者の責任が問われるのは、同乗者に被害が生じた場合である。転覆、転落自体に対する責任が問題になる場合と、転覆、転落後の対応が問題となる場合がある。操縦する競技者には、同乗者の身体、生命の安全を保持すべき義務が課され、事故が生じないように安全に操縦する義務が生じる。

また、常に風や波などの自然条件による予期せぬ危険が内在していることから、競技者には、自己の技能程度を理解した上での行動が求められる。そのため、自己の技能を過信等した行為に注意義務違反が認められる場合がある。

なお、衝突事故、転覆・転落事案のいずれにおいても、被害者側の過失も相当程度考慮されることが多い。

イ　具体的裁判例の検討

㈠　ヨット

大学のヨット部で転覆により部員が死亡した事案では、転覆後の対応について、事故当時の具体的事情を詳細に認定した上で、当該事情の下では、その対応、判断に問題があったとはいえず、海中にいる部員の救助に向かうことも不可能であったとし、同乗部員の過失を否定している（大阪地判昭和61年5月14日〔判例番号81〕）。大波により同乗者が甲板から海中に転落して死亡した事案では、操縦者（船長）に乗船者の生命、身体の安全を保持すべき責任があるとした上で、経験したことのない未知の事態に対しては、転落事故のような不測の事態の発生に思いを致し早期に引き返すべき注意義務があったとして過失を認定している（東京地判平成8年10月25日〔判例番号164〕）。

㈡　サーフィン

ウインドサーフィンの競技者が、遊泳中に海上で波待ちをしていたサーファーに衝突した事案では、現場が比較的海岸に近く多数のサーファーの存在が予想される区域であったことから、ウインドサーフィンは急制動が困難という特質を考慮の上、進行方向にサーファーが存在しないか十分に確認しながら進行すべき義務があったとして過失を認定している（大阪地判平成9年6月13日〔判例番号171〕）。

(ウ) 水上オートバイ

水上オートバイで方向転換したところ、6m先にプレジャーボートを認めたが避けきれず衝突し、プレジャーボート乗船者が海に投げ出され負傷した事案では、現場付近には他の水上オートバイや小型船舶が航行していたのであるから、操縦者には進路周囲の安全を確認しながら進行すべき義務があったとして過失を認定している（大阪地判平成22年10月20日〔判例番号273〕）。

(エ) 釣　り

投げたルアーが2m程離れた場所にいた他の釣り人の右目に当たり失明させた事案においては、ルアーキャスティングを行う場所に十分な広さがない場合には、競技者には、竿や糸の長さや風向きなどからルアーの飛行圏内を推し量り、周囲に声をかけて遠ざけるなどルアーが他の釣り人に当たらないような方法でキャスティングを行う義務があったとして過失を認定している（大阪地判昭和58年10月6日〔判例番号66〕）。

釣り道具の扱いに関しては、釣り道具を車から歩道上に下した際に歩道上を走行していた自転車の車輪に釣り道具が挟まり転倒した事案において、釣り道具の形状を認識していた以上、取り扱いに際し「歩道上を歩行してくる者等との関係で生じ得る程度の危険を回避すべき注意義務」が課されるとし、過失を認定している（仙台地判平成23年8月9日〔判例番号278〕）。

(3) 指導者の責任

ア 概　要

ウォータースポーツ事故において、指導者の責任が問われる裁判例の多くは、スキューバダイビング中の事故であるため、スキューバダイビングについて検討する。

スキューバダイビングは、天候や潮流といった自然条件に左右される中で、タンク内の限られた空気をもとに水中高圧化という特殊な環境で行う活動であり、些細なトラブルから溺死等の重大事故に繋がるという危険性の高さから、事故発生時にインストラクターやガイドの責任が肯定される例が多い。インストラクターやガイドは、講習やツアーの主催者の被用者である例が多く、参加者と直接の契約関係にないため、不法行為（民法709条）に基づく請求が多いが、主催者の債務不履行責任（民法415条）が問われた際の履行補助者と位置付けられることもある。

特に、被害者が初心者の場合には、極めて高度の注意義務が課されているといえる。いずれの裁判例でも、被害者の経験（Cカードの取得の有無、経験本数、経験年数、前回からのブランク期間等）や、参加目的（資格取得のための講習か、経験者によるダイビングツアーか）は必ず検討されている。

指導者の過失が否定された例としては、単独でスキューバダイビングをすることができる資格を有した受講生がごく基本的な注意事項（浮上時に息を止めない）を実施しなかった可能性があると認定された事案（東京高判平成13年3月28日〔判例番号202〕）などに限られる。

イ　裁判例の検討

㈠　事故の発生場面

スキューバダイビングにおける事故は、潜水中のみならず、種々の場面で発生している。事故の発生場面としては、潜水地点へ泳いで移動する途中にインストラクターが受講生を見失った事例（東京地判昭和61年4月30日〔判例番号79〕、東京地判平成13年6月20日〔判例番号205〕）、エントリー（入水）時に船のスクリューと接触した事例（東京地判平成15年3月4日〔判例番号218〕）、浮上時に船のスクリューに巻き込まれた事例（東京地判平成16年11月24日〔判例番号234〕）などがある。また、ダイビング後に陸上で用を足していた受講者が崖下に転落した事例（東京高判平成7年8月31日〔判例番号154〕）でも、ガイドには現場の状況に不案内な参加者が危険のある場所に近付かないように注意すべき義務があったとして責任が肯定されている。

特殊なダイビングの事例としては、夜間潜水の訓練中（大阪地判平成3年9月24日〔判例番号113〕）や、洞窟ダイビング（福岡高那覇支判平成10年4月9日〔判例番号179〕）がある。

(イ) 被害者の経験（Cカードの所持の有無）

スキューバダイビングの指導者の過失が問題となる事例においては、被害者がCカードを取得していたかどうかが、判断材料の一つとされることが多い。Cカードとは、スキューバダイビングについて、講師（インストラクター）が初心者に対して講習を行い、一定の知識技能を習得したと認めたときに、指導団体から与えられる技能証明書である。国家資格ではないものの、タンクのレンタル、潜水場所への入場などの際にはCカードの提示を求められるため、ダイビングをする上では事実上必須の資格である。もっとも、Cカードの取得までには、学科講習および数回の潜水訓練を受けるのみであるため、Cカードを取得しているというだけではダイバーとして初心者の域を出ず、経験が乏しく技術が不足していることが多いことに注意が必要である。

(ウ) 講習における講師（インストラクター）の責任

Cカード取得のための講習の受講生は、座学で知識を習得していたとしても、技術が不足している上、身体的な負担や特殊な環境下での恐怖、不安といった各種ストレスにより、実践において思わぬミスを犯すことがある。そして、初心者は些細なミスであっても、自ら適切な行動をとることができずにパニックに陥りやすいとされている。インストラクターには、このような危険性を十分に予見した行動が求められている。

Cカード取得のための講習中に事故が発生した事例としては、東京地判平成13年6月20日〔判例番号205〕が参考になる。同事例は、講習の受講生が、練習海域に移動する途中で溺れた事故につき、未経験者は「講師の適切な指示等がなければ、安全に遊泳することが困難であるばかりでなく、異常な事態が発生した場合にはこれに即応して適切な措置をとることができない可能性も高い」から、講師には「極めて高度の注意義務」が課されており、具体的には「受講生の動静を常に注視し、受講生に異常が生じた場合には直ちに適切な措置や救護をすべき義務」を負うとした。同事例では、プールでの実習を経ずに、海中での実習を行ったこともあり、講師が「後方に続く受講生の動向は5秒から7秒に1回程度しか振り返って確認しなかったため、本件受講生の動向の把握が不十分となった」と認定されており、要求される程度が極めて高いといえる。

このほか、Cカード取得のための講習における事故の事例としては、講習ポイントへの潜行中に講師が受講生を見失ったことに過失を認めた事例（大阪地判平成16年5月28日〔判例番号227〕）や、基本的潜水技術を習得していない受講生に対して足の届かない沖合を練習場所としたことに過失を認めた事例（大阪地判平成17年6月8日〔判例番号240〕）がある。

(エ) ダイビングツアーにおけるガイドダイバーの責任

資格取得のための講習ではなく、ダイビングを楽しむことを目的としたツアー（ファンダイビングともいう。）においても、指導者的立場にあるガイドダイバーの責任が問われることがある。上述した通り、Cカードを取得しているダイバーとはいえ、その能力や経験は様々である。ガイドダイバーの役割は、豊富な経験知識を身に着けた専門家としてダイバーを海に案内し、危険に満ちた環境である海中において、「安全に」楽しませることである。

ダイビングツアーにおけるガイドダイバーの注意義務について述べた裁判例としては、東京地判平成16年7月30日〔判例番号230〕が参考になる。同裁判例は、「ガイドダイバーが、ダイビングを開始するに当たっては、事前にファンダイビングに参加するダイバーの能力や海況等を十分に把握し、これに応じた的確な潜水計画を策定して、その計画に沿った適切な監視態勢を採った上で必要かつ十分な監視を行い、万一異常な事態が発生し、あるいは発生の危険を予見した場合には、直ちに重大な事故の発生を回避すべく適切な措置をとるべき注意義務を負う」と判示した。

なお、Cカード取得後初めて参加したダイビングツアーで、パニックに陥ったツアー客が溺死した事例（那覇地判平成18年3月28日裁判所ウェブサイト）では、ガイドダイバーに業務上過失致死罪の刑事責任が肯定されている。

(オ) 過失の否定例

指導者的立場の者の過失が否定された例としては、東京高判平成13年3月28日〔判例番号202〕が参考になる。同事例は、ダイビングツアーの参加者が、エアエンボリズム（空気塞栓症）に罹患した原因が、浮上の際の息こらえ（呼吸を止めてしまうこと。ダイビングにおいては息こらえをしないことが鉄則とされている。）あるいは急浮上の際の浮上速度と呼吸のアンバランスにあったと認定した上で、参加者が所定の講習を経てCカードを取得しており、浮上時に息こらえをしないという鉄則を理解していたこと、ガイド及び補助者に通常の手順と異なった不適切な指示や監視不足等を見出すことはできないとして、ガイドらの過失を否定した。同事例においても、指示内容や監視体制について具体的な検討が行われており、参加者の過失が大きかったことだけを理由にガイドの責任が否定されたわけではない。

(カ) バディシステム

スキューバダイビングにおいては、二人一組のペアを組み、互いの動静に注意し、残圧などの安全を確認し合うというバディシステムがとられる。このため、被害者にバディシステムの不遵守があったことが指導者の責任を減免する事由として主張された事例も散見される。しかし、少なくともバディシステムをとっていたことのみを理由として指導者の責任を否定した事例は、検討した中では不見当であった。

ウ 予防策・対応策

初心者や未経験者である講習の受講者に対して指導を行う場合には、基本的潜水技術の習得度に応じた実習方法及び実習場所を選択し、受講生がパニック等の不測の事態に陥りそうな兆候がないかを常に注視して動静を把握し、受講生に異常な事態が生じた場合には直ちに適切な措置や救護をするという極めて高度の注意義務が課されている。受講生の動向を5秒から7秒に1回程度しか確認しなかったとして過失を肯定した例（前掲東京地判〔判例番号205〕）があることからも、常に受講生が視界に入るようにしておくことが必要と考えられる。また、そのような状態を保つのに十分な人員体制(受講生に対する講師及び補助者の人数)も必要となる。

ダイビングツアーにおけるガイドダイバーについては、ガイド自身が十分な経験知識を身に着けていることはもちろんのこと、事前にダイビングツアーに参加するダイバーの経験や能力、天候や海況等を十分に把握すること、これに応じた的確な潜水計画を策定すること、計画に沿った適切な注視又は監視の態勢を採ること、実際に必要かつ十分な監視を行うこと、万一異常な事態が発生し、あるいは発生の危険を予見した場合には、直ちに重大な事故の発生を回避すべく適切な措置をとることが求められている。

(4)　主催者責任

ア　概　　要

ウォータースポーツの主催者が法的責任を追及された事案は、本書の出版に当たり調べた限りスキューバダイビングしか見当たらなかったので、以下、スキューバダイビングに関して述べる。

スキューバダイビングは、ダイビング講習会やダイビングツアーなどの形式で複数人の参加者を募る形で実施されるケースが多い。このため、企画、募集、器材の準備、参加者の送迎等が必要となるため、参加者の指導監督に直接当たる指導者とは別にツアー等の主催者が存在し、ひとたび事故が生じればその主催者も責任追及を受けることになる。

通常は、指導者と主催者は雇用契約等に基づく一体関係にあるため、指導者等の過失責任が認められれば、民法715条の使用者責任が発生する。他方、主催者独自の不法行為責任や、安全配慮義務・信義則上の付随義務を根拠にした契約責任を問われることもある。この場合、主催者自身の過失の有無が争点となることはもちろんのこと、現場指導者等に注意義務違反が認められる場合には履行補助者の過失として主催者の債務不履行責任を問われることもある（東京地判平成16年7月30日〔判例番号230〕）。

主催者の安全配慮義務の内容としては、「ダイビングの一般的な危険性、結果の重大性等にかんがみると、被告甲には、ダイビングの企画・主催に際し、参加者の技量及び経験、ダイビングの性質、環境（場所の難易度及び危険度、天候並びに海洋条件）等の具体的な諸事情に応じ、ダイビングを行う上で参加者の生命又は身体に対する危険を回避し、その安全を確保するよう配慮すべき義務がある。」（福島地郡山支判平成21年9月4日〔判例番号268〕）の判示が参考になる。

なお、主催者の責任追及の手法としては、民法715条責任と安全配慮義務違反の契約責任を選択的に主張する事案が多いが、遅延損害金の起算点を考慮してか（不法行為は事故発生日であるが、安全配慮義務違反に基づく債務は期限の定めのない債務であり請求によってはじめて遅滞に陥る）、民法715条責任を主位的請求とし安全配慮義務違反の契約責任については予備的請求とする事案もある（前掲福島地郡山支判〔判例番号268〕）。

ダイビングツアーに関して参加者と主催旅行契約を交わした旅行会社等の責任の有無については、当該旅行会社等がサービス提供の債務まで負っていたといえるか否かによって責任の存否が分かれている（下記**イ**㈦参照）。

イ　裁判例の検討

㈠　責任肯定事案

a　潜水用高圧空気ボンベの爆発によるダイビングツアー参加者の負傷事故について、東京地判昭和63年2月1日〔判例番号89〕は、「ダイビングが危険性を内包するスポーツであり、特にこれに使用されるボンベの検査及び取扱いが不適切な場合にはボンベ破裂の危険性を有するものである点に鑑みると、被告会社には、ボンベの検査及び取扱いを適切に行い、仮にもボンベが破裂することなどないように配慮すべき義務があったものというべきであり、これは単なる不法行為上の注意義務にとどまらず、信義則上本件ツアー契約に付随して認められる契約上の義務であると解される。」と判示し、主催者である会社の債務不履行責任を認めた。

b　スキューバダイビングの経験が全くない者たちによる海洋での講習会で発生した溺水事故について、東京地判平成13年6月20日〔判例番号205〕は、スキューバダイビングの経験が全くない者に対して水中の講習会を行う講師には、危険性を踏まえて極めて高度の注意義務が課されるものというべきであり、具体的には、スキューバダイビング講習会の受講生の動静を常に注視し、受講生に異常が生じた場合には直ちに適切な措置や救護をすべき義務を負うと解すべきとした上で、当該事案について、講師が受講生を率いてフロートに向かう途中受講生の動向の把握が不十分となり、見失って原告が溺水したことについて過失を認め、これについてはバディシステムを採用して受講生が相互に注意する措置を講じたことによっても注意義務を軽減させることにはならない旨判示し、講師の過失を認めるとともに、その使用者である主催者についても民法715条に基づく責任を認めた。

c　BSACの発行するCカードを取得し、ノービスⅡダイバー、スポーツダイバーの各資格を取得し、事故前に25本のダイビングを経験していた者が参加したダイビングツアーにおいて、潜水中に行方不明となり溺死した事故において、前掲東京地判〔判例番号230〕は、ガイドダイバーは、主催会社から得られた情報だけではなく、参加者らの技能や現場の潮流の状況に応じて潜行の方法や程度を変更するなどして、参加者を見失うことがないよう注意する義務があったにもかかわらず、かかる義務に違反して、潮流に流された参加者全員の姿を見失ってその後の的確な指導監視をすることができなくなったことについて、ガイドダイバーとして参加者の安全なダイビングを図るべき注意義務に違反したと認定し、その使用者である会社にも不法行為責任を認めた（ガイドの使用者とは別に存在する主催会社の責任は後記(ウ)参照）。

(イ) 責任否定事案

a　BSACのノービスⅠ、ノービスⅡ、及びスポーツダイバーコースを各修了し、事故前に11回のダイビング経験を有していた参加者がダイビング中に死亡した事故について、大阪地判平成13年1月22日〔判例番号201〕は、潜水場所の設定、指導者と一般参加者の人数比（1：8)、バディシステム遵守についての注意を促すべき義務、参加者に対する適切な助言指導をすべき義務について検討した上で、いずれも注意義務違反を否定するとともに、主催会社の責任を否定した。

b　オープンウォーターダイバーの資格取得のためのスキューバダイビングの講習中に、参加者がエアエンボリズムに罹患して死亡した事故について、東京高判平成13年3月28日〔判例番号202〕は、人員体制等に関して、インストラクター1名、アシスタントとして参加することができるダイブマスター3名、参加者6名でS.E.A.の基準を十分満たすものであったこと、浮上前のインストラクターらと参加者との距離（1～1.5m)、インストラクターからダイブマスターへの指示があったこと、インストラクターにおいて全員の浮上を確認するために参加者らの行動を下から観察しながら最後に浮上したこと、講習等の参加者らが潜水を開始した後浮上するまでの間、インストラクターらにおいて通常の手順と異なった不適切な指示や監視不足等を見いだすことはできないこと等から、人員体制に関して、スキューバダイビングの講習会の企画及び開催等を目的とする会社の代表者としてあるいはインストラクターとして通常有すべき注意義務を欠いた過失があるとは認めることはできない、浮上後の措置についてもスキューバダイビングのレスキューマニュアルに沿うものであること、資格付与及び講習場所の選定に関しても、参加者が所定のペーパーテスト及び実技テストに合格しており、水深13mの海域での講習の実施はS.E.A.の基準（水深18mを超えてはならない）を満たしていること等講習場所の選定について過失があると認めることはできないと判示し、主催会社の責任を否定した。

c　PADIのオープンウォーターの講習修了の認定を受け、事故の前日までのダイビングの経験本数18本、同日夜にナイトダイビングを経験しアドヴァンスド・オープンウォーターの講習修了認定のために必要な講習も終えていた者が参加したダイビングツアーにおいて発生した死亡事故において、前掲福島地郡山支判〔判例番号268〕は、ツアーの日程、ダイビングポイントの選定その他ダイビングの計画、インストラクターの配置（1：5)、バディの組み合わせの各要素について検討し、いずれも安全配慮義務を怠ったと認めるに足りる証拠はない旨判示し、主催会社の安全配慮義務違反を理由とする損害賠償義務を否定した。

(ウ)　ダイビングツアーについて参加者と主催旅行契約を交わした旅行会社等の責任について

ダイビングツアーについて参加者と主催旅行契約を交わした旅行会社等の責任の有無については、「主催旅行契約に従った交通機関や宿泊、又は各種の旅行サービスを旅行者が受けられるよう手配する手配債務及び手配された旅行サービスが予定どおり履行されるよう管理する旅程管理債務を負う」ものであるから、「旅行会社が安全配慮義務違反を問われるのは、旅行会社が旅行サービス提供機関の選定に際して、当該旅行サービス提供機関を選択するのが旅行者の安全確保の見地から明らかに危険であることが認識できたにもかかわらず、これを漫然と選定して、その危険が当該旅行者に発生した場合などに限られると解すべきである。」として旅行会社が旅行サービスの提供機関そのものでないことを前提に責任を限定的に解する裁判例（大阪地判平成17年6月8日〔判例番号240〕）がある。

一方、主催旅行契約の契約当事者であっても、その事業内容（スイミングスクールの経営及び関連事業を行う会社であり全国各地に店舗を構えてダイビングの講習を実施し、受講者にCカードを交付するダイビング事業を営む傍ら、ダイビングツアーを企画主催する事業を営んでいること）や当該ダイビングツアーへの関与の程度（参加者も同社の参加するダイビングツアー等に参加していたり、同社に当該ツアーの参加料金を支払って参加していること、参加者の組み分けを独占的に行ってガイド業者の提案を退けるなど、そのダイビングの具体的な方法を指示していたこと）等を詳細に分析した上で、「本件ツアーにおけるダイビングについては、講習であれファンダイビングであれ、いずれも自らが主体となってサービスを提供する事業として実施するものとして取り行っていたものであって、本件ツアーの契約当事者である被告会社と花子との間においても、そのような趣旨で本件ツアー契約が締結されたと認めるのが相当である。」「被告会社は、本件ツアーに係る契約当事者として、花子に対し、ファンダイビングのサービスを提供する債務を負っていたのであるから、その債務の履行に当たっては、ダイビング自体が内蔵する前記のような危険性に鑑み、参加者である花子の生命身体に危険が生じることのないよう、その安全を確保すべき注意義務があるというべきである。」として債務不履行責任を認める裁判例（前掲東京地判〔判例番号230〕）もある。

ウ　予防策・対応策

㈠　免責条項の有効性について

スキューバダイビングは、一たび事故が発生すれば生死にかかわる重大な結果を生じるスポーツであり、参加者もかかる危険を承知の上で参加することから、主催者は、万が一事故が発生した場合のその責任を免責ないし軽減するために、参加者から事故が発生しても損害賠償請求権を予め放棄する旨の免責同意書を徴求することがある。

かかる免責同意書の法的効力について、「人間の生命・身体のような極めて重大な法益に関し、免責同意書が被免責者に対する一切の責任追及を予め放棄するという内容の前記免責条項は、被告らに一方的に有利なもので、原告と被告会社との契約の性質をもってこれを正当視できるものではなく、社会通念上もその合理性を到底認め難いものであるから、人間の生命・身体に対する危害の発生について、免責同意者が被免責者の故意、過失に関わりなく一切の請求権を予め放棄するという内容の免責条項は、少なくともその限度で公序良俗に反し、無効であるといわざるを得ない。」（前掲東京地判〔判例番号205〕）として否定するものがある。もっとも、かかる裁判例でも被免責者が「軽過失」の場合や免責同意者側に「故意又は重過失」がある場合、あるいは免責同意者が放棄する責任の範囲が限定されているような場合に、責任の有無や同意書の有効性にどのような影響が生じるかについて判断された裁判例は見当たらない（前記裁判例は、軽過失の場合には免責されるという主張に対して当該過失は重大であるから、その責任は免れないとした。）。

(イ)　その他一般的な予防策について

スキューバダイビングは、自然界の海中で行われる重大事故発生可能性を内包した危険なスポーツであることから、これを主催する者は、参加者の技量及び経験、ダイビングの性質、環境（場所の難易度及び危険度、天候並びに海洋条件）等の具体的な諸事情に応じて、天候や気温等の情報収集や、潜水場所の選定・潜水時間等の潜水計画の策定、参加者に対する人的・物的監視態勢の整備、事故発生時の対応に関する参加者への事前指導、事故発生時の連絡方法の諸準備を、それぞれ適切に行う必要があるといえよう。

(5)　過失相殺

ウォータースポーツにおける過失相殺については、以下のような裁判例がある。

ア　釣　　り

釣り人が釣り竿を横振りしたところ、隣にいた同行者の右目にルアーが直撃し失明した事案において、事故発生の経緯や態様に照らすと被害者に過失は認められないとして、過失相殺しなかった（大阪地判昭和58年10月6日〔判例番号66〕）。

イ　サーフィン

サーファーがウインドサーファーと衝突して受傷した事案において、

サーファーとしては大きなマストのついたウインドサーフィンが前方から接近してくるのであるから早期に発見して回避措置をとることが可能であったが、実際には発見が遅れているため、サーファーにも前方不注視の過失があったとして、15％の過失相殺をした（大阪地判平成9年6月13日〔判例番号171〕）。

ウ　ヨット等

(ア)　ヨットが河口付近で2度高波を被り、引き返すため反転中に3度目の高波を被った際、ヨット乗船者が海中に転落し死亡した事案において、ヨット経験者の被害者には転落防止の体勢をとらず、救命胴衣も着用していなかった点に過失があるとして4割の過失相殺をした（東京地判平成8年10月25日〔判例番号164〕）。

(イ)　小型ジェットスキーの運転中に転覆した被害者が、同スキーに両手でつかまりながら水中に浮かび、救助を依頼したところ、運転免許を持たない者が運転する大型ジェットスキーに背後から衝突され受傷した事案において、被害者には、無免許であり運転技術が未熟である者が救助のため大型ジェットスキーを運転することを容認し、別の人に運転してもらうよう明確な指示もしていない点につき過失があるとして、5割の過失相殺をした（大阪地判平成8年12月26日交民29巻6号1892頁）。

(ウ)　漁船が、高校のヨット部員が操縦するヨットと衝突した件に関し、被害者に損害を賠償した漁船操舵者が学校側に求償請求した事案において、漁船操舵者には針路に関する優先権を持たない者における前方不注視という最も基本的な注意義務違反があり、学校側にはクラブ活動に関する指導監督上の注意義務違反があるとして、漁船操舵者に9割、学校側に1割の過失を認めた（広島地判平成10年2月25日判タ1008号182頁）。

(エ)　プレジャーモーターボートと水上オートバイが衝突し、プレジャーモーターボートの同乗者が海中に転落し受傷した事案において、被害者がライフジャケットを着用していれば被害の拡大を防止できた可能性が十分あったにもかかわらず、着用していなかったことから、1割の過失相殺をした（大阪地判平成22年10月20日〔判例番号273〕）。

エ スキューバダイビング

(ア) スキューバダイビングツアーの参加者が溺水し死亡した事案において、被害者にはツアー主催者の指示を理解する能力があったところ、潜降の方向あるいは潜降の際の機材の操作や手順を誤ったという過失があるとして、3割の過失相殺をした（大阪地判平成12年12月14日ウエストロー 2000WLJPCA12140007）。

(イ) スキューバダイビングツアーの参加者が入水を開始したところ、回転している船のスクリューに接触し受傷した件に関し、同参加者に損害を賠償した船舶操縦者（船舶所有者）がダイビングガイド及びツアーを企画・実施した会社に求償請求した事案において、船舶操縦者には参加者の入水開始後にスクリューを回転させている等の点につき過失があり、ダイビングガイドにはアンカーを打たないまま参加者を入水させた点につき過失があるとして、船舶操縦者に8割、ダイビングガイドに2割の過失を認めた（東京地判平成15年3月4日〔判例番号218〕）。

(ウ) スキューバダイビングの海洋講習中に受講生が溺死した事案において、当該受講生は海洋講習前に再三にわたりバディ同士は互いに手の届く距離で行動すること及び先導するインストラクターを追い抜いてはならないことを注意されていたにもかかわらず、インストラクターを追い抜いて他者を追尾したことが事故発生の大きな要因となっているとして、4割の過失相殺をした（京都地判平成15年5月7日ウエストロー 2003WLJPCA05079001）。

(エ) 指導員が引率するスキューバダイビングの参加者が、海面に浮上する際に船舶のスクリューに巻き込まれ死亡した事案において、参加者は一応のダイビング技能を有していたこと及び参加者の海上の目視が不十分であったこと等から3割の過失相殺をした（東京地判

平成16年11月24日〔判例番号234〕)。

7 武道・格闘技（柔道、剣道、空手道、合気道、ボクシング等）

(1) 特 色

武道・格闘技は、相手と1対1で対峙し、直接身体への攻撃と防御を相互に繰り返すスポーツである。武道は、礼法等を含めた精神面の鍛錬という目的も認知され、学校の授業等でも採用されている。

身体に直接攻撃を加えることを内容とする競技の性質上、競技上の有形力の行使は、基本的には、相手方の承諾がある行為や社会的相当性がある行為として評価され、当該行為が直ちに違法性を有するとされるものではない。

しかしながら、ルールを逸脱した行為や社会通念上予想される結果を超える被害が生じた場合は責任が問題となり得る。

そして、身体に直接攻撃を加える競技の性質上、重大な結果が生じやすい。

安全確保のために、各競技団体等で一定の禁止行為等のルールが定められており、ルール遵守は最低限の注意義務を画することとなる。そして、明確なルールが存在しない場面でも、状況に応じた危険防止のための注意が求められる。

なお、武道、格闘技においては、公益財団法人全日本柔道連盟、一般社団法人日本ボクシング連盟（アマチュアボクシング）など統括団体がルール（反則行為）等を定め、公開しているものもあれば、同じスポーツでも複数の団体が存在し、各団体がそれぞれのルールを定めるなどしており、画一的なルールが存在しないものもある。

柔道、剣道の学校での指導（授業、部活動）については、安全性確保の点から、文科省、自治体において指導の指針が定められている。また、上記全日本柔道連盟では、ホームページにおいて、安全指導に関する資料を提供し、安全指導のための通知を出している。一般財団法人全日本剣道連盟でも、指導の手引き等を作成し、ホームページで公開している。

⑵ 加害競技者の責任

ア 一般論

相手方の身体に直接攻撃を加えることを内容とする競技の性質上、一定の傷害結果等の危険には承諾等が認められるが、他方で、事故発生のリスクは高い。

この特性は、事故が発生した際に、競技に内在する危険を認めて加害行為の違法性を否定する方向（「危険の引き受け」論等）に働く場合も多いが、他方で、技能程度に差がある場合には、技能に劣る者に対する高度の安全配慮義務（危険な技を控える、疲労度に配慮する等）を生じさせる。

注意義務違反の有無の判断においては、①ルールの遵守、②技能の程度（危険な技を使うだけの技能の有無、被害競技者との技能差の有無）、③競技の目的（身体の鍛錬か、現実の危険への訓練か）等が総合考慮されている。この点、競技中の安全確認方法について類似した武道を参考にした事例があり、当該競技において明確なルール等が存在しない場合には、他の類似競技における運用も考慮すべきといえよう。

なお、部活動における事故は多数存在するが、裁判例としては、加害生徒が被告になっていないもの（指導者等の責任のみが問題とされたもの）が多い。

イ 裁判例

㋐ 剣 道

警察官の勤務の一部としての剣道練習中に、対戦相手に対して、いわゆる「出ばな突き」の技を行い、相手に傷害を負わせた事案では、一般に参加者の自由意思にもとづき実施された競技中の受傷については、「通常の傷害を受けることを予め承諾していると解すべきで」、「生じた傷害の程度がその競技により生ずる通常の程度を上廻り、予めの承諾の範囲を超えたときは」、加害者は責任を免れない、そして、剣道という相手方の身体に直接の攻撃を加えるという競技の危険性から、安全配慮義務は厳格に解すべきで、その際、自己より技術の劣る者に対しては安全配慮義務が加重されるとした上で、当該事案においては、「出ばな突き」は危険な技ではあるがルールに違反するものではなく、かつ、加害競技者が当該危険な技を活用する技術も持ち、被害者も同程度の技術を有していたこと等の事情や、当該剣道練習の職務上の危険に対処する訓練という目的も考慮すると、加害競技者に注意義務違反を認めることはできないとして、加害競技者の過失を否定している（東京地判昭和48年6月11日〔判例番号20〕）。

㈠ 柔　道

高校柔道部の練習で、下級生（初心者）が、上級生（有段者）から絞め技等を受けるなどして練習中に意識を失い死亡した事案では、有段者が初心者の指導にあたる場合には、相手方の技術の程度、身体状態、疲労度を把握し、それに応じた指導をなし、相手方の技能を超える技をかけたり、疲労度に配慮しなかったり、相手が技を受け損じて頭部を打撲するような危険な行為などを回避する義務があったとした上で、スポーツでは規則を守ることは勿論、規則がなくとも危険を防止するために守るべき義務があるとし、上級生（加害競技者）の過失を認めている（千葉地判昭和49年9月9日〔判例番号27〕、控訴審同旨（東京高判昭和52年4月27日判タ357号253頁））。

中学校柔道部の練習で下級生（初心者）が上級生（有段者）から技をかけられ板の間に頭を打ち付けるなどして死亡した事案でも、初心者を指導する場合には、その技術の程度等に留意する危険防止義務があるとした上で、有段者である上級生に当該義務を履行することが困難な事情は認められないとして、上級生（加害競技者）に過失を認めている（静岡地判平成6年8月4日〔判例番号142〕）。

また、中学校の部活動中に、相手の態度に苛立って相手の技術程度を考慮せず技をかけた加害競技者に対し、「明らかに部活動における練習や指導の範ちゅうを逸脱した暴行であるというべき」として、不法行為責任を認めた事案もある（福島地郡山支判平成21年3月27日〔判例番号265〕）。

(ウ) 空手道

競技自体の事故について競技者の責任を問題とする裁判例は見当たらなかったが、大学の空手部の合宿において部員が熱中症を発症した事案において、大学部活動の自主性や部員の年齢からみた判断能力を考慮すれば、練習において生じる危険防止は原則として部員各人の自主的判断と責任に委ねられているものというべきであるが、上下関係による厳しい規律が存在していた下では、一緒に練習をしていた主将、副将の学生に練習中に熱中症を生じさせないように配慮する義務があるとした事例がある（結果との因果関係は否定。長崎地判平成11年1月12日〔判例番号185〕）。

(エ) 合気道

大学合気道部の練習中に、組み合って四方投げの練習をしていた部員が他の組で投げられた部員と衝突して死亡した事案では、周囲の安全確認方法について、類似するスポーツである柔道においても同様の方法（自然的視野に入る四囲の状況をもとに経験と勘で判断）で安全を確認していることを考慮し、当該安全確認方法の下で行われた練習は社会的に許容されたものであったとして、加害競技者の過失を否定している（浦和地川越支判昭和55年12月12日〔判例番号51〕）。

(オ) キックボクシング

ボクシングジムにおいて競技中の膝蹴りが前額部に当たり競技相手に歯牙損傷が生じた事案では、「一般にスポーツの競技中に生じた加害行為については、それがそのスポーツのルールに反することがなく、かつ通常予想され許容された動作に起因するものであるときは、その競技に参加した者は、その危険を予め受忍し、加害行為を承諾しているものと解するのが相当であり、このような場合、加害者の行為は違法性を阻却するというべきである」とした上で、顔面に対する膝蹴りは、通常予想され許容された動作に起因するものとは認められないルールを逸脱していた行為であったと判断し、危険の引き受けを否定し、加害競技者に責任を認めている（東京地判平成16年12月3日〔判例番号235〕）。

(3) 指導者の責任

ア 柔 道

(ア) 概 要

柔道については、重篤な傷害を負ったり、死亡する事故が毎年のように一定数発生していることを踏まえ、学校における柔道指導の注意義務と同様の注意義務が柔道教室の柔道指導者にも課せられている。

「柔道の安全指導」（財団法人全日本柔道連盟）等の指導マニュアルにおいても、事故の要因と予防策等が記載され、これらの文献に記載の事故防止策を講じていない場合、不法行為責任あるいは債務不履行責任として、柔道指導者に対する責任が肯定される傾向にある。

(イ) 裁判例の検討

a 広島地判平成21年8月7日〔判例番号267〕

柔道の練習中に、中学1年の少年が頭を打ったのが原因で死亡したのは、指導者が危険な技を教えた上、適切な救護を怠ったためであるとして、柔道場館長らに対する損害賠償請求訴訟において、道場の生徒同士の稽古で頭を打ったことが何回もあったのを当時の指導者が看過し、安全確認を怠った可能性があるとした上で、館長の賠償責任を認めた事案である。

指導監督責任について、「柔道の指導書によれば、柔道での事故は投げ技で多く発生していること、大外刈りは後頭部を強打しやすいこと、引き手を離さず受け身をしやすいように投げるべきことが指摘され、また、本件事故以降であるが、柔道における死亡事故の多さに警鐘を鳴らす文献もあり、指導者としては、事故を避けるため細心の注意を払うべきである」とし、「小中学生の柔道においては、健康や体力の向上を目的としてされることが多いであろうから、危険を冒して技量の向上を図るよりも、やはり安全を最大限重視すべきであり、これに反するときは法的責任を問われて然るべきである。そこで、柔道の指導者としては、相手方が受け身をとりにいくため頭部を打つような投げ技をしている入門者に対しては、なるべくそういうことがないよう指導監督すべきであるといえる。」と判示し、柔道の指導書の記載内容についての言及をしている。

b　長野地松本支判平成23年3月16日〔判例番号275〕

柔道教室の生徒であった原告が、柔道の乱取り稽古中に指導者から投げられ、急性硬膜下血腫の傷害を負い、遷延性意識障害等の後遺障害を残した事案である。

指導監督責任について、「心身ともに発達途上にある学校の生徒における柔道指導に当たっては、その指導に当たる者は、柔道の試合や練習によって生ずるおそれのある危険から、生徒を保護するために、常に、安全面に十分な配慮をし、事故の発生を未然に防止する一般的な注意義務を負うとされているところ、上記のような柔道の特性及び子供の特性は、教育場面である学校授業、課外活動に限らず、たとえ任意に参加する学校外の指導教室やクラブ等でも異なるものではなく、上記柔道指導者における注意義務は、これらの指導教室やクラブ等における指導者にも妥当するというべきである」とし、「事故を防止するために、運動様式や環境、競技者に内在する要因を分析し、事故を防止するための注意事項、指導方法が広く知らしめられていることからすれば、心身の未発達な年少者の指導において、柔道指導者にあっては、内在している危険の発生を予測し、予防すべく、練習過程を踏み、年少者の体力、技能を十分に把握して、それに応じた指導をすることにより、柔道の練習などにおける事故の発生を未然に防止して事故の被害から指導を受ける者を保護すべき注意義務を負うというべきであ」り、「乱取り練習においては、実践であるために事故が起きやすく、とりわけ投げ技で事故が多く発生しており、技能差・体力差の大きい相手を投げる場合にはスピードや技についていくことができず、その危険性が増大するから、特に自分よりも体力や技能レベルの低い者を投げる場合には、相手が受身を取りやすいようにゆっくり投げるなど、相手の技能に配慮しこれに応じた練習をしなければならないといえる。」と判示し、学校教育における柔道指導者の注意義務が柔道教室や柔道クラブにおける指導者にも通じるとしている。

㈢　予防策・対応策

裁判例が言及するように、柔道については、広く学校教育で指導されているスポーツであることから、柔道の一般的な指導書に従い指導を行うことが柔道指導者に求められている。

この点、「柔道の安全指導」（財団法人全日本柔道連盟）等に基づく、練習計画の立て方、練習の行い方、練習に必要な配慮、安全に配慮した指導等を実践すべきである。特に、柔道においては受け身が基本であり、かつ、事故の要因は未熟な受け身に起因することが多いことから、競技者における受け身の習得（例：自分の技が返された時、受け身をできるか等）がどの程度であるか指導者において十分把握した上で柔道の指導を行う必要があるといえる。また、乱取り（攻撃と防御を表裏一体に行う実践練習）においては、柔道の能力が異なる者同士が行うことがあり得ることから、能力差に応じた練習を行うように指導する必要がある（例：自分よりも体力や技能レベルの低い相手を投げる場合、引き手を離さず、相手が受け身をしやすいように投げ、受け身のできない危険な投げ方を禁ずる等）。

イ　ボクシング・キックボクシング

(ア)　概　　要

ボクシング及びキックボクシングは直接の打撃が予定されているスポーツであり、かつ、打撃により相手をノックアウトすることを目的とするものである以上、競技者に一定の危険の引き受けがあることを前提としている。併せて、ボクシング等は極めて危険を伴うスポーツであることを踏まえた対策及び練習方法の選択をしているかによって指導者の責任判断がなされている。

(イ)　裁判例の検討

a　広島高松江支判平成25年1月16日〔判例番号297〕

ボクシングジムにおいて、スパーリング中のX_1が、頭部への衝撃により急性硬膜下血腫を発症した事案である。

ボクシングジムの現場責任者について、「控訴人X_1は、本件スパーリング後に被控訴人会社の従業員であるCに対して頭痛を訴えていたものではあるが、少なくとも重篤な状態でそれを訴えていたことはうかがわれず、その後も特別普段とは違う様子を見せることもなかったこと、そもそもスパーリングなるものは頭部にある程度の衝撃を加えるものであって、その後に頭痛を訴えていることも不自然ではないことからすれば、仮に本件ジムに何らかのマニュアルが備わっていたとしても、控訴人X_1の頭部に強度の衝撃を与えるような特段の事態も発生したとは認められない本件スパーリングの後に控訴人X_1が単に頭痛を訴えたからといって、A及びBにおいて直ちに急性硬膜下血腫等の発症を疑い得たと考えることは困難である。」として責任を否定しているように、ボクシングにおけるスパーリングは頭部にある程度の衝撃を加え、ある程度の頭痛等が生じ得ることが前提とされた上で、責任判断がされている。

b　東京地判平成29年11月1日〔判例番号350〕

キックボクシングのマススパーリングの最中に、スパーリング相手の打撃によって、右眼窩内側壁の吹き抜け骨折の傷害を負った事案である。

指導者の責任について、「マススパーリングは、動き合いながらパンチなどを出し合うものである以上、動きによっては力が強い状態で相手に当たることはあり得るといわざるを得ない」とし、「原告は、本件練習の前に、本件ジムにおいてマススパーリングに参加したことがあったのであるから、動きによっては力が強い状態で相手のパンチが自分に当たる可能性があることは認識できた上でマススパーリングである本件練習に参加したものというべき」であり、「マススパーリングである本件練習において、Aが原告に対してダウンするほどのパンチをしたことのみをもって」、「本件練習を中止したりAに注意したりする法的義務が生じるとは認めがたい」として責任を否定している。

(ウ)　予防策・対応策

ボクシング及びキックボクシングは直接の打撃を受けることが予想されるスポーツであり、競技者においてケガを負う可能性が極めて高いことを承知の上で取り組んでいるといえ（危険の引き受け）、裁判例も危険の引き受けを前提とした判断をしている。

前記裁判例はいずれも指導者の責任を否定したものではあるが、指導者は、競技者の体調や体力、技術を踏まえて練習方法を選択し、打撃によって内出血等の外見上分かる症状、打撃を受けた競技者の様子（どの程度の痛みを訴えているのか）から適切な対応をすることが求められているといえる。そして、たとえ競技者に危険の引き受けがあるとしても、ケガの発生の危険性が高いことに鑑み、練習方法の選択、ケガ防止のための対策（ヘッドギア、マウスピース装着の徹底）、練習中及び競技中の競技者の様子を踏まえ、適切な指導を行う必要がある。

⑷　主催者の責任

ア　概　　要

武道・格闘技は、一般的に、競技者間の接触の多いコンタクトスポーツであり、本質的に危険が内在しているものであることから、傷害結果が重大なものになることが多い。また、主催者の安全配慮義務についても、試合中のみならず、運営準備、事故発生後の対応等にも求められる傾向にある。しかし、実際に主催者に安全配慮義務違反に基づく損害賠償請求が認容された例は、調査した限り、主催者兼指導者の場合以外にはなかった。

イ　裁判例の検討

㋐　柔　　道

a　長野地判昭和54年10月29日〔判例番号43〕

高校の校長会主催の体育大会の柔道競技団体戦に選手として出場した定時制高校生が、相手選手の仕掛けた技により畳の上に後頭部から落下し、頸髄損傷等の重傷を負ったことから、高校の設置者である県に対し、在学契約に伴う生徒の身体・生命に対する安全保証義務違反があったとして債務不履行に基づく損害賠償請求をするとともに、校長、教諭等に過失があったとして国賠法1条に基づく損害賠償請求をした事案において、「本質的に危険が内在している柔道競技を主催するに際してこれに関係する者は、一般に右危険が発現しないように、予見可能な危険の態様のすべてにわたって、事故発生を防止すべき万全の措置を講ずる注意義務を負うものと解するを相当とするところ、右義務は、試合自体に限らず、競技の運営ないしその準備にも及んでいるというべきである」と、主催者の注意義務について、判示した。

そして、校長会主催の大会とはいえ、実質は、高校総体と全く変わらないとし、高体連及び県教育委員会の管理、監督下に高校教育上クラブ活動の延長として開催されたものとし、主催者として、参加生徒の技量、柔道経歴等、各校長の参加承認と健康診断書の提出という書類上の審査をもってこれに代え、その参加資格を認めて他に制限を設けなかったこと、無差別制を採用し、体重の違いによる差等を設けなかったこと、組み合わせを一律抽選にしたことについて、主催者に大会運営上の過失はないと判断した。

b　東京地判平成16年9月27日〔判例番号231〕

原告が、学校教育の一環として参加した柔道大会の試合中に技をかけようとして倒れ込み、頸椎脱臼骨折及び頸髄損傷等により高度傷害を負った事故について、大会を主催した区柔道会、共催者の区等に対し、安全保護義務違反等の過失があったとして損害賠償請求をした事案において、主催者の区柔道会について、「柔道が、高度な危険を伴う格闘技であることに照らせば、柔道大会を主催する者は、大会参加者が安全に競技を行うことができるよう試合場の設備、管理、競技の進行に配慮すべき義務があるというべきである」とし、「試合場は、横5間、縦4間で設営され、横5間の辺の外側には、幅56センチメートルのマットが敷かれていたものであり、」「講道館審判規定の定める試合場及び安全地帯には満たないものであったが、柔道の試合を行う上で、不都合又は危険が生ずる広さであるとまでは認められない」「本件試合には、主審1名及び副審2名が審判として立ち会っているほか、会場整理係5名がいたことが認められるのであり、これに照らせば、試合場の設備、管理及び競技の進行に関しても、被告柔道会に義務違反があったとは認められない」と判示した。

共催者の区について、「要綱を定め、これに基づき、本件大会への後援名義の使用を承諾したことが認められる」ところ、「しかし、要綱によっても、被告区の後援は、主催者が行う事業に間接的に協力することを意味するものであり、」「被告区は、後援名義の使用を求める者から提出された区教育委員会名義使用申請書の記載内容に基づき、主催者及び事業内容の適格性を審査するに過ぎず、実質的な審査権を有する者であるとは認められない。」とした。同じく共催者のスポーツ協会について、「名義使用規程を定め、これに基づき、本件大会への後援名義の使用を承諾したことが認められるところ、同規程によっても、被告スポーツ協会の後援は、名義使用者が行う事業に間接的に協力することを意味するのにとどまり、被告スポーツ協会は、後援名義の使用を求める者から提出された使用申請書の記載内容に基づき、主催者及び事業内容の適格性を審査するに過ぎず、実質的な審査権を有する者であるとは認められない」とし、共催者に対する原告らの債務引受の主張について、特段の事情が認められない本件においては、「後援名義の使用を承諾したことをもって、被告区及び被告スポーツ協会が、大会参加者に対して、何らかの債務を負担することを明らかにしたとは認められず、大会の主催者らが負うべきような、大会開催の安全性に関する注意義務を直接引き受けたと認めることはできない」と判示した。

c　長野地松本支判平成23年3月16日〔判例番号275〕

個人が主宰する柔道教室（B地区体育協会の加盟団体であり、B地区体育協会が、被告体育協会に加盟）での乱取り稽古中に、主宰する指導者に投げられた際、急性硬膜下血腫の傷害を負った事故について、主宰者兼指導者については、安全配慮義務違反が認められたものの、被告体育協会については、「B地区体育協会とは別個の存在であり、B地区体育協会は被告体育協会の加盟団体であるところ、本件柔道教室は、B地区体育協会に加盟する団体の一つにすぎないのであって、被告体育協会の構成員であるとは認められ」ず、「また、本件柔道教室は、被告体育協会の指示の下でその運営を行っているとの事情や、被告体育協会が本件柔道教室の練習を主催しているとの事情も認められない」ことから、「被告体育協会において、構成員でもなく実質的に運営にも携わっていない本件柔道教室に対し、当然に安全指導を行う注意義務があったとは認められない」とし、指導者が「B地区体育協会の常任理事を務めていたことや、被告体育協会がB地区体育協会に対し補助金等の拠出金を行っていることをもって、被告体育協会がB地区体育協会を通じて、本件柔道教室に対し、指導、監督する地位にある」との原告らの主張について、「これらの補助金は、地区のスポーツ際（本文ママ）や地区大会への補助を対象として、スポーツ振興事業の予算から支出されているにすぎないから、このような補助金を支出しているからといって、当然に本件柔道教室を指導、監督する地位にあるとはいえ」ず、指導者が「B地区体育協会の常任理事の地位にあったからといって、当然に、被告体育協会が本件柔道教室に対し、指導・監督する地位にあるともいえない」と判示し、被告体育協会の安全配慮義務違反について認めなかった。

また、被告市の責任について、「被告体育協会は、寄付行為によって設立した財団法人で、被告市とは別個の存在であって、社会教育法にいう社会教育団体であるといえ」、「社会教育法においては、社会教育事業に対する支配・干渉が禁止されており、同法に基づき、社会教育に必要な援助や物資の確保としての場所の提供等がなされているにすぎないから、被告市において、被告体育協会に対する指導・監督義務が認められるものといえない」と判示した。

(イ) ボクシング

a 水戸地判平成10年12月16日〔判例番号184〕

アマチュアボクシング連盟が主催し、高等学校体育連盟が共催した全国高校ボクシング選抜大会に参加した県立高校の生徒が、試合直後に倒れ、頭部打撲に基づく脳挫傷等により死亡した事故において、主催者及び共催者の安全配慮義務違反について、「本件大会の日程自体に無理があったとまでは認められ」ず、「本件大会で行われていた検診においても相当程度まで脳の状態を検査することができたことに照らすと、被告連盟らが右精密検査をしなかったことをもって直ちに安全配慮義務違反したとまではいえない」とし、また、「一般に、ボクシングの試合において選手に硬膜下血腫が生じた場合は、専門医師であってもその場の手当てによって対処することは不可能であり、可及的早期に脳外科の専門病院に搬送して手術を受けさせるしか方法がな」く、「本件では、原告らの子が異状を訴えてから国立B病院に搬送されるまでについて、時間面で特に問題はなかったこと、原告らの子は、国立B病院に搬送された時点で既に重篤な状態にあったことの各事実が認められ」、「このような事実関係の下では、仮に専門医師が配置されたとしても、事態が変わっていたとまでは認めることができず、したがって、試合会場に専門医師が配置されなかったことと原告らの子の死亡との間には因果関係を認めることができず、そのことが主催者らの過失（安全配慮義務違反）を構成するとは考えることができない」と判示した。

b　松江地判平成24年7月18日〔判例番号291〕

ジムの従業員兼プロボクサーが、被告会社が営むボクシングジムでのスパーリングの後、倒れて意識不明となった事故において、現実に発生した原告に対する法益侵害に至る因果系列のうち、その因果系列の起点（本件スパーリング）に、あるいは、因果系列の終点（本件スパーリング終了後の原告の状態）に、スパーリングの相手、及び、レフェリーをしていた者らについて、「それぞれ介入すべき法的義務があったとまでは認められ」ず、「本件の事実経過に直接関与した者らに義務違反行為が認められない以上、これに直接関与していない被告らに損害賠償責任を認めることはできない（事故を想定したマニュアルの整備等が行われていたとしても、やはり本件スパーリング後に急性硬膜下血腫を疑うことは困難であり、上記整備等によって本件事故を回避し得たとは認められないから、被告らに安全配慮義務違反による損害賠償責任を認めることはできない）」と判示した。

c　東京地判平成29年11月1日〔判例番号350〕

格闘技のジムにおいて、キックボクシングの対面練習中に、相手より顔面を殴打されて負傷した事故において、ジムの経営者、及び管理者、インストラクターに対し、不法行為に基づく損害賠償請求をした事案において、本件練習の際にその場にいたインストラクターの安全配慮義務違反を否定し、その場にいなかった経営者らにおいては、「なおさら、本件練習において、原告が本件負傷を負うような出来事があるとは予見できたとは認められ」ず、「インストラクターに対し、経営者らが不適切な指示をしたなど（中略）安全配慮義務が特に認められるべき事情があったとも認められない」と判示した。

ウ　予防策・対応策

いずれの事案についても、主催者としての責任を負うものはなかったが、指導者兼主催者の場合、指導者として安全配慮義務違反があった場合には、責任を負うものとされた。しかし、前記**イ**(イ)ボクシングのaについては、大会の現場に医師の配置がされていなかったこと、及び、bについては、ジムに事故マニュアルの作成がされていなかったことをもって、安全配慮義務について言及されているものの、結果との因果関係を否定されたことから安全配慮義務違反が認められないと判示されていることからすれば、例えば、主催者として、武道・格闘技の大会を行う場合には医師の配置、ジムの経営を行う場合にはマニュアルの作成についても、スポーツに内在する危険性の程度等に応じて行う必要があると思われる。

(5)　過失相殺

以下、裁判例について紹介する。

ア　柔　　道

(ア)　高校の体育の授業における柔道の乱取り練習中、指導講師が生徒に大内刈りを掛けた際、生徒が負傷した事案において、生徒は柔道初心者であるものの受身の習得程度は平均レベルに達していて、他の避け方や受身をとることもできたのであるから、事故発生につき被害者の過失も寄与しているとして、4割の過失相殺をした（名古屋地判平成4年6月12日判時1465号128頁）。

(イ)　高校の柔道部員が合宿中の練習において外傷性急性硬膜下血腫を受傷した事案において、合宿2日目の練習において頭部を打撲した部員が頭痛等を訴え嘔吐もしていたことを顧問教諭が認識しながら練習参加を指示していた等の事情から、被害者に過失はないと判断した（東京高判平成21年12月17日〔判例番号270〕）。

(ウ) 中学校の柔道の授業中、受身を取ることができずに生徒が受傷した事案において、生徒が教諭の説明を真剣に聞かず、十分に理解しないまま練習を行ったことにも原因があったとして、3割の過失相殺をした（熊本地判平成23年1月17日判例秘書L06650015）。

(エ) 高校の柔道の授業中、背負い投げで投げられた生徒が負傷した事案において、被害者は約6か月前の柔道の授業で負傷しリハビリ中であったが、自ら授業に参加すると申し出ていること、その際教諭に特段の相談もしていないこと等から1割の過失相殺をした（東京地判平成23年7月22日ウエストロー 2011WLJPCA07228001）。

(オ) 約3か月前に急性硬膜下血腫・脳挫傷と診断された高校の柔道部員が、練習試合中に頭部への衝撃を受けたことにより後遺障害が残存した事案において、被害者の家族が試合に出ることを黙認していたなどの事情を踏まえても、被害者側に過失はないと判断した（札幌高判平成24年9月13日〔判例番号292〕）。

(カ) 高校の柔道部員が、ウォーミングアップの際に他の部員に投げられ硬膜下血腫を発症した事案において、被害者及びその両親には、被害者が約2週間前に脳しんとうを生じて頭痛等の症状があることを事前に学校に知らせていなかったという過失があるとして、1割の過失相殺をした（東京高判平成25年7月3日〔判例番号303〕）。

(キ) 高校柔道部に入部したばかりの生徒が、乱取り練習中に負傷した事案において、被害者が受身を習熟していなかったこと等を理由に被害者に過失はないと判断した（広島地尾道支判平成27年8月20日〔判例番号323〕）。

イ 剣　道

中学校の剣道部の練習中、仮入部中の生徒が横に振った竹刀が、他の部員に当たり受傷した事案において、被害者に過失はないと判断した（原審：仙台地判平成19年9月27日〔判例番号256〕、控訴審：仙台高判平成20年3月21日〔判例番号260〕）。

ウ　キックボクシング

キックボクシングの練習中に、相手の膝蹴りにより歯牙損傷を受傷した事案において、被害者が3年程度のキックボクシング歴を有しており、キックボクシングの危険性は相当程度認識していたこと、被害者がマウスピースを装着していなかったこと等から、4割の過失相殺をした（東京地判平成16年12月3日〔判例番号235〕）。

8 自転車競技・モータースポーツ

※ここでは、四輪自動車競技と二輪自動車競技を「モータースポーツ」と表記する。

(1) 特　　色

ア　自転車競技

自転車競技には、ロードレース（一般の公道を集団で走行し速さを競う競技）、トラックレース（競技場で行われ、特殊なバイクで走路を周回して速さを競う競技）、マウンテンバイク（山間部やスキー場等の走路を特殊なバイクで走る競技）、BMX（バイシクルモトクロス）（起伏があるダートコース又はスケートパークを特殊なバイクで走り速さや技を競う競技）、シクロクロス（坂、林間、砂場等変化に富んだコースを走る競技）、トライアル（岩や丸太等の自然地形や人工構造物で作られたコースで足をついたり転倒したりせずに走行できるかを競う競技）等の様々な種類がある（公益財団法人日本自転車競技連盟ホームページ参照）。

自転車は、「軽車両」として、道路交通法の適用を受ける。競技専用の特殊な自転車は、公道の走行が禁止されている。

イ　モータースポーツ

自動車競技には、レース（所定の距離で通過タイムを競うスプリントレース、所定の時間で距離を競う耐久レース）、ラリー（一般公道を走行して速さを競う競技）、ジムカーナ（舗装路面に設置されたコースを1台ずつ走り速さを競う競技）、ダートトライアル（未舗装路面に設置されたコースを走り速さを競う競技)、レーシングカート(自動車運転免許が不要とされる競技)等、様々なものがある(一般社団法人日本自動車連盟ホームページ参照)。

また、自動二輪車競技には、ロードレース(舗装路面の周回路で速さを競う競技)、モトクロス(未舗装の周回路で専用車両を使用し速さを競う競技)、トライアル(クロスカントリーコースで専用車両を使用し技を競う競技)、エンデューロ(自然の地形を活かしたダートコースで技術等を競う競技)等がある(一般社団法人モーターサイクルスポーツ協会ホームページ参照)。

(2) 加害競技者の責任

ア 自転車競技

(ア) 概 要

自転車競技は、競技者(自転車)が他の競技者や歩行者等に接触する等により、重大な危害を与えるおそれがある。自転車競技の中でも、特に集団で走行し速さを競う競技では、自転車同士で接触する危険性が高い。一般の道路を走行する競技では、他の自転車だけではなく、自動車、歩行者等とも接触する危険がある。

そこで、自転車競技の競技者は、他の競技者や歩行者等に危害を与えないように注意しなければならない。競技者は、一般の道路を走行する場合には、交通法規を守らなければならないことはもちろん、一般の道路であれ競技場であれ、各競技で定められたルールを守らなければならない。また、競技者は、他の競技者や歩行者に接触する危険がある状況下においては、接触等による事故を防止するために適切な措置を講じて衝突を未然に防ぐ注意義務を負う。

自転車が他の自転車や歩行者に衝突した場合、その被害が甚大なものになる場合もある。これに備え、昨今では、自転車保険への加入を義務化する条例を施行する自治体も出てきている。

自転車競技に関する裁判例には、サイクリングにおける交通事故の事案がある他、デュアスロン競技大会における競技者の衝突未然防止義務が争われた事案がある。以下、デュアスロンの事案について紹介する。

なお、自転車競技の競技者が競技中に他の競技者に接触する事故が起きた場合、被害者が競技に参加したことをもって推定的承諾があったものとして違法性が阻却されるのではないかが問題になることがある。違法性阻却は、競技の性質、危険性、ルール、ルール逸脱の程度等により、個別に判断されることとなる。

(イ)　裁判例の検討

a　デュアスロン

デュアスロンは、ランニングとバイク走行を組み合わせて速さを競う複合競技である。第一ラン、バイク、第二ランの順に行う（トライアスロンの水泳をランに替えたものである。）。

デュアスロン競技大会でのバイク走行中、後車の競技者が前車の競技者を左側から追い越そうとしたが断念し、右側から追い越そうとして後方の安全を確認した後、前方に視線を戻したときには前車に接近しており、まもなく前車の競技者に追突し、前車の競技者が転倒、受傷した事件（横浜地判平成10年6月22日〔判例番号180〕）がある。

同事件で、裁判所は、後車の競技者の過失について、「本件競技の競技方法及びバイクでは時速60キロメートルあるいはそれ以上の高速で競技すること」からすると、他の競技者と接触し、場合によっては重大な結果を生じかねない、追従、追い越しなど他の競技者と接近して走行する場合には、後方を走行する競技者は、前方を走行する競技者の動向を注視し、かつ、ルールを遵守するなど適切な措置を講じて衝突を未然に防止すべき注意義務が存するとし、後車の競技者の不法行為責任を認めた。具体的に、後方を走行する競技者が講ずべき「適切な措置」としては、遅くとも原告車まで約6メートルに接近した時点で「原告車と被告車の速度の違いを的確に把握し、かつ、原告車の動向を注視して、追突を避けるための速度調整ないし進路の変更をする等の措置」とされた。

同事件では、当該競技大会の競技方法（走行及び追い越しの方法について、原則的にバイクは左側を走行し、追い越しをする場合は右側から行い、追い越しをする場合には必ず声を掛けるというルールが定められていること、中学生から65歳以上の者も参加資格を有し、男女、年齢や技術の差などによる区別はなく、全員が一緒に競技するものであること)、競技大会の性質（走行中の安全を図ることが重視されていること)、バイクの高速走行の危険性、追い越し行為の危険性等から、前記のような競技者の注意義務が導き出されたものと考えられる。

この事件においては、後車の競技者から 、「左側からの追い越しを断念し、右側からの追い越しをしようと、後方の安全を確認した後に追い越しを開始しようとした矢先に発生したもの」で、競技のルールに著しく反するものではなく、かつ、通常予測され許容される動作に起因するものであるから、競技参加者の推定的承諾により違法性は阻却されるとの抗弁が出された。しかし、裁判所は、競技の性質及び危険性、ルールに照らし、本件競技においてはその走行中の安全を図ることが重視されているものとして、後車の競技者の走行の態様は、スポーツにおいて通常予測された許容される動作にあたるものとは解されず、かつ、過失の程度は必ずしも軽微なルール違反ということはできないとして、抗弁を排斥した。裁判所は、後者の競技者がルールに反して左側から追い越そうとした行為を含め、一連の行為を全体的に捉えて、過失と評価しているものといえる。

イ　モータースポーツ

㋐　概　要

モータースポーツは、車両を使用して高速で走行する点において、接触等による事故の危険が大きく、事故が発生した場合の被害の程度も大きくなることが予想される。

そこで、モータースポーツにおいては、競技者は、レース、練習を問わず、車両の規格や走行方法等に関するルールを守る必要があり、ルールが確立していない場合にも、接触等による事故を防止するための注意義務を負う。

モータースポーツに関する裁判例には、自動車競技に関して車両改造の限界及び運転操作の誤りが主張された事案、自動二輪車競技に関して見通しが悪い状況での他の車両の確認義務等が主張された事案等がある。以下、紹介する。

(イ) 裁判例の検討

a ドラッグレース

ドラッグレースとは、直線コース上で停止状態から発進し、ゴールまでの通過タイムを競う自動車競技である。距離は、1/4マイル（約402m）のことが多いため、ゼロヨンレース（競技区間が0～400m）とも呼ばれる。

速度を競う自動車競技の場合、車両の軽量化等のために、車両改造が行われることがある。車両の改造が問題となった裁判例として、走行車両が蛇行状態になり、ガードレールに激突して空中に舞い上がり、ピットロードにいた車両の上に落下した事件（東京地八王子支判平成元年10月27日〔判例番号101〕）がある。

同事件において、原告からは、車両の改造及び運転操作の誤りという2つの過失が主張された。まず、車両改造について、裁判所は、本件コース内は道路交通法2条1号に規定される道路ではないから、コース内を走行する車両の車体の改造に関しては、道路運送車両法40条以下の保安基準遵守の義務はないが、非公認競技である本件レースでも参加者は国内競技車両規則の規定に同意しており、この規則9–3は、出場自動車は構造、走行適性、装備について国内競技車両規則に従わねばならず、競技審査委員会は危険な自動車を競技から除外できる旨を規定しているとして、「走行の安全が車両改造の限界である」とした。その上で、被告の車両改造などが、車両改造の限界を超えた過大、危険なものであったとはいい難いとし、車両の改造に関する被告の過失を否定した。次に、運転操作については、何が原因で本件事故に至ったかは不明であり、被告が安全を無視したような運転操作をしたことを認める証拠はないとして、運転操作に関する被告の過失も否定した。

b ダートトライアル

ダートトライアルは、競技専用の非舗装路面に設置されたコースを走り速さを競う自動車競技である。専用のコースで開催され、道路交通法の適用はない。路面状況やコース設定によっては、普段使用している自動車でも走行が可能である。

ダートトライアル競技の練習中に普通乗用自動車が暴走し防護柵に激突して、同乗者が死亡した事件において、運転者の民事上及び刑事上の責任が争われた事案がある。

民事上の責任（浦和地判平成10年9月25日〔判例番号182〕）について、裁判所は、ダートトライアルは、一般公道のような交通規則の適用がないコース内で、自己の実力の限界に挑み、いかに短時間でコースを回ることができるかを競うものであって、その練習時においても、競技時と同様の走行が許容されているというべきところ、そのようなダートトライアルの性質からすれば、車両の走行に際して、ある程度の危険を冒すことは当然に予定されているというべきであり、これに対応して、車両や服装等の点においてJAFによる安全基準が設けられていること、また、本件車両は、ロールバーや四点式のシートベルト（運転席）が設置される等の改造がされ、被告も被害者も、ヘルメットや長袖の服を着用する等の外的衝撃から身を守るための装備をしていたことを併せ考えると、ダートトライアルにおいて、車両に同乗者がある場合のその者の死傷等の被害を避けるために運転者に要求されている注意義務の程度は、一般公道におけるものとは異なり、より限定されたものになることはやむを得ないというべきであり、危険な運転を行い、同乗者に被害を与えたからといって、そのことが直ちに運転者の過失を認め得るものではないといわなければならないとして、不法行為責任を否定した。なお、同裁判例では、施設管理者の責任も問題となっている。これについては、後記(3)イ(イ)で述べる。

刑事責任（千葉地判平成7年12月13日〔判例番号158〕）については、業務上過失致死罪の成否が問題となり、裁判所は、ダートトライアル競技の性質について、「運転技術等を駆使してスピードを競うという競技の性質上、転倒や衝突等によって乗員の生命、身体に重大な損害が生じる危険が内在している。その練習においても、技術の向上のために、競技に準じた走行をしたり、技術の限界に近い運転を試み、あるいは一段上の技術に挑戦する場合があり、その過程で競技時と同様の危険が伴うことは否定できない。」とした。その上で、少なくとも上級者が同乗する場合には、同乗者の側で、ダートトライアル走行の危険性についての知識を有しており、技術の向上を目指す運転者が自己の技術の限界に近い、あるいはこれをある程度上回る運転を試みて、暴走、転倒等の一定の危険を冒すことを予見しているし、運転者への助言を通じて、一定の限度でその危険を制御する機会もあるとして、「このような認識、予見等の事情の下で同乗していた者については、運転者が右予見の範囲内にある運転方法をとることを容認した上で、それに伴う危険を自己の危険として引き受けたとみることができ、右危険が現実化した事態については違法性の阻却を認める根拠がある。」とし、本件事故の「経過は被害者が引き受けていた危険の範囲内にあり、他方、その過程に被告人の重大な落ち度があったとまではいえない」し、「被害者を同乗させた走行は、社会的相当性も欠くものでもない」として、違法性阻却を認め、運転者の刑事責任を否定した。

上記裁判例は、民事上は、同乗者に対する競技者（運転者）の注意義務の程度を限定し、刑事上は同乗者による危険の引き受けを認めたものである。ダートトライアル競技の危険性を根拠に、運転者の責任を限定するものといえる。

c　モトクロス

モトクロスとは、舗装されていない周回コースで速さを競う自動二輪車競技である。公道を走行できない競技専用車両を使用する。競技会や講習会においては、主催者が右回りか左回りかを指定し、練習場においては、管理人が右回りか左回りかを指定し、その指定に従って同一方向に走行することとされている。管理人や看板等による走行方法の指定がない場合には、事故が起きやすいため、競技者は、他の車両の有無を確認し、他の車両が有ることを確認したらその車両と同一方向に走行する等の注意義務を負う。

管理人や看板等の設置がないモトクロスコース（練習場）において、自動二輪車同士が正面衝突した事件（浦和地判平成4年5月15日〔判例番号121〕）では、左回りの慣行が確立していなかった以上、メインコース内の走行のためにオートバイで進入しようとする者は、進入の際、他のオートバイから発生する音の有無を確認するほか、場合によっては数分間待機して､自己より前にコース内を走行している音の有無を確認し、自己より前に走行している者がいることが判明した場合には、上記待機の方法により、その者の走行の方向を確認して同一方向で走行すべき義務があったというべきであるとして、後からコース進入した競技者の不法行為責任を認めた。もっとも、本件では、被害者の過失も大きいとして、8割の過失相殺がされた。

この事件では、被告から、「モトクロスを行う者は各自の責任において行うべき」との主張が出された。裁判所は、日本モーターサイクル協会（MFJ）国内競技規則にも競技会開催期間中の傷害は自ら責任を負うものとする規定があるが、この規定は、競技会、練習場の主催者が走行方法を指示し、競技者が競技の主催者の指示に従っている状況での規定であるとして、走行方法について指示する者のいないコースにおいて適用されるものではないとして、この主張を退けた。

オフロードコース内において自動二輪車同士が正面衝突した事件（神戸地判平成29年3月30日〔判例番号343〕）では、練習日には走行方向に関するルールがなく、双方これを認識していたこと、本件小山は反対側の坂道の見通しが悪いことから、運転者は、車両を運転して小山に進入するにあたって、「進入先の坂道の反対側から進入してくる車両がないかを確認する義務」を負うとされた。その上で、特に、跳躍のような危険な行為を行うために小山に進入する際には、跳躍中に他者と接触ないし衝突した場合に他者の生命及び身体に重大な危険を生じさせ得る行為である上、跳躍中は他者との接触を回避する措置を採ることが困難になることから、「見張りを立てて進入先の坂道の反対側から進入する車両の有無を確認するなど周囲の安全確認をより確実に行わねばならない義務」があるとされた。

同事件においても、危険の引きけ受が争点となったが、裁判所は、着地点方向の見通しが悪い状態で跳躍を行った二輪車が対向方向から走行してきた二輪車と正面衝突した事故であり、オフロード走行に許容された危険が現実化したものとはいい難いから、被害者の受忍の同意を観念することはできないとして、被害者の危険の引き受けによる違法性の阻却を否定した。

同事件は、被告側から上訴がされたものの、控訴棄却（大阪高判平成29年9月14日〔判例番号348〕）、上告不受理（最二小判平成30年3月23日〔判例番号358〕）となり、確定している。

(3)　施設管理者の責任

ア　概　　要

施設管理者の責任について、自転車競技については検討を要すべき裁判例がなかったので、モータースポーツについてのみ検討する。

モータースポーツについては、レース場に瑕疵があったとの主張（工作物責任）の他、主催者等の責任追及（不法行為あるいは債務不履行責任）がなされている事案がある。

レース場の瑕疵については、コースに設置してある柵等の物的設備に瑕疵があったとの主張、適切な位置に監視員を配置していなかった、消火救護設備又はこれを使用する人員を配置していなかったことが瑕疵にあたると主張される事案もある。なお、後記**イ(エ)**の事案において、被告側（レース場）から、人的要素を主とする消火救護態勢そのものは工作物の瑕疵とならないとの主張がなされているが、判決においては、「消火救護設備が人的要素と一体となって機能を果たす点を無視するものであ」るとして排斥されている。

モータースポーツは、競技の性質上、生命に危険の及ぶ可能性もあることから、課される注意義務は重いものとなると思われる。

イ　裁判例の検討

(ア)　大阪地判平成元年3月10日〔判例番号98〕

本件は、オートバイレースのスポーツ走行中の事故に関し、コース上に見通しの悪い場所があったこと及び第17番ポスト（事故現場付近）に監視員を配置しなかったことにつき、レース場の工作物責任（民法717条1項）が問われた事案である。

判決では、被告（レース場）としては、初心者と熟練者の間の速度及び走行ラインの不一致等による危険が生じ得ることを予想し、高速走行をする熟練者が初心者の運転するオートバイを安全に回避することができるよう、見通しの悪い場所にはこれを補う措置をとるべきであり、第17番ポストに監視員を配置しなかったことは、スポーツ走行に利用されるレーシングコースとして通常有すべき安全性を欠いていたものといわざるを得ないから本件コースの保存には瑕疵があったとして、レース場の責任を肯定した。

(イ) 浦和地判平成10年9月25日〔判例番号182〕

ダートトライアルコース競技場での練習走行中、競技車両が防護柵に衝突し、同乗者が死亡したという事案において、本件事故現場では横木の防護柵以外に防護措置がとられていなかったことにつき、競技場に瑕疵（民法717条1項）があったとして、競技場を運営する会社に対し、工作物責任に基づき、損害賠償請求をした事案である。

判決では、本件事故は、運転者の運転操作（本事案において運転者は、下り坂のカーブを三速のままで、かつ、ブレーキをかけずに本件車両を走行させ、車両を加速させている。）が特有のものであったとし、本件事故現場地点は、通常は、ハンドル操作のミスがあったり、ハンドル操作が不能ないし困難になる場所であるとは解されないことをも併せ考えれば、本件事故のような横木を外すほどの衝突事故が本件事故現場付近において発生するであろうことを、通常予測することは困難であるとして、本件防護柵を含めた本件競技場の設置又は保存に瑕疵があったということはできないとして責任を否定した。

(ウ) 名古屋地判平成13年12月26日〔判例番号209〕

本件は、施設利用契約による安全配慮義務違反及び工作物責任が主張されたが、安全配慮義務違反の主張が排斥され、工作物責任の主張の実質はこれと同一であるとの理由で工作物責任も否定されている（詳しくは後記(4)イ(ウ)b参照）。

(エ) 東京地判平成15年10月29日〔判例番号224〕

本件は、事故による火災によりドライバーが重度のやけどを負ったという事案であり、本件判決は工作物責任以外に主催者等の責任追及もなされているが（それについては後記⑷イ(イ)a参照）、工作物責任の根拠としては、消火救護設備を適切に活用する人員配置がなされていなかったことが主張されている。この点につき、判決は、レース場は、競技参加者の安全確保義務を負うから、事故が発生した場合には、可能な限りドライバー等の人命を救助すべく消火救護態勢を整えるべきところ、ドライバーは火災によって30秒程度で窒息死する危険が高いとされていることを考慮すると、少なくとも通常発生が予想される事故において、事故発生後30秒以内に消火救助できる態勢を整える義務があるというべきとし、本件レース場が事故後30秒以内に被害者を救助できるだけの消火救護設備又はこれを使用する人員を配置していなかったことから、レース場にはその保存に瑕疵があると認められるとして工作物責任を肯定した。

ウ　予防策・対応策

モータースポーツについては競技の性質上、コースに見通しの悪い部分があることは避けられないものであり、前記**イ**(ア)の裁判例も、コース内に見通しの悪い場所が存在することをもって瑕疵があるということはできないと述べており、それのみをもって瑕疵があったと判断されることは考えがたい。

しかし、上記の裁判例から明らかなとおり、レース場については、競技の性質上、見通しが悪い部分があることは避けられないとしても、そのような事故が発生する危険性のある箇所については、事故防止のために適切な防護措置をとるとか、適切な位置に監視員を配置するといった措置をとることが必要となろう。また、前記**イ**(エ)の裁判例のように、瑕疵の内容は、物的設備に限られず、適切な消火救護設備又はこれを使用する人員の配置なども瑕疵にあたるとされているので、この点にも注意が必要となる。この点、同判決は、「ドライバーは火災によって30秒程度で窒息死する危険が高いとされていることを考慮すると、少なくとも通常発生が予想される事故において、事故発生後30秒以内に消火救助できる態勢を整える義務」があるとしており、参考になろう。事故が発生した場合、人命に関わる可能性もあることから、課される注意義務は重いものとなるといえよう。

⑷ 主催者の責任

ア 概　　要

自転車を含む車両等の競技の際、車両のスピードは、自転車であっても高速なものとなるため、接触等による生命、身体への傷害結果が非常に重大なものになるが、高速性は競技自体の特性でもあるため、その特性に応じた安全配慮義務が必要となる。また、公道を利用する自転車競技等では競技者同士のみならず、通行人等との事故に対する対応も必要であるとされている。

主催者の責任が追及された裁判例としては、自転車行事において公道で実施する特殊性に配慮すべきとされた事案、及び、モータースポーツ等において事故発生時の消火救護体制が問題となった事案、コースの幅等のコース設定の安全性や説明義務が問題となった事案等がある。以下、紹介する。

イ 裁判例の検討

㋐ 自 転 車

広島地尾道支判平成19年10月9日〔判例番号257〕

一般道を使用した自転車サイクリング行事において、参加者と歩行者との衝突により歩行者が死亡した事故で歩行者の遺族が不法行為に基づく損害賠償請求を行った事案において、主催者代表者が、「本件行事を施行するに当たり事前に沿線住民にこれを周知広報等しなかったこと」、「本件行事のようなスポーツ系自転車を一般道路で走行させる行事を開催しようとする者は、上記のような特殊性に応じた対策を講じておくべきで、本件においては、一般人が道路に入ることが予想される前記横断歩道近辺にコース監視員を配置し、本件のような一般人との事故を未然に防ぐ措置をとっておくべきものであったといわざるを得ない」とし、主催者の不法行為責任を認めた。

㋑ 自 動 車

a　東京地判平成15年10月29日〔判例番号224〕

自動車レースにおいて、スタート前に競技車両が行う予備走行中に発生した衝突炎上事故により参加者である原告が負傷したことから、レースの競技長、競技主催者、プロモーター、競技統括団体に対して債務不履行又は不法行為に基づく損害賠償を求めた事案において、競技長は、予備走行中の競技車両の走行に関し、ドライバーの安全確保の責任を負い、後続競技車両が一定距離を安定的に確保して安全に走行できるよう先導車を走行させる義務を負うところ、本件レースでは視界が極度に悪かったにもかかわらず、先導車が、競技車両の安全確保が可能な速度である時速80キロメートルを大幅に超過した時速150キロメートル前後の速度で走行するのを漫然と放置し又は容認して、競技車両を先導車に追従走行させ、各競技車両を安全にスタートさせる義務を怠り、事故が発生しやすい危険な状況を作り出して本件事故を発生させたとして、予備走行中の競技車両に対する安全確保義務に違反した過失を認めた。主催者については、本件レースの実施ないし参加にあたり、相互に国際スポーツ法典等のレギュレーションに従う旨の合意（本件合意）が成立し、主催者は、本件合意の内容として、競技参加者及び競技車両の安全を確保すべき義務を負い、安全確保義務の一内容として、競技長をして、後続競技車両の安全走行を可能ならしめるように先導車を走行させる義務を負い、本件合意の一内容として、競技車両に事故が発生した場合には、直ちにドライバーを救護する義務、すなわち適切な消火救護態勢を整え、かつ事故が発生した際には消火救護活動を行うべき義務を負うとし、本件レースの宣伝広告等を行っていたテレビ局は、主催名義に名を連ねていたこと、大会の収支について3割の配分があること、大会組織委員会の委員の構成はテレビ局と同数とされていること等から、主催者として前記義務を負うとした。しかし、プロモーターは本件合意の当事者ではなく、プロモーターとしての地位に基づき債務不履行を負うことはないとした。また、競技統括団体については、主催者を監督して原告の安全を確保する義務を負うとする根拠としては十分でないというべきであるとし、競技統括団体への請求を棄却した。

なお、本事案は、競技参加に関連して起こった事故について主催者らに損害賠償を請求しない等とする誓約書が作成されていたが、その内容が著しく不当・不公平であり、公序良俗に反し無効というべきであるとも判示した。

b 東京地判平成21年10月16日〔判例番号269〕

モータースポーツ競技会で走行中に、最終コーナーを曲がり切れずにコースアウトしたことにより傷害を負った参加者が、主催者に対し、安全配慮義務違反や不法行為を主張して慰謝料を求めた事案において、「本件コースの幅は約12メートルないし14メートルあること」、本件サーキットではレース等が多数開催されていることから、「本件コースの安全性に何らかの問題があったとの事情を認めるに足りる的確な証拠はな」く、また、講師は本件競技会前に原告に対して本件コースの走行方法等について説明していたことから、被告がこれらの点に関する説明を怠ったとも認められないとし、本件競技会の目的や内容からいって、被告が、安全配慮義務又は信義則上の義務として、本件競技会の参加者に対して徒歩でのコース把握やペースカーで誘導するといった行為をすべき義務を負っていたものとは認められない。さらに、「原告は、国内B級ライセンスを取得した上で、国内A級ライセンスを取得するために、自ら本件競技会に参加したものであり、本件競技会は国内A級ライセンスを取得することを目的としており、タイムや順位を競うことを直接の目的とするものではないことも認識していたことが認められる」などと判示して、原告の請求を棄却した。

(ウ) 自動二輪車

a 東京地判昭和54年3月20日〔判例番号39〕

モトクロス大会において、負傷した原告が主催者に対し、債務不履行に基づく損害賠償請求を行った事案について、スポーツ競技会の主催者は、参加者との間に競技会実施に関する契約（一種の無名契約）を締結したものとし、参加者に対し、競技出場を認許する義務を負うのみならず、これに付随して、当該競技施設を整備し、競技運営上参加者の安全につき必要な措置をなし、当該競技自体に内在する危険性を別とすれば、参加者が安全に競技をすることができるように配慮すべき義務を負うとしたものの、本件コースは国内規定に照らし安全性に劣る点はないこと、レース前に競技規則に照らし点検を行いこれに適合することを確認していること、開会式でレース規約や危険注意等につき説明していること、競技開始前のコース試走を実施していること、原告自身の状況判断の誤り等から事故が発生していること等から安全配慮義務を怠ったものではないなどと判示したほか、モトクロス競技の内容や危険性を内在させたスポーツであるという特質、本件コースの設定方法、整備状況等からすれば、本件コースがモトクロスレース場として通常有すべき安全性を欠いていたものとは認められないなどとして、原告の請求を棄却した。

b　名古屋地判平成13年12月26日〔判例番号209〕

スポーツ走行のため会員制でレーシングコースの利用をしていた自動車用サーキットコースを走行中の走行者が転倒し、後続の複数の自動二輪車に衝突され死亡した事故において、本件コースを設置し、本件コースにおいて自動二輪車等のレース及びスポーツ走行を行う者のクラブを運営している被告について、「本件事故現場付近において、本件コースの監視ポスト及び監視員の配置につき、走行車の安全性に配慮する義務に反したと認めるのが相当である」としたものの、死亡との因果関係が認められないなどとして、責任を認めなかった。

ウ　予防策・対応策

競技者同士の事故における主催者が負うべき安全配慮義務の内容としては、競技者が安全に走行できるように配慮する義務、及び、事故が起こった際の対応に関する義務が尽くされていたかについて判示しているものが多く、自動車競技等においては、一度事故が起これば生命の危険にさらされるものであるため、緊急搬送、消火活動等についてまで安全配慮義務が求められていると思われる。

また、公道で行う競技の場合には、競技者同士のみならず、観客の安全に配慮するため、事前の周知、監視員の配置等について、準備をする必要があると思われる。

なお、前記**イ**(イ)自動車のaについて、免責条項が定められた誓約書については、公序良俗に反し無効と判断されており、主催者が、誓約書等の作成により、責任を逃れることは困難であると思料される。

(5) 過失相殺

以下、自転車・モータースポーツについて過失相殺が問題となった裁判例を紹介する。

ア 自転車

(ア) 信号機のある三叉路交差点において、右折しようとした大型特殊貨物自動車が、対向直進してきた大学サイクリング部員運転のサイクリング自転車と衝突し、同部員が死亡した事案において、未明であったにもかかわらず自転車の前照灯が点灯されていなかったこと、同部員の服装が全体的に暗めの色であったこと等から2割の過失相殺をした（東京地判昭和61年11月28日交民19巻6号1655頁）。

(イ) 公道で実施されたサイクリング行事において、参加者が運転する自転車が、行事に参加していない歩行者に衝突し、同人が死亡した事案において、歩行者は付近に横断歩道があるにもかかわらずそれ以外の場所で車道に立ち入っていること、車道に立ち入る際の歩行者の安全確認が不十分であったこと等から、3割の過失相殺をした（広島地尾道支判平成19年10月9日〔判例番号257〕）。

イ モータースポーツ

(ア) オートバイ運転者が、レース場コースをスポーツ走行中、後続車両に接触され転倒した事案において、高速走行している多数のオートバイの中で被害者が低速度で走行していたこと、故障の場合はコース両側の安全地帯に脱出する等の措置を講ずべきところ、被害者は高速車の走行ライン上を漫然と走行していた等の事情から5割の過失相殺をした（大阪地判平成元年3月10日〔判例番号98〕）。

(イ) 河川敷内のオートバイのモトクロスコースでオートバイ同士が正面衝突した事案において、被害者が進行方向を変える等の危険な走行をし、他の練習者が同コースに来ていることを認識しながら走行中にコース内でオートバイを停止させ、見通しの悪い同コースで被害者がメインコース内にいることを知らせる一つの有力手段であるオートバイの音を止めた等の事情から、8割の過失相殺をした（浦和地判平成4年5月15日〔判例番号121〕）。

(ウ) 自動車レースの予備走行中に衝突事故が発生しレーサーが火傷負傷した事案において、被害者が減速していれば事故の回避が可能であったと考えられること等の事情から、4割の過失相殺をした（東京地判平成15年10月29日〔判例番号224〕）。

(エ) オフロードコース内で、オートバイが小山から跳躍したところ、被害者運転のオートバイと正面衝突した事案において、被害者にも小山に進入するに際し前方不注視の過失が認められるが、跳躍を敢行するにあたっての被告の注意義務違反の程度、跳躍の危険性も併せて考えると、被害者の過失を2割とするのが相当と判断した（原審：神戸地判平成29年3月30日〔判例番号343〕、控訴審である大阪高判平成29年9月14日〔判例番号348〕は原審被告からの控訴を棄却、最二小決平成30年3月23日〔判例番号358〕は原審被告からの上告受理申立てについて不受理決定）。

9 その他スポーツ

本章ではこれまで検討してきたゴルフ、雪上スポーツ、野球等以外のスポーツ事故について網羅的に取り上げる。

(1) 加害競技者の責任

ア 陸上競技

(ア) 概　要

陸上競技には、各種あるが、集団で行う競技の場合には他の競技者との接触、ハンマー・やりなどの用具を使用する競技の場合には用具が他者に当たる等により、他者に被害を与える危険性が内在している。

競技者は、競技にあたって、他の競技者と接触したり、競技具が他者に当たったりすることで、他者に危害が及ばないよう配慮する義務を負う。

もっとも、競技会における競技実施中には、競技者が競技に集中することが認められ、競技者の注意義務が軽減される場合もあると解される。他方で、真剣に勝負をする競技会とは異なり、親睦性の高い運動会等では、競技中であっても、競技者の注意義務が軽減されるものではないものと考えられる。以下、競技会、運動会に関する裁判例を紹介する。

(イ)　裁判例の検討

市の陸上競技会において、やり投げ選手のやりが、砲丸投げ選手として出場していた被害者の左眼付近に突き刺さった事件（金沢地判平成4年4月24日〔判例番号120〕）では、事件現場は、やり投げ競技が実施されている最中においては、他の選手等はこれを妨害してはならず、付近を通行してはならない場所であったこと、あくまでもプレーが最優先されるべきであって、プレーに伴って通行者側に生じる抽象的危険は通行者側において回避しなければならなかったこと、競技関係者であればそのようなマナーを当然身に付けているものと競技者側が期待することが許されていたこと、移動に際してはダッグアウト（競技場のいわば脇道）を利用すべきことの指示があったこと等の状況下にあって、競技者は、プレー開始寸前特有の緊張状態にあったものであり、かかる状態にある競技選手は、現に認識予見し、又は特に予見できた場合は別として、単に抽象的に近傍の他人の身体に対して危害を加えるおそれがある危険性を有する器具を保持しているからといって、プレー寸前の選手の行動領域に第三者が急に進入してくることまで予想して、万全を期すべき注意義務までは負っていないとして、競技者の責任を否定した。

地区運動会での自転車リングリレー（金属製のスティックで自転車のリングホイールを転がしながら、スタート地点の反対側に待機している次走者に向かって走り、リレー方式で往復し、速さを競う競技）で競技者同士が正面衝突した事件においては、第一審と控訴審で、過失の有無及び危険の引き受けに関する判断が分かれている。

第一審（さいたま地判平成30年1月26日〔判例番号353〕）は、競技の性質、ルールからすると、一般的な注意義務として、他の競技者との接触を回避するため、できる限り前方を注視し、まっすぐ走るよう心がけるなどの義務があるとしても、自己のレーンを保持すべき注意義務や自己のスピードをコントロールすべき注意義務があるとはいえないとして過失を否定した（本事案では、レーンを区切る鋲などは設置されておらず、自己のレーンというものを明確に観念することは困難と認定されている。）。その上で、仮に一般的な注意義務違反（接触回避義務違反）が認められるとしても、スポーツの参加者は、一般にそのスポーツに伴う危険について承知しており、その危険の引き受けをしていると解されるから、当該スポーツ中の加害事故については、加害者の故意・重過失によって行われたり、危険防止のためのルールに重大な違反をして行われたりしたような特段の事情のある場合を除いて、違法性が阻却されるとし、本件競技は、競技者がスティックからリングが離れないように注意しながらできるだけまっすぐ進もうとするが、なかなかうまくいかないという点に醍醐味のあるものであるところ、互いに前方不注視だったために発生した不幸な事故であり、競技に内在する危険が発現したものであるから、被告に過失は認められないとして不法行為責任を否定した。

控訴審（東京高判平成30年7月19日〔判例番号359〕）は、本件競技の参加者は、競技中、他の競技者らとの衝突を避けるように配慮することが当然に求められていたというべきであって、スポーツ競技中であるからといって、自らの位置方向と付近の状況を可能な限り随時確認して、他の競技者との衝突を回避するように注意すべき一般的な注意義務が存在することを否定することはできないとし、本件では、いったん立ち止まる、あるいは速度を緩めるなどして周囲の状況を確認するなどの方法により、衝突を回避することが可能であったとして、被告の過失を認めた。そして、違法性阻却について、本件競技がスポーツの一類型であることからすると、そのルール・マナーに照らし社会的に許容される一定範囲内の行動は違法性が阻却されると解しうるものの、親睦目的で行われた本件競技の性質に照らすと、その範囲内となるのは、ごく軽度の危険や衝突にとどまるとし、本件では、頭部を地面に打ち付けた被害者が、脳震盪で意識が朦朧として動けなくなり、救急車で病院に搬送されたほどの勢いで衝突していることから、社会的に許容される範囲内のものではないとし、違法性阻却を否定した。

イ 登 山

(ア) 概 要

登山では、道迷い、滑落、転倒などによる遭難の危険の他、雪崩、落石等の自然現象による危険もある。警察庁による「平成30年における山岳遭難の概況」によれば、平成30年の山岳遭難は、3129人であり、そのうちの74.0%が登山者である。また、遭難者のうち、道迷いが37.9%、滑落が17.4%、転倒が15.0%である。登山者は、遭難等の事故にあわないよう、登山にあたっては、気象条件、体力、技術、経験等に照らして、適切な登山計画を立て、万全な装備をすることが必要である。また、登山中にも、装備を的確に使用する、自然条件や体調等を見極めた適切な判断をする等の行動も求められる。

登山には、山岳部や山岳会等の経験者同士の登山（自主登山)、指導者が未経験者等を引率する登山（引率登山）がある。

引率登山の場合は、引率者（指導者）の責任として問題になることが多い。競技者の責任が問題になるとすれば、もっぱら自主登山の場合であると考えられる。もっとも、自主登山は、十分な判断力を持つ人が自主的に登山に参加するものであり、基本的には、他のメンバーに注意義務違反が認められるというものではなく、仮に注意義務違反が認められうるとしても、危険を引き受けたものとして違法性が阻却されるものと考えられる。次の裁判例は、大学山岳部の登山について、リーダーの責任（注意義務違反）を否定している。

(イ) 裁判例の検討

大学山岳部の滑落事故で、「リーダー」の責任が問われた事案（名古屋高判平成15年3月12日〔判例番号219〕）では、「大学の課外活動としての登山において、これに参加する者は、その年齢に照らすと、通常、安全に登山をするために必要な体力及び判断力を有するものと認められるから、原則として、自らの責任において、ルートの危険性等を調査して計画を策定し、必要な装備の決定及び事前訓練の実施等をし、かつ、山行中も自ら危険を回避する措置を講じるべきものといわなければなら」ず、パーティーのリーダーは、「特定の箇所を通過するには特定の技術が必要であるのに、当該メンバーがその技術を習得していないなど、事故の発生が具体的に予見できる場合は格別、そうでなければ、原則として、山行の計画の策定、装備の決定、事前訓練の実施及び山行中の危険回避措置について、メンバーの安全を確保すべき法律上の注意義務を負うものではなく、例外的に、メンバーが初心者等であって、その自律的判断を期待することができないような者である場合に限って、上記の事柄についてメンバーの安全を確保すべき法律上の注意義務を負う」として、リーダーの責任を否定した。

上記裁判例によれば、大学山岳部の登山の場合には、基本的には自己責任ではあるものの、リーダーの立場にある者は、新入部員等の初心者等がいる場合には、その者の安全を確保する義務を負うこともあるということに注意が必要である。

ウ　乗　　馬

㈠　概　　要

乗馬は、接触・転倒の他、生き物である馬を扱うため、馬の制御の誤りによる落馬等の危険が内在する競技である。

競技者の馬の制御の誤り等によって、他の競技者や観客等の第三者に危害を及ぼす危険がある。

㈡　裁判例の検討

乗馬練習中に馬同士が衝突して落馬した事件（東京地判平成24年2月15日〔判例番号286〕）では、裁判所は、当該練習ライドにおいては、原則として、各人は、その位置関係を維持しつつ前の馬に後続して進行し、自己の前にいる馬を追い越すことはしないものとされていたところ、被告騎乗馬が原告騎乗馬の前に出たことにより原告騎乗馬が方向転換をしており、一般論としてはこれが落馬の原因である可能性も十分に考えられるとし、被告の騎乗方法には適切でない点があったと思われるとしつつ、本件においてはこれが原因で原告が落馬したと認めることができない（原告自身が、被告騎乗馬がどれほど接近したとしても、接触しない限り、原告は原告騎乗馬をコントロールして止めることができたとして、落馬の原因が被告騎乗馬が急接近したことにある可能性を強く否定していたため）として、不法行為責任を否定した。

エ　社交ダンス

㈠　概　　要

社交ダンスは、他の競技者とペアを組み、曲に合わせて踊る競技である。屋内の限られたスペースで、何組ものペアが踊ることが多く、各競技者が自己の踊りに集中するため、競技中や練習中に、他の競技者等と接触する等の危険がある。

競技者は、競技にあたり、競技のルールや練習を行う上でのルールに従う等、他の競技者等と衝突しないよう注意する義務を負う。

㈡　裁判例の検討

ダンスサークルの練習中に、曲が終了した後も踊り続けて後退してきた参加者に衝突されて転倒した他の参加者が受傷した事件（東京地判平成16年1月16日〔判例番号226〕）では、本件ダンスサークルでは、曲に合わせて複数のペアが同時に踊り、曲が終われば踊りを中止し、パートナーを交替することになっていたことから、ルールに従い、曲が終了したときには直ちに踊りを中止し、周囲にいる者との衝突を避ける注意義務を負っていたとして不法行為責任を認めた。

⑵　施設管理者の責任

ア　概　　要

陸上競技のハンマー投げの練習中の事故につき、営造物責任（国賠法2条1項）が問われ、練習場に瑕疵の存在が認められた事案がある。

いずれの事案も、練習場の防護ネット等による防護措置が不十分であったことを理由として営造物責任を肯定している。なお、後記**イ**㈡の事案においては、練習場の瑕疵のみならず、ハンマーそのものが「公の営造物」に該当するか否かも争点となっており、裁判例は、ハンマーも公の営造物にあたるとの判断を示している（ただし、ハンマーの設置又は管理に瑕疵があったとはいえないと判断している。）。

イ　裁判例の検討

㈠　浦和地判平成8年10月11日〔判例番号163〕

県立高校の校庭でのクラブ活動中、ハンマー投げの練習をしていた生徒が投てきしたハンマーが防護ネットに妨げられることなく事故地点まで飛び、同ハンマーが短距離離走練習の順番待ちをしていた生徒の頭部に直撃し、同生徒が死亡した事故につき、遺族が学校設置者である県に対し、国賠法2条1項に基づき、損害賠償請求した事案である。

本判決は、サークル内から投てきを開始した場合であっても、本件防護ネットでは妨げることができない方向にハンマーが飛ぶ事態を予測することができたはずであること、競技規則においても、本件防護施設のような設備だけでは不十分であるとして、その前方に移動パネルを取り付けると定められており、そのような方法で防護ネットの防止機能不足を補う方法も知られていたのに、これらの移動パネルないしこれに類似する防護施設を付加して設けていなかったことから、このような付加施設の設置を欠いた点で、本件練習場は、通常有すべき安全性を欠いたものと断ぜざるを得ないとして学校設置者である県の責任を認めた。

㈡　名古屋地判平成31年4月18日〔判例番号362〕

県立高校の部活動におけるハンマー投げの練習中、原告が次に投てきするために待機していたところ、投てき動作中の他の部員のハンマーが破断して、ハンマーのヘッド部分が原告の足にあたって傷害を負ったという事案である。

本件では、ハンマーそのものの瑕疵及び練習場の瑕疵の有無が争点となっている。

判決は、ハンマーも公の営造物に該当するとの判断をしたが、本件では、ハンマーの設置又は管理に瑕疵があったとはいえないと判断した。

しかし、練習場については、競技者の投てき方向に向かって右後方に出入口が設けられており、この部分に防護ネットがなかったことから、本件練習場は、ハンマー投げの練習場として通常有すべき安全性を欠いていたとして学校設置者である県の責任を認めた。

ウ　予防策・対応策

ハンマー投げ競技は、前記**イ**(ア)の裁判例が指摘するように、一定重量のある金属を飛ばす競技であり、これが他人に衝突するときは、生死に係わるような重大な結果が生じる危険性があることから、練習する場所の設置、管理に当たる者には、衝突事故の防止、安全の確保に、細心の配慮が要求されるといえよう。特に、競技規則上に安全配慮に関する定めがあるのであればそれに則った措置を講じておく必要がある。防護措置がとられていない方向にハンマーが飛び出す可能性があり、それが予見できたにも関わらず、その箇所に防護措置がとられていない場合には施設の責任が肯定されることになるので、施設側としては、ハンマーが本来の投てき範囲内以外に飛び出す可能性があり、その結果、人的物的被害が生じる可能性のある範囲についてはネットを張るなどして万全の防護措置をとる必要がある。

(3)　主催者の責任

ア　概　　要

その他のスポーツについては、スポーツごとに内在する危険性等が異なるため、各スポーツの特性に応じた安全配慮義務が求められていることから、個別の裁判例に当たる必要がある。以下、トライアスロン、陸上競技について、紹介する。

イ　裁判例の検討

(ア)　トライアスロン

トライアスロンにおける水泳競技において競技者が溺れ、後日死亡した事故について、主催者に対する債務不履行又は不法行為に基づく損害賠償を求めた事案において、「参加者を募集した競技会主催者がこれに応募した者に参加を承認した場合、特段の事情がないかぎり、主催者と参加者の間には、競技会の実施に関する契約が成立」し、「主催者は、その競技が危険を伴うものである場合には、参加者が安全に競技できるように配慮し、救助を要する事態が発生した場合には直ちに救助すべき義務を負う」とし、「監視態勢については不十分であったとしながらも、具体的にはこれによって救助が遅れたとはいえないから、結果との間に因果関係がない」（判例タイムズ解説より）として、請求を棄却した（大阪高判平成3年10月16日〔判例番号114〕）。

(イ) 陸　上

国立競技場トレーニングセンターの会員が、競技場ランプ下走路の各コースを横切ろうとしたところ、同コースを利用してスタートダッシュをしていたナイター陸上参加者と衝突し、重傷を負ったことから、ナイター陸上を主催していた陸上競技連盟に対し、不法行為に基づく損害賠償請求をした事案において、「主催者として事故当日専用使用していたランプ下走路を含む競技場施設内において競技運営上事故が発生しないよう選手役員等の競技関係者や観客等に対してその安全配慮をすべき義務があった」とするものの、主催者が行っていた措置は注意義務を尽くすには十分なものであったなどとし、原告の請求を棄却した（東京地判昭和63年4月25日〔判例番号93〕）。

ウ　予防策・対応策

いずれの裁判例においても、個々のスポーツに内包される危険性に着目し、主催者における安全配慮義務違反について検討をしている。主催者としては、個々のスポーツに応じた安全配慮義務を考え実施することが必要である。

また、上記トライアスロンの裁判例のように、今回、調査した裁判例においては、安全配慮義務違反はあるものの、結果との因果関係がないとして、主催者責任が認められない事例が多数あった。しかし、主催者が想定し得る事故に応じた安全配慮義務を果たすことは当然のことであることから、過去の裁判例で求められていた安全配慮義務の内容・水準を念頭に置いた運営が求められるものと思われる。

(4) 過失相殺

以下、本分野において過失相殺が争点となった裁判例を紹介する。

ア　体　　操

(ア)　競技や試技の危険性を認識し自己の技量以上の試技をして事故が発生した場合や指導者等の指示や補助がないまま試技をして事故が発生した場合などは、被害者にも過失が認められることが多い。つり輪から２回転宙返りの着地に失敗して受傷した高校の体操部員について７割の過失相殺をした裁判例（山形地判昭和52年３月30日〔判例番号34〕）、鉄棒のトカチェフの練習中に落下して受傷した中学生について過失相殺の場合に準じて損害額を２割減殺した裁判例（東京地判平成３年10月18日判時1406号51頁）、トランポリンの練習中に前方抱え込み２回宙返りに失敗して受傷した高校の体操部員について４割の過失相殺をした裁判例（東京高判平成７年２月28日〔判例番号149〕、なお、原審の浦和地判平成３年12月13日〔判例番号115〕は６割の過失相殺）、マット運動の練習中に前方宙返りに失敗して受傷した高校の体操部員について75％の過失相殺をした裁判例（鹿児島地判平成９年１月27日〔判例番号167〕）、跳馬の練習中に前方抱え込み宙返りに失敗して受傷した高校の体操部員について４割の過失相殺をした裁判例（横浜地判平成９年３月31日〔判例番号170〕）、新体操部の部活動紹介の際、転回運動に失敗して受傷した高校の部員について５割の過失相殺をした裁判例（福岡地小倉支判平成17年６月28日〔判例番号242〕）などがある。

(イ)　他方、高校の体操部員が平行棒の練習中に前頭部を強打し受傷した事案について、高難度の試技を習得する過程においては失敗を繰り返し、それに伴う危険性も当然想定されることから、試技が危険を伴うものであり、当該生徒がそのことを認識していたからといって、そのことを理由に過失相殺すべきではないと判断した裁判例もある（大阪地判平成22年９月３日〔判例番号272〕）。

イ　陸　　上

(ア)　高校の校庭で、陸上部員が投げたハンマーが、守備練習をしていた野球部員にあたり死亡した事案において、被害者もハンマー投げの練習が行われていることを知っており教諭から立ち入らぬよう注意喚起されていたこと、捕球のため被害者が本来の守備位置から離れた場所に立ち入ったこと等から、3割の過失相殺をした（大阪地判昭和50年9月26日〔判例番号30〕）。

(イ)　高校の陸上部員が練習の順番待ちをしていたところ、ハンマー投げの練習をしていた部員が投げたハンマーが頭部に当たり死亡した事案において、順番待ちをしていた地点等を考慮しても、被害者に過失はないと判断された（浦和地判平成8年10月11日〔判例番号163〕）。

(ウ)　高校陸上部のやり投げ練習中に、他の部員が投げたやりが、被害者である部員の頭部に当たった事案において、顧問教諭による空中へのやり投げ練習中止の指示に反して先に被害者がやりを投げたこと、他の部員がやりを投げる構えに入っていたのに被害者はまだ投げないであろう等と判断し、他の部員の動静を注視することなく、先に投げた自分のやりを取りに行ったこと等から、6割の過失相殺をした（神戸地判平成14年10月8日〔判例番号215〕）。

(エ)　中学校の陸上部員が、練習中に担当教諭の指示でスタート合図用の信号機を打ち続け、難聴等の傷害を負った事案において、被害者が本件信号機を使用したことが初めてだったこと、被害者が耳栓の使用について確認したところ、担当教諭がしなくてよい旨を答えたこと、途中で被害者が耳の不調を訴えたにもかかわらず、そのまま信号機を打つことを担当教諭が指示したこと等からすると、被害者に過失は認められないと判断した（東京地八王子支判平成15年9月30日〔判例番号223〕）。

ウ　学校内の器具・遊具等

(ア)　小学5年の児童（当時10歳9か月）が、雲梯の上に登り飛行機とびを試みて着地したところ、雲梯が倒れ、頭部に当たり死亡した事案において、事故以前に教諭から全生徒に対し雲梯の正しい使用法について指導等がされていたこと、事故以前にも被害者が雲梯の上に登ったことを級友や教諭から注意されていたこと、事故時も級友からの中止の進言を被害者が退けたこと等の事情から、5割の過失相殺をした（京都地判昭和47年11月30日判時704号77頁）。

(イ) 小学校の運動会において生徒が校庭内の席に座って応援していたところ、上級生が振った応援旗が目に当たり負傷した事案において、被害者は担任教諭から最後列に着席して移動しないよう指示・指導されていたにもかかわらず最前列に出たこと、応援旗に接触しないよう回避動作をとることが容易に期待できる状況であったこと等から、3割の過失相殺をした（水戸地下妻支判昭和60年2月6日判例自治11号76頁）。

(ウ) 中学校の体育の授業中に、生徒が跳び箱の前方倒立回転跳びに失敗して受傷した事案において、事故は、講師が未熟で運動能力の劣る被害者に十分な個別的、段階的指導も補助もしないまま試技を指示して実行させたことによって生じたもので、被害者が特に危険又は異常な跳び方をしたわけでもないため、被害者に過失はないと判断した（静岡地富士支判平成2年3月6日〔判例番号103〕）。

(エ) 高校の体育大会のために8段の人間ピラミッドを練習していたところ、ピラミッドが崩れ生徒が負傷した事案において、最下段にいた被害者の体勢が事故の一因であったという証拠はないこと等から、被害者に過失はないと判断した（福岡高判平成6年12月22日〔判例番号146〕）。

(オ) 高校の体育の授業中、16歳の生徒がマット上での連続後転跳びに失敗して受傷した事案において、生徒は技の難易度及び危険性が高いこと並びにマットが連続跳びを練習するには不向きであることを認識していたこと、教諭から指示された練習種目ではないにもかかわらず生徒が教諭への報告やその指示等を仰ぐこともしなかったこと等を理由に4割の過失相殺をした（札幌地判平成13年5月25日〔判例番号203〕）。

(カ) 高校の卒業生が、校庭に立ち入り、鉄棒を使用したところ、鉄棒の支柱が折れ、同人が負傷した事案において、許可なく校庭に立ち入った等の事情から、7割の過失相殺をした（鹿児島地判平成15

年3月11日裁判所ウェブサイト）。

(キ)　運動会のための組体操の練習中に小学生が負傷した事案において、事故発生時に行われていた組体操の技は、教諭も教則本で見たことがなく、広く一般に小学生の組体操で採用され、安全性が承認されたり、留意点が認識されているものではなかったこと、教諭が生徒に対し事故を回避するための具体的な指示をしていなかったこと等から、被害者に過失はないと判断した（東京地判平成18年8月1日判時1969号75頁）。

(ク)　小学校の体育の授業において4段ピラミッドの最上位から落下した生徒が受傷した事案において、生徒が故意に指示に違反した等の特段の事情はないため、被害者に過失はないと判断した（名古屋地判平成21年12月25日〔判例番号271〕）。

(ケ)　高校生が組体操の練習中に肩車から落下し負傷した事案において、本件落下事故は被害者が意図的に体を反らしたことによって発生したものであるとして、7割の過失相殺をした（福岡地小倉支判平成23年4月26日判例秘書L06650218）。

(コ)　町民が、町立中学校校庭の鉄棒で前回りをしようとした際、鉄棒が支柱から外れ落下して負傷した事案において、町が校庭に立ち入ることを禁止又は制限していなかったこと、町民が校庭に立ち入り鉄棒を使うことは危険であるから差し控えるべきだとはいえないこと、被害者において鉄棒が落下する危険性を察知できる状況になかったこと等から、被害者に過失はないと判断した（札幌地判平成23年7月27日判時2141号96頁）。

エ　スポーツジム

スポーツクラブのレッスン中に、受講生がインストラクターに手首をつかまれスタジオ外に退出させられた際に受傷した事案において、受講生には集団行動が要請されるクラスレッスンの円滑な進行を妨げたという点で一定の帰責性があるため、3割の過失相殺をした（東京地判平成18年10月26日判例秘書L06134310）。

Section

Ⅱ 学校における事故

1 はじめに

ここでは、学校の責任として、学校の授業や部活、運動会等における指導者や校長等の責任について論じる。学校の責任においては、被害者が未成年者等の学生であって、判断能力が成人と比べて低いこと等から、学校側には、被害者と対等な立場ではなく、ある意味後見的な立場から、被害者が事故によって負傷しないように注意すべき義務が認められる傾向がある点に特徴がある。

2 授業における事故と指導者等の責任

(1) 指導者の責任

ア 概　要

裁判例においては、体育の授業を担当する教師の注意義務が問題となっている。実施競技は多岐に及ぶが、柔道やラグビー等の身体的接触を伴う競技、水泳等の場所的環境が危険である競技についての裁判例が多い。裁判例の中で検討された具体的な注意義務の内容としては、①授業内容を計画・実施したこと自体の過失、②授業における事前指導を行う義務、段階的に事前練習を生徒にさせる義務、③事故防止に必要な監視をすべき義務、④事故発生後の結果防止義務等がある。これらの注意義務違反の存否についての判断は、ⅰ当該スポーツ・行事の性質・危険性、ⅱ生徒の年齢・判断能力・経験・体調等、ⅲ事故発生の蓋然性や予測可能性、ⅳ結果回避の可能性等を考慮要素として総合的に判断がされている（福岡地小倉支判平成４年４月21日〔判例番号119〕参照）。

また、裁判例の中では注意義務の内容の検討において、学習指導要領に言及したものも存在する（静岡地富士支判平成２年３月６日〔判例番号103〕）。この裁判例は、文部省の中学校学習指導要領が、器械運動の跳び箱運動の内容について、「跳び方を工夫した跳び箱運動を自己の技能に適した課題をもって行い、調子よくできるようにする。」と定め、右事項については、体操その他の体育種目と同様、「学年や技能の程度に応じて内容を工夫して指導するものとする。」と定められていることや、文部省作成の中学校指導書において「器械運動は『できる』、『できない』の個人差がはっきりした運動であるので、自己の努力すべき具体的な目標をしっかりもち互いに協力して計画的に練習できるようにすることが大切である。」と記載されていることを理由として、生徒個人の力量等に応じて段階的に練習をさせなければならない注意義務を認定した。

また、高等学校学習指導要領では、運動種目としてサッカー又はラグビーのいずれかを選択すべきものとされていることを一つの理由として、ラグビーを体育の授業で実施したこと自体の管理者責任を否定した裁判例がある（長崎地判昭和58年1月21日〔判例番号59〕）。

イ　裁判例の検討

㈠　静岡地富士支判平成2年3月6日〔判例番号103〕

本件は、中学校の体育授業において、被害生徒が、跳び箱運動による跳び箱跳び越しの際、誤って頭頂部付近を跳び箱上部に衝突させ、跳び箱上から転落して負傷した事例である。跳び箱の前方倒立回転跳びは、恐怖心や心理的不安感を生じやすく、高い危険性を内包している種目であるから、その指導にあたる教師としては、生徒各自の能力に応じ、個別的に、かつ、安全を確かめながら、台上からの倒立回転跳び、はねあげなど段階的な練習、指導を充分すべきであるとともに技能に劣る生徒に対しては自ら又は他の生徒を指導して補助すべきものであるとして、これを怠った指導者の注意義務違反を認めた。このように、判決は競技内容の危険性を認定し、注意義務の内容及び程度を認定している。

㈡　松山地西条支判昭和40年4月21日〔判例番号4〕

本件は、小学生の水泳の授業中の事故における指導教諭の注意義務違反を認定した事例である。この事例では、使用するプールが深い部分と浅い部分に分かれている形状であったという点に特徴がある。判決は、このような性状のプールにおいて、注意力に乏しくまた泳げない者もある児童多数を対象に水泳練習を実施するにあたっては、その指導監督に携わる者は、児童にプールの性状を認識させ注意を促すと共に、万一の事態に備えて常にプール内の動勢に注目し、事故の発生を防止すべき注意義務を負うことは多言を要しないとした上で、指導小学校教師は同注意義務を怠ったと認定した。このように、裁判例では、被害者が注意力に乏しい児童である点やプールの形状の危険性を考慮し、注意義務の内容や程度を認定している。

(ウ)　千葉地判平成11年12月6日〔判例番号195〕

本件は、小学校の水泳授業中に生徒が他の生徒と衝突して受傷し、その後脳ヘルニアで死亡した事例である。事故発生後の指導教諭の結果防止義務について、被害生徒は自分で立ち上がれない状態であり、事故後左上下肢に麻痺があったにもかかわらずその把握を怠り、最終的に上記情報を医師等に伝達しなかった点をとらえて、「被害生徒の状態を十分な注意力をもって把握するよう努め、必要な情報を的確に伝達して適切な対応を取るべき注意義務」を怠った点に過失があったと判断した。

(2)　校長等の責任

ア　概　　要

校長等の管理者の安全配慮義務としては、①授業内容の計画策定それ自体を問題とするもの、②競技場の安全配慮、③事前の健康確認体制構築義務、④指導者の監視体制・看護体制の不備を問題とするもの等がある。安全配慮義務違反の存否の判断における考慮事情としては、上記指導者の責任の場合と同じである。考慮事情の中でも、特に被害生徒の年齢・判断能力を重視している（千葉地判昭和55年6月25日〔判例番号46〕）。

イ　裁判例の検討

千葉地判昭和55年6月25日〔判例番号46〕は、教師不在の状況で開始された体育のサッカーの授業中、見学していた高校生である被害生徒らが相撲をとり始め、これにより被害生徒が負傷した事例である。教師不在のまま授業が開始された点が問題となったが、判決は、被害生徒らが高校生であることを考慮し、高校3年生ともなれば、担当体育教師の監督等を受けなくても、その体育授業を受けるべき態度をどのようにすべきか十分知悉しているというべきであるとして、私立学校法人及び校長の管理者責任を否定した。

⑶　予防策・対応策

予防策・対応策としては、被害者の属性や実施競技の危険性等を考慮し、適切な授業内容を計画・実施すること、授業における事前指導を行うこと、段階的に事前練習を生徒にさせること、事故防止に必要な監視をすること、事故発生後の結果防止義務を履行することが考えられる。なお、文部科学省ホームページ「学校における体育活動中の事故防止について」も参照。

3　運動会等における事故と指導者等の責任

⑴　指導者の責任

ア　概　　要

運動会等における指導者の責任としては、運動会等（その練習を含む）を担当する教師や運動会等の実施中に生徒を監視等する教師の注意義務が問題となっている。ここでいう「運動会等」には、運動会や体育祭だけではなく、マラソン大会や臨海学校等の1年間に1回程度しか実施されていないような学校行事も含むものとする。裁判例の中で検討された具体的な注意義務の内容としては、①運動会等で実施する競技やそのルールを計画・実施したこと自体の過失、②運動会等で実施する競技に関して事前指導をする義務、段階的に事前練習を生徒にさせる義務、③事故防止に必要な監視をすべき義務、④事故発生後の結果防止義務等がある。これらの注意義務違反の存否についての判断は、ⅰ当該スポーツ・行事の性質・危険性、ⅱ生徒の年齢・判断能力・経験・体調等、ⅲ事故発生の蓋然性や予測可能性、iv結果回避の可能性等を考慮要素として総合的に判断がされている。

また、裁判例においては、運動会等で実施する競技が、日常的な教育活動ではなく、生徒らがその動作に慣れていない点を考慮するものがある。この点、福岡地判平成11年9月2日〔判例番号194〕は、「校内学校行事の一つである運動会は、校外で行われる行事と異なり、生徒が日頃慣れ親しんだ場所で行われるものであるが、日常的な教育活動と違って一時的要素の強いものであり、危険に対する対応能力が生徒に十分に備わっているとはいえないから、被告には、履行補助者である担当教諭を通じて、十分な計画策定、適切な指示・注意、事故が発生した場合の対応策等危険を防止し、生徒の安全を確保するための措置を講じるべき義務が課されているということができる」とした。

また、裁判例の中では注意義務の内容の検討において、学習指導要領に言及したものも存在する。前述した〔判例番号194〕は、競技等を計画・実施したこと自体の過失に関しては、「高等学校学習指導要領においては、特別活動の指導計画の策定にあたっては、学校の創意を生かすとともに、生徒の発達段階や特性を考慮し、教師の適切な指導の下に、生徒自身による実践的な活動を助長することが要請されている」ことを考慮事情の一つとして、同過失を否定した。

イ　裁判例の検討

福岡地判平成27年3月3日〔判例番号318〕は、高校の生徒が体育祭の騎馬戦で騎手をして地面に転落し負傷した事例である。判決は、「本件騎馬戦は、本件敗北条件のために騎手の落馬や騎馬の崩落といった事態が発生する蓋然性が極めて高度であったにもかかわらず、実際に落下する生徒の側において騎馬戦におけるこのような事態に対処する経験をさほど積んでいないという性質の競技であった」として、①生徒に対し、騎馬戦の危険性及び安全確保の手段を指導する義務、②生徒に十分な事前練習、とりわけ落下時の危険回避行動の練習をさせる義務、③本件騎馬戦の審判員を務める教員に対し、危険防止措置をとって生徒の負傷を防止できるよう指導、訓練する義務、④審判員を危険防止措置がとれるよう配置し、また生徒に受傷の危険が発生した場合には審判員をして危険防止措置をとらせる義務があり、これを怠った点に過失があったと判断した。

⑵　校長等の責任

ア　概　　要

運動会等における校長等の管理者の安全配慮義務としては、①運動会等で実施する競技の計画策定やそのルール策定それ自体を問題とするもの（高校の体育の授業として8段ピラミッドの練習計画を策定実施したことに安全配慮義務違反があると認定した福岡高判平成6年12月22日〔判例番号146〕）、②事前の健康確認体制構築義務（静岡地富士支判昭和63年10月4日〔判例番号95〕）、③その監視体制・看護体制の不備を問題とするもの（臨海学校中の児童の遠泳においてこれを常時監視すべき体制を構築しなかったことが安全配慮義務違反にあたるとした広島地福山支判平成28年6月22日〔判例番号331〕）等がある。安全配慮義務違反の存否の判断における考慮事情は、上記指導者の責任の場合と同じである。考慮事情の中でも、特に、被害生徒の年齢・判断能力を重視している（富山地判昭和49年3月29日〔判例番号24〕）。

イ　裁判例の検討

㈠　福岡高判平成6年12月22日〔判例番号146〕

本件は、高校の体育の授業として8段の人間ピラミッドを練習中、六段目が上がりかけたところでピラミッドが崩落し、最下段中央部の生徒が下敷きとなった事例であり、8段ピラミッドの実施を計画したこと自体の注意義務違反が問われたものである。判決は人間ピラミッドの危険性を詳細に認定した上で、「8段のピラミッドを体育大会の種目として採用するに当たっては、参加生徒の資質、習熟度、過去の実績等について慎重な検討を必要とするものというべきである。しかるに、高校においては、前記認定のとおり、これまで8段のピラミッドを成功させたことは一度もなく、前年の平成元年度の体育大会において7段を二度も失敗していたにもかかわらず、指導に当たる体育コース担任の教諭らは、被害者をはじめとする生徒らの希望をそのまま受け入れ、平成2年度においては7段を飛びこして一挙に8段ピラミッドを実施することとし、学校長も指導教諭らの意見に何ら疑問を呈することなくそのまま承認したものである。しかもその際、指導教諭らにおいて、前年度の失敗の原因を分析研究し、その上での反省を踏まえたり、他の学校での実施例、成功例を調査するなどして、8段ピラミッドの構築に伴う崩落による事故発生について何らかの有効な事故防止対策を講じた形跡は全くないまま、目標段以外は前年度と殆ど変わらない練習計画をそのまま策定実施したものであって、高校の体育コース担任の指導教諭ら及び学校長には先ず第一に杜撰で無理な練習計画を安易かつ漫然と策定実施した過失があり、その結果本件事故が発生するに至ったとの非難を免れないのである。」とした。このように、実施する競技の危険性や事前準備の不十分さによっては、競技等を計画・実施したこと自体の過失を認める裁判例もある。

(イ) 静岡地富士支判昭和63年10月4日〔判例番号95〕

本件は、全校生徒によるマラソン大会において、高校3年生の男子生徒が走行中に倒れ、心不全で亡くなった事例である。この事例は、監視員の死角に入る場所で被害生徒が倒れ、その発見が遅れたという特徴がある。判決では、校長等には「本件マラソン大会に参加する生徒の生命、身体等に危険を生じないよう万全の態勢をとる義務」があることを前提として、①競技前の生徒の健康確認義務、②看護・救助体制構築義務、③看視体制構築義務の3つの安全配慮義務違反の存否を問題とした。健康確認義務について、この学校では生徒による自主申告制をとっていたものであるが、「高校生には自己の体調について適切な自主申告をすることを期待することができる」として、健康確認義務を怠った点はないとした。次に、看護・救助体制であるが、医師の待機をさせる義務まではないとして同義務違反も否定した。もっとも、看視体制構築義務については、「本件マラソン大会の規模、コース、実施方法等に照らせば、生徒の転倒事故や体調変化による落伍者の発生することのあることが十分に予想しえたものであるから、各所に看視のため配置された教職員としては、単に配置場所付近から生徒の走行状態を見届けるにとどまらず、適宜移動して、被害生徒の転倒場所のように配置場所付近からは見えないマラソンコース上の場所についても転倒者、落伍者の有無を調査、確認すべきであるのにこれをしなかった」として、同義務違反を肯定した。

㈔ 富山地判昭和49年3月29日〔判例番号24〕

本件は、大学生である被害生徒が、大学が実施した臨海水泳実習に参加し、水泳実習中に死亡した事件につき、大学側の監視体制上の責任が問われた事例である。判決は、比較的危険度の少ない浅瀬における実習であり、学生自身が成人であるためその自主性を尊重し、教官と協力し互に監視し合う体制をとる等して危険防止措置をとっていたものであるから、監視体制が実効のないものとはいえないとして同責任を否定した。このように裁判例は、被害生徒の年齢や判断能力を考慮して注意義務の内容及び程度を認定している。

⑶ 予防策・対応策

被害生徒の年齢や実施競技の危険性等を考慮して、運動会等で実施する競技やそのルールの計画等が適切かどうか、運動会等で実施する競技に関して事前指導をきちんと行っているか、段階的に事前練習を生徒にさせているか、事故防止に必要な監視をする体制になっているか、事故発生後の結果防止義務を怠っていないかを検討する必要がある。また、実施競技の危険性においては、日常的に行うことのない慣れない動作である点が競技の危険性を高めるかを検討する必要がある。なお、文部科学省ホームページ「学校における体育活動中の事故防止について」も参照。

4 部活における事故と指導者等の責任

(1) 指導者の責任

ア 概　　要

(ア) 部活動の位置付け

従前、部活動は、教育課程外の任意の活動（課外活動）であり、学習指導要領上、学校教育において正規の教育活動の一部と位置付けられている必修の「クラブ活動」とは異なった性格を有しているものとされていた。

しかしながら、現在は、部活動について「学校教育の一環として、教育課程との関連が図られるよう留意する」（学習指導要領総則編）べきであることを理由に、教育課程内の活動としての性格を帯びるに至り、法的にも教職員の職務内容の一つと位置付けられている。この点、判例は、部活動顧問は「生徒を指導監督し事故の発生を未然に防止すべき一般的な注意義務のあることを否定することはできない。」とする（最二小判昭和58年2月18日〔判例番号60〕）。

(イ) 注意義務の内容

判例は、部活動の指導教諭の注意義務として「危険から生徒を保護するために、常に安全面に十分な配慮をし、事故の発生を未然に防止すべき一般的な注意義務」があるとする（最一小判平成9年9月4日〔判例番号173〕）。

そして、部活動中の事故に関する顧問教諭の過失を判断するに当たっては、①部活動の性質・危険性の程度、②生徒の学年・年齢、③生徒の技能・体力、④教育指導水準等、様々な要素を考慮している（判タ955号127頁参照）。

(ウ) 部活動指導員について

平成29年4月1日から施行されている学校教育法施行規則の改正により、学校におけるスポーツ、文化、科学等に関する教育活動である部活動に係る技術的な指導に従事する「部活動指導員」が法令上の職種として規定された。これは、当該部活動の競技経験や専門知識のない教員が過度に部活動業務を負担していること等が社会問題となったことから、教員の「働き方改革」を推進する目的で制度化されたものである。

部活動指導員は、部活動において、校長の監督を受け、技術的な指導に従事するものであるところ、その職務は、実技指導、安全・障害予防に関する知識・技能の指導、学校外での活動（大会・練習試合等）の引率、用具・施設の点検・管理、生徒指導に係る対応、事故が発生した場合の現場対応等多岐にわたっている（平成29年3月14日付け28ス庁第704号「学校教育法施行規則の一部を改正する省令の施行について（通知）」参照）。部活動指導員は、当該部活動の指導経験や専門の技術・知識を有していることを前提としていることから、従来の部活動顧問や従来の外部指導者とは異なる高度な法的責任を負う可能性が高いと考えられる。

イ　裁判例の検討

㋐　最二小判昭和58年2月18日〔判例番号60〕

町立中学校の生徒が、放課後の体育館において、バレーボール部の練習の妨げとなるようなトランポリン遊びをしていたところ、バレーボール部員がトランポリン遊びを中止するよう注意したものの、これに反発したため、バレーボール部員に手拳で顔面を殴られ、左眼を失明したという事案である。

最高裁は、部活動であっても「それが学校の教育活動の一環として行われるものである以上、その実施について、顧問の教諭を始め学校側に、生徒を指導監督し事故の発生を未然に防止すべき一般的な注意義務のあることを否定することはできない。」としたうえで、顧問教諭の過失が成立するためには「トランポリンの使用をめぐる喧嘩が同教諭にとって予見可能であったことを必要とするものというべき」であるが、「従来からの…中学校における課外クラブ活動中の体育館の使用方法とその範囲」、「トランポリンの管理等につき生徒に対して実施されていた指導の内容」、「体育館の使用方法等についての過去における生徒間の対立、紛争の有無」、「生徒間において右対立、紛争の生じた場合に暴力に訴えることがないように教育、指導がされていたか否か」等を総合検討して判断すべきであるとして、原審に差し戻した。

(イ) 最一小判平成9年9月4日〔判例番号173〕

市立中学校1年生の生徒が柔道部の回し乱取り練習中に、2年生の生徒に大外刈りの技をかけられて転倒し、急性硬膜下血腫の傷害を負った事案である。

最高裁は、柔道指導者の注意義務について「技能を競い合う格闘技である柔道には、本来的に一定の危険が内在しているから、学校教育としての柔道の指導、特に、心身共に未発達な中学校の生徒に対する柔道の指導にあっては、その指導に当たる者は、柔道の試合又は練習によって生ずるおそれのある危険から生徒を保護するために、常に安全面に十分な配慮をし、事故の発生を未然に防止すべき一般的な注意義務を負うものである。」としたうえで、「大外刈りは、中学校の体育実技の1年次において学習することになっている基本的な投げ技であるが、確実に後ろ受け身をしないと後頭部を打つ危険があるから、大外刈りを含む技を自由にかけ合う乱取り練習に参加させるには、初心者に十分受け身を習得させる必要」があり、「一般に体力、技能の劣る中学生の初心者を回し乱取り練習に参加させるについては、特に慎重な配慮が求められるところであり、有段者から大外刈りなどの技をかけられても対応し得るだけの受け身を習得しているかどうかをよく見極めなければならない」とし、本件では被害生徒が回し乱取り練習に通常必要とされる受け身を習得し、同練習についてある程度の経験を重ねていること等の事実関係の下においては、顧問教諭において、被害生徒を回し乱取り練習に参加させたことに、指導上の過失があったということはできないとした。

(ウ) 最二小判平成18年3月13日〔判例番号246〕

私立高校のサッカー部に所属していた1年生の生徒が、サッカー部の試合中に落雷により負傷した事案である。

最高裁は、顧問教諭の注意義務について「生徒は担当教諭の指導監督に従って行動するのであるから、担当教諭は、できる限り生徒の安全にかかわる事故の危険性を具体的に予見し、その予見に基づいて当該事故の発生を未然に防止する措置を執り、クラブ活動中の生徒を保護すべき注意義務を負うものというべきである。」としたうえで、「運動広場の南西方向の上空には黒く固まった暗雲が立ち込め、雷鳴が聞こえ、雲の間で放電が起きるのが目撃されていた」という事情のもとでは「上記雷鳴が大きな音ではなかったとしても、同校サッカー部の引率者兼監督であった教論としては、上記時点ころまでには落雷事故発生の危険が迫っていることを具体的に予見することが可能であったというべきであり、また、予見すべき注意義務を怠ったものというべきである。」として、顧問教論の注意義務違反があるとした。

(2) 校長等の責任

ア 概　　要

裁判例の中には、校長等の注意義務の内容について、指導者の注意義務と並列に解するもの（後述の〔判例番号9、41、94〕）と指導者とは異なる独自の注意義務を認めるもの（後述の〔判例番号267、34〕）が見られる。

なお、責任の根拠は国公立学校か私立学校かにより次のように分類させる。

(ア) 国公立学校

国賠法1条1項の「公権力の行使」には、公立学校における教師の教育活動も含まれることから（最二小判昭和62年2月6日集民150号75頁、判時1232号100頁、判タ638号137頁)、国賠法1条1項の適用の問題となる。なお、公務員である校長等個人も民法709条に基づく損害賠償責任を負うかについて、判例は一般にこれを否定している。

(イ) 私立学校

校長は、学校設置者である学校法人の代理監督者（民法715条2項）による損害賠償責任を負うことがある。

イ 裁判例の検討

(ア) 国公立学校

a　熊本地判昭和45年7月20日〔判例番号9〕

市立中学校の柔道部に所属していた中学1年生の生徒が背負い投げで

投げられた際、道場畳に前頭部左側を強打し、脳内出血、脳軟化症の傷害を負った事案である。

裁判所は、「公立中学校の校長ないし教員が中学校における教育活動につき生徒を保護監督すべき義務があることは、学校教育法上明らかであり、…柔道クラブ活動を企画、実施するに際しては、柔道練習に内在する危険性に鑑み、校長、クラブ指導担当教師が職務上当然生徒の生命、身体の安全について万全を期すべき注意義務が存することはいうまでもな」く、「被告Y2が校長として被告Y3を監督すべき義務を負うことは明らかであり、前記のような被告Y3の本件柔道練習についての指導監督について適切な指導助言をしたことの認められない本件においては、その注意義務を怠ったものであるというのほかはない。」として、国賠法1条1項により市の賠償責任を認めた。

b　鳥取地判昭和54年3月29日〔判例番号41〕

県立高校の柔道部に所属していた高校2年生の生徒が合宿練習中に頸椎脱臼、脊髄損傷等の傷害を負った事案である。

裁判所は、「公立高校の校長ないし教員が、校内における教育活動につき生徒を保護すべき義務があることは明らかであり、…柔道部の活動としてなされる本件合宿を計画、実施するにあたっては、校長及び指導教師が、その職務上、参加部員の健康管理及び事故防止について万全を期すべき注意義務を負うことはいうまでもない。」として、校長の注意義務の内容について判断した後、「しかし、…本件の如き柔道競技は、相手方との間での一連の攻撃、防禦の動作を内容とし、したがってそれに付随して諸種の身体的事故が発生しやすいものであり、その意味で本質的に一定の危険性を内在していると解されるから、右にいう注意義務の存否を判断するにあたっても、不可能を強いることとなってはならず、自らそこに相応の限界が存すると言わざるを得ない。」として、本件における事情のもとでの校長の責任を否定した。

c　大阪高判昭和63年5月27日〔判例番号94〕

府立高校山岳部員が部活動としての登山中に死亡した事案である。

裁判所は、「亡Aが入部した昭和58年5月から本件山行までに16回にわたり山岳部の課外活動として登山が実施され、…亡Ａもその内５回に参加しており、…いずれの時もOBや上級生が参加していて、同人らから指導を受けていたこと、及び山岳部では毎週１回はミーティングが開かれ、部員や時には参加した顧問から登山に必要な知識や技術についての話などがなされていたことが認められるのであり、部員が高校生であり、同校山岳部が前記のように同部OBと緊密な関係があってその指導を受けうる体制にあったことや登山の知識、技術は現実の山行により習得して行く面が多いことなどを考慮すると、学校長及びＢ教諭において右認定のような指導以外に特に具体的な指導を行っていないとしても、この点をとらえて指導監督義務を怠ったものと評価するのは相当ではない。」等と判示し、校長らの責任を否定した。

d　福島地郡山支判平成21年3月27日〔判例番号265〕

公立中学校の柔道部で、練習中に中学１年生の女子生徒が男子生徒から投げられ負傷して後遺障害を負った事案である。

裁判所は、「Ｃ（教諭、柔道部顧問）及びＤ（講師、柔道部副顧問）が上記アのとおり、生徒に対する安全配慮を怠ったまま、本件柔道部の指導を行っていたことを放置したＢ（校長）ら本件中学校の管理職らに監督過失があることも明らかである。」と判示し、校長らの責任を認めた。

(イ)　私立学校

a　山形地判昭和52年3月30日〔判例番号34〕

私立高校の体操部で、高校１年生の部員が体操競技のつり輪運動の練習中、つり輪から２回転宙返り降りを試みた際、これに失敗し、床面に敷かれたセーフティマット上に頭部から落下し、頸椎脱臼の傷害を負った事案である。

裁判所は、「本件事故当時、亡Ａは被告Y1の経営する学校事業の一部門である高校の校長として、同被告から右学校運営に関して包括的に教職員に対する指導、監督権を委ねられていたことは当事者間に争いがなく、〔証拠略〕によれば、亡Ａは、…各クラブの指導担当者の監督指導を行っていたことが認められ、右認定に反する証拠はない。そうすると、亡Ａは本件体操部クラブ活動の運営につき使用者たる被告Y1に代って右Bを選任、監督すべき地位にあり、又現実にこれらを行っていたものというべきであるから、民法715条2項にいわゆる使用者に代って事業を監督する者に該当するものというべく、Bの前記不法行為について亡Aが前記三の項に認定したとおりBの体操部指導教師としての生徒の生命、身体の安全を確保すべき職務の指導監督に相当の注意をしていたことはこれを肯認できないから、亡Aはいわゆる代理監督者としての責任を負わなければならない。」と判示し、校長に民法715条2項の代理監督者責任を認めた。

⑶ 予防策・対応策

ア 指導者の予防策・対応策

最高裁は、落雷事故のように、天災と位置付けられており比較的予見が難しい事故であっても、簡単には指導教諭の予見可能性を否定しないという立場をとっていると考えられる。このことは、指導教諭の中には当該部活動の経験や専門的な知識、技能を有していなくても部活動顧問を強制的に担当させられているという実態が存することを踏まえると、指導教諭に過度の要求を課しているといえなくもない。そのため、指導教諭としては、より慎重な判断や確実な回避措置が求められているといえよう。

イ 校長等の予防策・対応策

紹介した裁判例はいずれも事例判断ではあるが、校長は専権事項として校務掌理権を有し（学校教育法37条4項)、同権利には広い裁量が認められていることから、校長の裁量に基づく事実認識や判断過程に著しく不合理な点があり、その裁量を逸脱濫用する場合には違法となると考えられる。そのため、校長は、部活動顧問には当該部活動の種目の経験や専門知識を有した教諭をあてる等の対応が求められる。

5 運動中・部活中の熱中症と指導者等の責任

(1) 指導者の責任

ア 概　要

裁判例は､熱中症における顧問等指導者の注意義務について､部員（生徒）が熱中症に罹患しないように防止すべき注意義務、及び熱中症に罹患した場合には、応急処置を行う、救急車を要請するなど適切な措置をとるべき義務とする。

一方、裁判例は、「何らかの疾病・事故の生ずることを予見することが可能であるような特段の事情のある場合は格別、そうでない限り、部員らの練習の模様を逐一監視することまで要求されない」（盛岡地判昭和60年2月21日〔判例番号72〕）と判示する。

したがって、顧問等指導者は、部活動を逐一監視する義務まではないが、部員（生徒）の健康状態に留意し、運動中、部員（生徒）に何らかの異常を発見した場合、速やかに適切な措置をとるべき義務が課されているといえよう。

顧問等指導者が熱中症を予防する注意義務を履行したか否かについての基準としては、具体的な考慮要素を挙げる裁判例もある。例えば、名古屋地一宮支判平成19年9月26日〔判例番号255〕は、「(1)部活動が行われた環境、(2)暑熱馴化の有無、(3)練習内容、(4)休憩、給水の頻度や有無、(5)部活動顧問が認識し得た生徒の体力差、肥満であったか否かを含めた体格差、性格等の生徒の特性等を総合考慮して判断すべき」と判示する。

また、近時の裁判例では、文部科学省や現・独立行政法人日本スポーツ振興センター（旧・日本体育・学校健康センター）等発行のマニュアルやガイドブック、パンフレット等を注意義務の設定基準とするものが多い（前掲名古屋地一宮支判〔判例番号255〕、大分地判平成28年12月22日〔判例番号337〕、福岡高判平成18年12月14日〔判例番号253〕、大阪高判平成28年12月22日〔判例番号338〕等）。高松高判平成27年5月29日〔判例番号322〕も、環境省や日本スポーツ振興センターのホームページやパンフレットに熱中症予防運動指針が記載されており、同指針が合理的なものであることを理由に、同指針に従って注意義務を履行したか否かを判断すべきである旨判示する。

イ　裁判例の検討

㈠　名古屋地一宮支判平成19年9月26日〔判例番号255〕

市立中学のハンドボール部の２年生で、肥満体型の男子生徒が、夏期練習中に熱中症に罹り、死亡した事案である。

文部科学省作成のリーフレットの熱中症予防のための運動指針も、乾球温31℃以上の場合には激しい運動や持久走など熱負荷の大きい運動は避けるとの指針が示されているところ、本件では熱負荷の大きい運動を部員にさせたことが認められること、梅雨明けの７月下旬の午前中に、熱負荷の大きい激しい運動を主とする練習メニューを行うについて、暑熱馴化が十分できていたとは認め難いこと、肥満に配慮した予防措置を講じた事実が認められないこと等から、指導教諭等の過失を認めた。

㈡　大分地判平成28年12月22日〔判例番号337〕

剣道部の生徒が練習中に熱射病で倒れ、救急搬送されたが死亡した事案である。本裁判例は、生徒の両親が県及び市に対して損害賠償を求めた前訴で、請求が一部認容され、県が認容額の半額を供託したことから、生徒の両親が県の住民として、知事に対し、指導教諭らに対する求償権の行使を怠る事実が違法であることの確認、及び指導教諭らに対してその支払を請求するよう求めた住民訴訟である。

指導教諭は、生徒が竹刀を落としたのにこれに気が付かずに竹刀を構える仕草を続けるといった行動を取った時点において、生徒の行動が熱射病に起因する意識障害の発現としての異常行動であることを容易に認識することができたのに、指導に熱中し、自身の経験を過信して、熱射病の症状を疑うこともなく、何ら合理的な理由もないのに、安易に演技であると決めつけ、練習を継続させ、救急車の出動要請までの時間をいたずらに浪費し、直ちに練習を中止させることをせず、また、医療機関へ搬送することも応急措置として適切な冷却措置を取ることもなかった等として、指導教諭の重過失を認めた。一方、副顧問については、過失は認めたが、副顧問が指導教諭を補佐する立場にあり、練習計画などは全て指導教諭が決定していたこと、剣道部の練習に参加する回数も限られていたこと、指導教諭との関係性等からすれば、指導教諭の意向に反することは困難であり、壁に頭を打ち付けて倒れた生徒に駆け寄った際も、指導教諭から「これが熱中症の症状じゃないことは俺は知っている。」などと制止されたため、すぐに救急車の出動を要請するなどの措置を講じなかったこと、指導教諭にみられるような生徒の全身状態を悪化させるような不適切な行為には及んでいないこと等から、重過失については否定した。

(ウ) 高松高判平成27年5月29日〔判例番号322〕

県立高校の野球部所属の生徒が練習中に熱中症に罹患して死亡した事案である。

指導教諭は、一度熱痙攣の状態に陥った生徒が練習を再開する場合、生徒が走れるまで回復していたとしても、生徒を注視し、少しでも異常があれば即座に練習を中止させ、熱中症に対する応急処置や病院への搬送措置を講ずべき注意義務を負うところ、注視を怠って生徒の異常を看過し練習を続行させたとして、指導教諭の過失を認めた。

(2) 校長等の責任

ア 概　　要

校長が負う安全配慮義務は、顧問等指導者の注意義務とは異なり、学校全体の管理運営という観点から見た安全体制確立義務である。

裁判例では、具体的義務内容として、顧問等が適切な措置を履行するよう指導する義務（名古屋地一宮支判平成19年9月26日〔判例番号255〕）、温度計を設置する義務（大阪高判平成28年12月22日〔判例番号338〕）、熱中症予防指針の趣旨・内容を顧問教諭に周知徹底する義務（大阪高判平成28年12月22日〔判例番号338〕）等が挙げられている。

一方、校長が顧問等に対する事故予防の研修を行う義務については、このような研修を行うことが望ましいが、法的義務を負っているとまでは言い難いとして、その義務を否定した裁判例もある（大阪高判平成27年1月22日〔判例番号316〕）。

イ 裁判例の検討

㋐ 名古屋地一宮支判平成19年9月26日〔判例番号255〕

市立中学のハンドボール部の2年生で、肥満体型の男子生徒が、夏期練習中に熱中症に罹り死亡した事案である。

文部科学省作成のリーフレットに肥満が熱中症のリスクファクターであることや、気温に応じて激しい運動を中止することを求める運動指針が記載され、また、これを基に教諭が作成した「知って防ごう熱中症」という書面にも同様の記載があるにもかかわらず、校長が気温に応じて練習内容を変更するような体制作りを指示したことはなかったこと、指導教諭らが本件練習当時、肥満がリスクファクターであることを知らなかったこと等から、学校において、熱中症を予防するような体制が確立していたとは認め難いとして、校長の過失を認めた。

㋑ 大阪高判平成28年12月22日〔判例番号338〕

市立中学校の生徒がバドミントン部の練習中に熱中症に罹患し、脳梗塞を発症した事案である。

本件事故当時、被告中学校の体育館には、黒球温度計及び湿球温度計はもとより、一般の乾式温度計も一切設置されていなかったこと、WBGT（人体と外気との熱のやりとり（熱収支）に着目した指標で、人体の熱収支に与える影響の大きい①湿度、②日射・輻射など周辺の熱環境、③気温の3つを取り入れた指標のことをいう）等の温度を基本として対応を検討すべきものとする熱中症予防指針の趣旨と内容が周知・徹底され、これに従って行動するよう指導されたとは考え難く、それに及ばない一般的指導がされたに止まったものと認められること等から、校長の過失を認めた。

(3) 過失相殺

ア 概　　要

学校の授業中又は部活動中などに部員（生徒）が熱中症に罹患した場

合の過失相殺については、部員（生徒）に過失が認められない場合が多いであろう。裁判例においても、多くの裁判例が部員（生徒）の過失を否定している。

イ　裁判例の検討

㈠　東京高判平成6年10月26日〔判例番号144〕

高校の相撲部員が練習中に熱中症により死亡した事案である。

被害生徒が当時置かれていた環境下において身体が苦しいことをより的確に教諭に伝えることができたことを認めるに足りる証拠はない等として、被害者に過失はないと判断した。

㈡　大分地判平成20年3月31日〔判例番号262〕

高校バスケットボール部の練習後に熱中症により被害生徒が解離性健忘を生じた事案である。

監督が日頃から水分の摂り過ぎと思われる部員を叱責する等厳しい指導を続けていたこと及び被害者が17歳の未成年者であること等からすれば、被害生徒自らの判断で練習を中断し、練習中に水分を摂取するなどの行動は期待できなかったとして、被害者の過失はないと判断した。

㈢　大阪高判平成27年1月22日〔判例番号316〕

テニス部の練習中に熱中症により被害生徒が低酸素脳症を発症した事案である。

第一審は、顧問教諭や校長に過失はないとして原告の請求を棄却したが（神戸地判平成26年1月22日判例秘書L06950673）、控訴審は、顧問教諭の過失を認めた上で、被害者に過失はないと判断した。

なお、最高裁は、上告棄却・上告不受理決定（最三小決平成27年12月15日判例秘書L07010094）。

㈣　高松高判平成27年5月29日〔判例番号322〕

野球部の練習時に、熱中症により高校生の部員が死亡した事案である。

第一審は、監督に過失はないとして原告の請求を棄却したが（徳島地判平成26年3月24日判例秘書L06950749）、控訴審は、監督に過失を認めた上で、監督と選手との関係性等から被害者が監督に体調不良を申し出なかったとしても被害者の落ち度とはいえないこと等を理由に被害者に過失はないと判断した。

なお、最高裁は、上告棄却・上告不受理決定（最一小決平成28年1月21日判例秘書L07110133）。

㈴ 大阪高判平成28年12月22日〔判例番号338〕

バドミントン部の練習中に部員が熱中症になり脳梗塞を発症した事案である。

被害生徒は、血液が凝固しやすい身体的素因を有しており、この素因が脳梗塞の発症及び重篤化に寄与したとして、その寄与度を7割とした（第一審は大阪地判平成28年5月24日判時2331号36頁）。

⑷ 予防策・対応策

熱中症の予防策・対応策については、文部科学省や環境省、独立行政法人日本スポーツ振興センター等がガイドブックやパンフレット等を作成し、その対策を呼びかけている。

文部科学省は、熱中症予防の原則として、①環境条件を把握し、それに応じた運動、水分補給を行うこと、②暑さに徐々に慣らしていくこと、③個人の条件を考慮すること、④服装に気を付けること、⑤具合が悪くなった場合には早めに運動を中止し、必要な処置をすることを挙げている（文部科学省ホームページ『文部科学省×学校安全』）。

独立行政法人日本スポーツ振興センターの『熱中症を予防しよう－知って防ごう熱中症－』では、以下のとおり、上記熱中症予防の原則の具体例を挙げている。

① 暑い時期の運動はなるべく涼しい時間帯にするようにし、休憩を頻繁に入れ、こまめに水分を補給する。WBGT31℃以上では、原則運動を禁止すること、WBGT28℃以上では、激しい運動や持久走など体温が上昇しやすい運動は避ける等を掲げる熱中症予防運動指針（公益財団法人日本スポーツ協会『スポーツ活動中の熱中症予防ガイドブック』）を参考に運動を行う。

② 急に暑くなったときは運動を軽くして、1週間程度で徐々に慣ら

していく。週間予報等の気象情報を活用して気温の変化を考慮した1週間の活動計画等を作成する。

③ 肥満傾向の人、体力の低い人、暑さに慣れていない人は運動を軽減する。運動前の体調のチェックや運動中の健康観察を行い、下痢、発熱、疲労など体調の悪い人は暑い中で無理に運動をさせない。

④ 服装は軽装とし、透湿性や通気性のよい素材にする。直射日光は帽子で防ぐようにする。

また、対応策として、生徒に熱中症を疑う症状が確認されたら、意識障害の有無を確認し、意識障害（又はその疑い）があった場合は、救急車を要請し、救急車到着までの間、生徒の身体を冷やす等の応急措置を行う必要がある。意識障害がなかった場合でも、生徒を涼しい室内へ避難させ、脱衣、水分・塩分の補給、身体の冷却等の措置を行い、症状の改善が見られない場合は、直ちに医療機関へ搬送する必要がある。

6 スポーツ関連のいじめ・体罰・パワハラ等

(1) いじめ

ア いじめの定義等

いじめ防止対策推進法2条1項は、いじめとは、「児童等に対して、当該児童等が在籍する学校に在籍している等当該児童等と一定の人的関係にある他の児童等が行う心理的又は物理的な影響を与える行為（インターネットを通じて行われるものを含む。）であって、当該行為の対象となった児童等が心身の苦痛を感じているものをいう」と定義している。

学校の設置者は、学校におけるいじめの防止、いじめの早期発見及びいじめへの対処のために必要な措置を講ずる責務を負い（同法7条）、学校及び学校の教職員は、学校に在籍する児童等の保護者、地域住民、児童相談所その他の関係者との連携を図りつつ、学校全体でいじめの防止及び早期発見に取り組むとともに、学校に在籍する児童等がいじめを受けていると思われるときは、適切かつ迅速にこれに対処する責務を負う（同法8条）。

イ 指導者等の責任に関する裁判例

いじめにより生徒が損害を被った場合に、指導者等が責任を負うか否かに関しては、以下のような裁判例が存在する。

大阪地判平成12年9月13日〔判例番号198〕は、高校を退学した生徒及びその両親が、退学の原因は野球部の上級生からいじめを受けたことにあるとして、当該上級生、高校を設置運営する学校法人及び野球部監督に対し、損害賠償を求めた事案である。裁判所は、当該上級生の行為は社会的相当性を逸脱した違法な行為であり不法行為が成立するが、他方で、学校法人と野球部監督が野球部内での生徒に対する暴力行為及びその他の嫌がらせ行為の存在に疑いをもってしかるべき事情があったとは認められず、暴力行為発覚前の学校法人と野球部監督の対応に保護監督義務違反及び安全配慮義務違反を認めることはできず、また、暴力行為発覚後も生徒を含む本件野球部員の安全保護のために当時予見可能な範囲内でなし得る相当な措置を講じたものと評価することができるとし、学校法人と野球部監督の責任を認めなかった。

他方、さいたま地川越支判平成28年12月22日〔判例番号336〕は、市立中学校に通う生徒が、野球部の活動終了後に公園で野球部の同級生らから暴行されて植物状態となったことを理由に、当該いじめ及びいじめを放置したこと等を理由として同級生らとその親権者ら及び市に対し、損害賠償を求めた事案において、市の責任につき、同級生らによる暴行はいじめの一環であり、被害生徒が周囲の生徒から継続的にからかいの対象となっていたこと、加害者らはいずれも同級生の野球部であること等から、教員らは、部活終了後帰宅までの生活場面においても、いじめが暴力を伴う事件にまで発展する事態を予見し得たのであり、これを回避すべき義務を怠った過失があるとし、市の責任を認めた。

(2) 体　罰

ア 体罰の禁止

学校教育法11条は、「校長及び教員は、教育上必要があると認めるときは、監督庁の定めるところにより、学生、生徒及び児童に懲戒を加えることができる。但し、体罰を加えることはできない。」とし、懲戒権を認める一方で、体罰を明確に禁止している。

イ　懲戒と体罰の区別

懲戒と体罰との区別について、文部科学省による平成25年3月13日付「体罰の禁止及び児童生徒理解に基づく指導の徹底について（通知）」（24文科初第1269号）は、児童生徒の年齢、健康、心身の発達状況、当該行為が行われた場所的及び時間的環境、懲戒の態様等の諸条件を総合的に考え、個々の事案ごとに判断する必要があり、単に、懲戒行為をした教員等や、懲戒行為を受けた児童生徒・保護者の主観のみにより判断するのではなく、諸条件を客観的に考慮して判断すべきであるとしている。また、その懲戒の内容が身体的性質のもの、すなわち、身体に対する侵害を内容とするもの（殴る、蹴る等）、児童生徒に肉体的苦痛を与えるようなもの（正座・直立等特定の姿勢を長時間にわたって保持させる等）に当たると判断された場合は、体罰に該当するとしている。

さらに、文部科学省が平成22年3月に作成し、全国の学校等に配布している生徒指導提要は、有形力の行使により行われた行為のすべてが体罰に当たるわけではなく、目的、態様、継続時間等から判断して、教育的指導の範囲を逸脱しているかどうかにより決せられるとしている。

ウ　体罰に関する裁判例

㈠　不法行為の成否

東京高判平成17年12月22日〔判例番号245〕は、中学校のクラブ活動中に顧問教諭が女子生徒を1回蹴った行為につき、かかる行為が注意や体罰を与えるためではなく、生徒の冗談に突っ込みを入れる気持ちや親しみを込める気持ちでなされたとしても国賠上違法な行為に当たるとした。

また、東京地判平成28年2月24日〔判例番号325〕は、市立高校のバスケットボール部の顧問教諭から平手で顔面等を殴打されるなどの継続的な暴行や威迫的言動等の行為を伴う指導を受けていた生徒が自殺した事案において、体罰が運動部の活動における指導の際に行われたか否かで違いがあるものではない旨判示し、仮にいわゆる強豪校と称される学校の運動部において指導の過程で体罰が一定程度行われているという実情が事実上あったとしても、そのことによって、体罰が法的に許容され得る（暴行としての違法性を阻却される）ものと解する余地はなく、体罰に該当する有形力の行使が不法行為法上違法と評価されるという法的な判断は何ら左右されるものではないと指摘した。その上で裁判所は、顧問教諭の行為は教育上の指導として法的に許容される範囲を著しく逸脱し、少なくとも本件生徒の身体や人格的利益等を侵害するものとして、不法行為法上違法と評価されるとした。

(イ) 生徒が死亡した場合における体罰と死亡との因果関係

過去の多くの裁判例で問題となったのは、指導者等の体罰によって学生が自殺した場合に、当該指導者等に対し、精神的苦痛のみならず自殺についての責任をも問うことができるか否かという点である。

例えば、前述の〔判例番号325〕は、顧問教諭が暴行等を行った時点において、高校の保健体育の教諭並びに運動部の顧問及び監督を務める教員として、当該部に所属する生徒の自殺の予防のために適切な措置や配慮を講ずべき注意義務を負っていたにもかかわらず、それに反して生徒の自殺の危険性を増大させる行為である暴行等を自ら行い、その強度を激化させていったものであって、これらの自らの行為によって生徒が精神的に追い詰められて自殺に至る危険のあることにつき、当然に予見してこれに留意すべき立場にあり、かつ、現に予見し得たものというべきであるから、顧問教諭には本件生徒の自殺について予見可能性があったものと認めるのが相当であると判断している。

このように、裁判例では、体罰と自殺との相当因果関係を認めるかにつき、教師の生徒に対する暴行や脅迫的言辞等の態様及び強度、生徒の自殺に至るまでの状態の変化及びその兆候、文部科学省の示達や報道等による体罰等を伴う指導に起因する生徒の自殺の危険性等の周知に係る事実関係等を考慮要素としているものと考えられる（判タ1432号208頁）。

(3) パワハラ

大阪地判平成29年6月13日〔判例番号346〕は、顧問教諭が生徒に対し、インターハイ予選の直前に練習参加を禁止し、その処分を継続した結果、生徒を他の部員らと切り離し、インターハイ予選における差別的扱いを現出させ、やむなくなされた生徒及びその母による発言を主たる理由に退部届の提出を強要し、インターハイ本選に本件空手道部員として参加させなかった上、スポーツ推薦及び学校推薦について説明義務を果たさずに無意味な期待を抱かせるなどした行為は、客観的な合理性・相当性を欠くものであって、部活動の顧問（監督）としての裁量の範囲を逸脱する違法行為に当たると評価せざるを得ないから、上記一連の行為が不法行為に当たるとした。

このように、裁判例は、パワハラの該当性につき、行為の具体的内容が教諭としての裁量の範囲内の行為か否か（客観的な合理性や相当性を欠くか否か）という点に着目している。

第3章

スポーツ事故に関する紛争（損害論）

Section
I　総　論

スポーツ事故に関する損害賠償請求において請求し得る損害費目は、交通事故による損害賠償請求事件等と基本的に同様である。すなわち、当該スポーツ事故によって発生した治療費、通院交通費、入通院慰謝料及び休業損害などの損害費目が賠償請求の対象となる。また、スポーツ事故によって被害者に後遺障害が残存すれば、当該後遺障害に関して、慰謝料や逸失利益等を請求し得る。

各費目の具体的な内容や請求金額の算定基準等については、基本的に交通事故による損害賠償請求と同様である。そこで、スポーツ事故における損害論の一般論については、既刊の交通事故関連の文献の記載に譲り、本書においては、スポーツ事故に特有の問題について、裁判例に言及しつつ紹介することとする。

Section
Ⅱ 人的損害について

1 逸失利益

(1) 概　　要

スポーツに基づいて収入を得ていた者が、事故によって後遺障害を負い、事故後には、同スポーツによる収入を得られなくなる場合がある。そのような場合、当該スポーツの内容や後遺障害の内容等に鑑みて、基礎収入、労働能力喪失期間及び労働能力喪失率が認定されている。

(2) 基礎収入

ア　スポーツに基づく収入が平均賃金よりも高額であることを立証できた事案

当該スポーツに基づく収入を得ることができると認められる労働能力喪失期間（以下「スポーツ収入期間」という）に関しては、当該収入を基礎収入として逸失利益を算定した事例がある。

東京地判平成15年10月29日〔判例番号224〕は、富士スピードウェイにおける自動車レース事故に関する裁判例である。

同裁判例の原告は、全日本選手権F3000シリーズなどのトップフォーミュラーレースにも出場し、その後、GTカーレースに転向し、四年連続してル・マン24時間レースに出場するとともに、平成6年からは全日本GT選手権シリーズへの出場を重ね、フェラーリ遣いの名手として知られていたレーサーであった。

同原告は、レースの予備走行中に起きた事故により、全身に重度の熱傷等の傷害を負い、両眼のまぶた、まつげ、眉毛、鼻が消失・欠損し、右肩、右肘、右手、右手全指の中手指節間関節と近位指節間関節、右足の可動範囲が正常の２分の１以下になり、右手の握力は０キログラムで、右足は下腿心筋群壊死により自立による立位保持が困難な状態になる等の後遺障害を負った。

裁判所は、原告は、レーサーとして乗車手当、カー雑誌への原稿寄稿による原稿収入、レーシングスクールでの講師料等の収入があったが、その収入を原告を代表者とする株式会社Ａの売上として計上し、そこから取締役の報酬として支給を受ける形をとっていたこと、同社は、原告の自宅を本店とし、株主は原告と妻等であること、株式会社Ａの事故前３年間の売上げ金額、原告及び同人の妻に支払った役員報酬額の平均、同社の経常損失を認定したうえで、株式会社Ａの営業活動は原告のレーサーとしての活動に他ならず、同社は原告の特殊技能であるレーサーとしての活動によってほぼすべての収益を上げていたものであるから、原告は、実質的には個人事業者と同様とみて差し支えないとして、同社の経費から、事業維持のため支出を余儀なくされた固定経費を控除し、その残額を同社の売上高から控除した額（年915万1307円）を原告の基礎収入と認定した。

イ　スポーツ収入期間が経過した後の基礎収入

前掲東京地判〔判例番号224〕では、スポーツ収入期間経過時の原告の年齢別大卒平均賃金に基づき、67歳までを就労可能期間として逸失利益を算定した。

ウ　スポーツによる収入が平均賃金よりも少ない事案

㋐　東京高判平成28年12月27日〔判例番号340〕

将来的には平均賃金程度の収入を得る蓋然性がある等の理由で、平均賃金を基礎収入とした事案が存在する。

たとえば、東京高判平成28年12月27日〔判例番号340〕は、音楽大学を卒業後、舞台俳優を目指して、歌手やダンサーとして舞台活動を行っていた者が、外貌醜状を負った事案である。

裁判所は、本件治癒痕は、控訴人と相対する者が受ける印象に相当の影響を与え得るものであり、控訴人は、音楽大学を卒業後、舞台俳優を目指して、現に歌手やダンサーとして舞台活動を行っているところ、舞台活動においては外見の均整も重要な要素であることは否定し難く、今後、控訴人がオーディション等において役を得る際に、本件治癒痕の存在を理由に不利益な取扱いを受けるおそれがあり、本件治癒痕は控訴人の労働能力に影響を及ぼすものと認められるとした。

そして、控訴人が現在27歳であり、Aの準社員としての平成25年分の収入は年額163万4669円、翌平成26年分の収入は250万6821円であるが、平成25年分の収入が少ないのは、同年3月からAに就職したためであること、控訴人は、歌や踊りの練習をしたり、実際に舞台に出演する時間を確保するため、最低限の生活費を得るために準社員として稼働していることが認められるのであり、控訴人が音楽大学を卒業後着実に舞台活動を続けていることを考慮すれば、控訴人は将来的に平均賃金程度の収入を得る蓋然性があるものと認められると判断した。

(イ) 札幌地判平成27年2月27日〔判例番号317〕

本件の原告は、交通事故当時、同人の夫が代表取締役を務めるダンス会社の取締役を務めており、ダンスのインストラクターをし、役員報酬として事故の前年及び前々年に年間300万円の役員報酬を得ていた者である。

同事案では、同社の役員が原告と同人の夫の2人だけで、他に従業員もいない会社であるため、原告と同人の夫が、受講者に直接ダンスを指導し、受講生らからの入会金、月会費、レッスン券を主な収入源としていたこと、原告と夫は、それぞれ担当する受講者が別々であるため、原告がダンスのレッスンができない状態になれば、原告が担当していた受講者はダンスを止めてしまう原因になることなどを認定した。

裁判所は、ダンス会社の主な収入は受講生からの入会金、月会費、レッスン券であり、原告によるダンス指導という労務の提供の結果がそのまま会社の収入になり、会社の主要な経費として役員報酬が支払われていること、原告の役員報酬は原告が現実に夫と分担してダンス指導を行い、会社の金銭の管理も行っていることから見て、全額労務の対価として評価して差し支えない程度の金額であること、他に利益配当的部分が含まれているという具体的な事情もうかがえないこと等からすれば、原告がダンス会社から支給された役員報酬年額300万円は、全額が労務の対価と認められるとした。

もっとも、同裁判例は、原告が家事労働を行っていることにも言及し、ダンス会社の役員報酬と合わせて、賃金センサス女子学歴計全年齢平均を原告の基礎収入とした。

(ウ) 東京地判平成28年3月24日〔判例番号326〕

本件は、中学卒業と同時に相撲部屋に力士として入門した原告が、同部屋の他の力士により暴行を受けた事件であるが、中学卒の男性労働者の平均賃金を基礎収入とし、67歳までの就労可能年数について逸失利益を算定した。

(3) 労働能力喪失期間

労働能力喪失期間については、当該スポーツの内容、同スポーツに要求される能力、症状固定時の原告の年齢等を総合考慮して、当該スポーツに基づく収入を得ることができる期間が決定されるようである。

原告がカーレーサーであった前掲東京地判〔判例番号224〕においては、裁判所は、原告の前記後遺障害に加え、両眼の裸眼視力が0.01以下に低下し、顔面部各部に瘢痕拘縮・ケロイドを残置するなど、後遺障害別等級表第7級に相当する後遺障害が一つと、同第9級以下に相当する後遺障害が多数あること、原告は大学卒業後、レーサーとしての道に入っていたこと、原告は本件事故当時40歳であったこと、プロのレーサーには極めて高い身体能力が要求され、特に心肺能力や筋力、敏捷性が重要であることが認められるとした。

そして、裁判所は、原告の事故当時の年齢及びプロのレーサーに要求される資質等を総合考慮して、原告が本件事故に遭遇しなければ、少なくとも45歳まではレーサーとして本件事故当時の収入を得ることができたと認定した。

原告は、レーサーとしての収入は高齢でも確保され、現に本件レースにも58歳のレーサーが参加していたとして、67歳までレーサーとしての収入を基礎とすることを主張したが、裁判所は、レーサーのように体力や瞬時の判断力を重要な要素とする職業にあっては、事故当時の収入が事故後も恒常的に継続すると推測するのは相当でなく、高齢のレーサーの平均収入や平均退職年齢等を認めるに足りる証拠もないとして、原告の主張を排斥した。

他方で、事故前には、スポーツによる収入を得ていた者であっても、他の諸事情を考慮して基礎収入を賃金センサスに基づく平均賃金に求めた事例では、就労可能期間についても、交通事故における損害賠償事件と同様に67歳までとする事例や、余命期間の半分の期間とする事例が存在する。

原告がダンスのインストラクターをしていた前記〔判例番号317〕では、ダンスのインストラクターは、高齢になっても続ける例もあることは認められるものの、症状固定時の原告の年齢における平均余命期間の2分の1を目安として、同期間を超える労働能力喪失期間は認められないとした（ただし、同事案は、原告が主婦業を行っていたことを加味し、同人の基礎収入を女性の全年齢平均賃金と同額としている）。

また、控訴人が舞台俳優を目指していた前掲東京高判〔判例番号340〕は、本件治癒痕が今後寛解し目立たなくなるとは認められないこと、控訴人は、音楽大学を卒業後、一貫して舞台俳優になることを目指して舞台活動を続けてきたものであり、今後も同活動を続けることが見込まれること、仮に舞台活動を離れたとしても、本件治癒痕の存在は、一般企業への就職活動等においても不利益に働き得るものであること等を考慮すると、控訴人（症状固定時25歳）は、本件事故により本件治癒痕の後遺障害を負ったことによって、67歳に達するまでの42年間にわたり、5%の労働能力を喪失したものと認めるのが相当であると判示した。

(4) 労働能力喪失率

裁判所は、基本的には、認定した後遺障害等級に即した労働能力喪失率を認める傾向にあるようである。

たとえば、前掲東京地判〔判例番号224〕は、上記後遺障害により、原告は、素早いハンドル操作、適切なペダルの踏み替え等などができず、今後、プロのレーサーとして稼働することは極めて困難であるが、原告は、懸命なリハビリにより、本人尋問の時点において草レースに出場できるまでに回復していること、今後もレーサーとしての経験を生かして執筆活動等が可能であること、原告の後遺障害の内容・程度等を総合考慮すると、原告の労働能力喪失率67パーセント（後遺障害の併合により後遺障害別等級表第6級相当）と認めるのが相当であると判示した。

もっとも、前掲札幌地判〔判例番号317〕は、「局部に神経症状を残すもの」という後遺障害等級14級の後遺障害によって、ダンスインストラクターとしての活動が不可能になった者に関する事案である。

裁判所は、原告の後遺障害は一般的な平均労働能力を想定した自賠責後遺障害認定においては、併合14級（労働能力喪失率5%）であるものの、原告がダンスインストラクターとして、受講生の相手方となってダンスをしながら実技指導を行い、それによってダンス会社の売上げに貢献し、その労務対価として年300万円の収入を得ていたところ後遺障害によって、そうしたインストラクターとしての活動が不可能になっていること、原告は本件事故後、インストラクターを諦め、生活費を得るために他の仕事に就いて働いたものの、体力的にきつい部分もあるなどして長続きはせず、収入としても年300万円と比較して大幅に少ない収入しか得られておらず、症状固定時61歳という年齢からして、今後も条件のよい就職先が見つかる可能性は乏しいことからすれば、原告は、将来にわたり事故前と比較して相当の経済的不利益を受け続ける蓋然性があるものと認められるとして、原告が主婦として稼働していたことを加味したうえ、女性の全年齢平均賃金を基礎収入としたうえで、労働能力喪失率については、50%と認定した。

2　慰謝料

(1)　概　　要

既述のとおり、スポーツ事故における損害賠償法理については、主として交通事故分野において議論され発展してきた損害論が参考とされるところ、慰謝料についても、基本的には、交通事故の人身損害における慰謝料算定方法が妥当するといえよう。

もっとも、交通事故分野における慰謝料算定方法は、一般的な交通事故での受傷を前提として定型化・定量化されたものであり、かかる算定方法を硬直的に運用することが、スポーツ事故における加害者と被害者との間の人的関係性や被害の多様性に必ずしもそぐわない場面もあると思われる。

そこで、以下では、裁判例において、スポーツ事故であることの特殊性が考慮されていると捉えられる事例について、若干の類型的整理を試みることとする。

⑵ 類型Ⅰ－競技人生に影響があったこと等が慰謝料算定において考慮されたもの

受傷が原因となって将来その競技ができなくなった、もしくは支障が生じた事案において、一般的な交通事故における慰謝料に比べて増額される傾向がみられるが、特に、被害者が、当該スポーツの分野において既にそれなりの実績を上げていたり、将来を嘱望されていたりするような事案において比較的高額の慰謝料を認める傾向がみられる。

ア 増額事由として斟酌した事例

上記の事情を増額事由として斟酌した事例をみると、以下のとおりである。

福岡地判昭和51年5月25日〔判例番号32〕は、バレーボール選手として実業団リーグでの活躍等将来大成が期待されていた高校生について、慰謝料280万円を認めた。

前掲東京地判〔判例番号224〕は、プロのレーサーが予備走行中の事故で後遺障害等級6級の障害を負った事案で、被害者がレーサーとして国内外で活躍し成功を収めていたこと等を考慮し、1400万円の後遺障害慰謝料（5級相当）を認めた。

東京地判平成15年6月24日〔判例番号221〕は、メキシコの1部リーグでプロサッカー選手の経験があり、将来数年間はプロサッカー選手として活躍する機会があると推測される被害者（後遺障害等級14級）につき、250万円の後遺障害慰謝料を認めた。

名古屋地判平成21年12月25日〔判例番号271〕は、空手の県大会で2度優勝した経験のある小学6年生につき、左腕の変形により空手を辞めざるを得なかったことを慰謝料の算定にあたって考慮した。

前橋地判平成24年2月17日〔判例番号287〕は、ジュニアオリンピックの県代表であった高校生に対して、バレー部からの退部を余儀なくされたことを慰謝料の算定にあたって斟酌した。

イ　慰謝料額算定にあたって斟酌を認められなかった事案

他方、被害者が慰謝料額算定にあたって斟酌を求めたものの認められなかった事案としては、以下の事例がある。これらの否定事例は、被害者が主張する増額事由の根拠となる事実が認定できないものと、そもそも被害者が主張する事実が増額事由にあたらないとの判断がなされたものに分類されよう。

例えば、大阪地判平成18年7月7日〔判例番号250〕は、趣味であるゴルフをプレーできなくなったことに関する慰謝料について後遺障害慰謝料によって評価されているとして認めなかった。

また、広島地判平成27年5月20日〔判例番号321〕は、高校の剣道部に所属していた被害者が剣道部を退部せざるを得なかった事案で被害者の剣道の実績により有名私立大学に推薦され進学できたとまではいえず慰謝料を算定する上での事情として斟酌することは困難とした。

(3)　類型Ⅱ－競技の性質を慰謝料算定において消極的に考慮されたもの

以下にみるように、ある競技が、その性質上一定の危険を内包していて、事故が当該危険性の顕在化とみられる事案では、かかる事実が慰謝料算定にあたって消極的に斟酌される傾向がある。

ア　消極的に斟酌された事案

東京地判平成16年7月30日〔判例番号230〕は、スキューバダイビング中ツアーに参加した被害者（31歳女性）が潜水中に溺死した事案において、スキューバダイビングが常に潜在的な死の危険を内包するスポーツであることに言及して、死亡慰謝料を1800万円と算定した。

東京地判平成28年12月26日〔判例番号339〕は、サッカー社会人リーグの試合中の事故につき、スポーツ競技中の事故であり負傷等の危険を一定程度原告が引き受けた上で試合に出場している事実を考慮した。

東京地判平成30年3月7日〔判例番号357〕は、スキーで受傷した被害者につき、一般にスキーが受傷の危険のあるスポーツであり、そのような危険のあるスキーを嗜好しているとして慰謝料増額の主張を排斥した。

東京高判平成30年7月19日〔判例番号359〕は、地区合同運動会における自転車リングリレー（注：金属製のスティックで自転車のリングホイール（直径60cm弱程度の金属製の輪）を転がしながら、スタート地点の反対側に待機している次走者に向かって走り、リレー方式で往復し、その早さを地区別のチームで競うもの）中の事故に関して、被害者が通院慰謝料として119万円を請求したのに対し、親睦目的で行われたスポーツ競技中の事故であることを理由に交通事故における傷害事案と同様の基準で通院慰謝料の額を算定することは相当でないとして慰謝料を10万円とした（ただし、被害者の不注意は慰謝料額に織り込んでおり、別途過失相殺はしていない）。

イ　積極的に考慮された事案

なお、上記とは逆に、東京地判昭和61年4月30日〔判例番号79〕は、スキューバダイビングにおいて摂氏12度の水温の中1時間以上の漂流を余儀なくされた事案では、被害者が怪我をした事実はないものの、死の恐怖を感じたことを慰謝料算定にあたって積極に考慮した。これは、被害者に身体的な受傷のない事案において、交通事故における定型的な慰謝料算定方法をそのまま適用すると妥当な結論を導けないことを意識したものと考えられる。

(4)　類型Ⅲ－いじめ・パワハラ

スポーツ業界においても、いじめ・パワハラ問題は近年特に社会問題化しているが、事案の個別性・多様性といった点では、交通事故とは大きく異なるものがある。そのため、類型化は容易ではないが、以下の裁判例等から、一般に考慮されうる要素としては、行為の内容、頻度、期間、被害者の年齢、被害者の心身への影響、被害者の生活への影響、加害者の事後的対応（謝罪の有無）といったところが概ね挙げられよう。

ア　学校の部活動の顧問による暴言・暴力・いじめ事案

まず､学校の部活動の顧問による暴言・暴力・いじめ事案を紹介する。

前掲前橋地判〔判例番号287〕は、剣道部の顧問による複数回にわたり竹刀等による暴行があったこと、他方で被害者の退部の原因は暴行だけではないこと、暴行後に学校が謝罪や保護者に向けた説明会があったことをそれぞれ斟酌した。

東京地判平成28年2月24日〔判例番号325〕は、高校のバスケットボール部員が自殺した事案で、被害者が若年であること、暴行の態様や前後の経緯が悪質であること、事故後に何ら慰謝の措置がとられていないことや訴訟において遺族に責任を転嫁するが如き主張をしたことを、いずれも慰謝料増額事由として斟酌した。

大阪地判平成29年6月13日〔判例番号346〕は、高校の空手部において、部活動を不本意な形で終える結果となったこと、寮にも居づらくなり引退後の行事にも参加が困難となったこと、適応障害等の診断がなされていることを、慰謝料算定にあたって斟酌した。

イ　同級生・上級生による暴言・暴力・いじめ事案

次に、同級生・上級生による暴言・暴力・いじめの事案を紹介する。

神戸地判平成24年10月18日〔判例番号294〕は、大学のアメフト部において、頭髪や眉毛を剃る、尿をかける、ベルトの金具部分で臀部や太腿を叩く、ライターの火ですね毛等をあぶる、着ているTシャツを引き裂くという行為の態様や頻度を慰謝料算定にあたって斟酌した。

神戸地判平成25年11月7日〔判例番号307〕は、高校の野球部におけるいじめに関して、不法行為の態様・期間・程度、傷害の程度、野球部の退学及び転学を余儀なくされたこと、転学後の生活状況、加害者が練習禁止処分・自宅謹慎処分を受けていること、反省し被害者に謝罪していること、被害者への暴行事件につき審判不開始決定を受けたこと等を斟酌した。

(5) その他の事例

類型ⅠないしⅢにあてはまらないが、慰謝料算定にあたって、当該事案の特別な考慮がなされていると考えられる事案として、以下を紹介しておく。

(ア) 東京地判昭和63年2月25日〔判例番号91〕

本件は、柔道大会における選手の選考が不平等であったものの、選手生命を絶たれるほどの打撃ではなく既に社会人としての道を歩んでいることを勘案し名目的な慰謝料（5万円）を認めた。

(イ) 静岡地浜松支判平成26年9月8日〔判例番号312〕

本件は、ゴルフクラブへの入会拒否の事案で、性同一性障害であることを理由とする入会拒否に関して、浴室や更衣室の利用で会員に不安感や困惑が出る恐れがあるとのクラブ側の主張を排斥して、100万円の慰謝料を認めた。

Section

Ⅲ　物的損害等その他の損害費目について

スポーツ事故により物的損害等が生じた場合、当該損害についても賠償が認められる場合がある。

東京地判平成15年10月29日〔判例番号224〕では、事故によって使用不能となった競技車両について車両価格と車両改造費の一部について賠償が認められている。さらに、同判決は、事故によって受領条件が履行不能となったスポンサー料に関して、スポンサーから返還訴訟を提訴され、同訴訟上和解が成立したが、当該和解金額を当該事故と相当因果関係のある損害であると認定した。

奈良地葛城支判平成28年11月7日〔判例番号334〕は、部活動の顧問からわいせつ行為を受けたために、転校し、柔道も辞めた事案であるが、同事案では、高校入学時に購入した柔道着5着について、購入価格の一部が賠償の対象と認定された。

さらに、東京地判平成30年3月1日〔判例番号356〕は、スキー事故の事案であるが、ゲレンデの状況や原告の滑走態様を立証するため、当該スキー場において原告が滑走する様子を撮影した動画が証拠提出され、当該動画を撮影するための交通費やリフト料金が損害として認定された。

他方で、札幌地判平成13年5月25日〔判例番号203〕は、高校生が、日常的に使用する車椅子に加え、スポーツ用車いすの購入費用について賠償を求めた事案であるが、スポーツ用車いすの費用については賠償が否定されている。

Section
Ⅳ 損益相殺

1 概　要

スポーツ事故に関する損害賠償請求においても、当該事故に起因して、被害者又はその相続人が何らかの利益を受けた場合、当該利益が損益相殺の対象となることがある。

2 独立行政法人日本スポーツ振興センターによる給付金

スポーツ事故に関して、被害者側は、独立行政法人日本スポーツ振興センターからの給付金を受領することも多いと思われる。同センターは、日本学校安全会、日本学校健康会、日本体育・学校健康センターなどの統合、移行を経て、現在は表記の団体となっている。

同センターにおいては、幼稚園、幼保連携型認定こども園、保育所、義務教育諸学校、高等学校等の管理下における災害に対し、負傷、障害、死亡等の災害の種類に応じて一定の金銭を給付している。

同給付金は、同一の事由による災害給付と賠償請求の二重填補を認めないことを前提としていると解されること、同給付が、医療に要した費用や日数に応じて医療費が給付され、死亡や障害の程度に応じて見舞金が給付されており、特定の損害について必要額を填補するために支給されるものといえることなどから、填補の対象となる特定の損害と同質であり、かつ、相互補完性を有する損害の元本との間で、損益相殺的な調整を行うことが相当とされている。

負傷、障害、死亡の給付金は、治療費、障害に基づく損害、死亡に基づく損害といった損害の費目ごとに、それぞれ充当処理されることが通例である。

3　その他の給付金

(1)　損益相殺が肯定されたもの

独立行政法人日本スポーツ振興センターによる給付金以外で、損益相殺が肯定されたものとしては、以下のような給付金がある。

・被告学校法人から告別式において提供された100万円（水戸地土浦支判平成6年12月27日〔判例番号147〕）
・妙高高原町総合災害補償規程による死亡給付金（新潟地高田支判平成9年1月30日〔判例番号168〕）
・北海道高等学校PTA安全互助会からの障害見舞金（札幌地判平成13年5月25日〔判例番号203〕）
・埼玉県高等学校安全互助会からの死亡見舞金（浦和地判平成12年3月15日〔判例番号196〕）
・教育委員会からの見舞金（福岡地判平成27年3月3日〔判例番号318〕）

(2)　損益相殺が否定されたもの

損益相殺が否定されたものとしては、以下のものがある。

・県高等学校安全振興会による災害見舞金（福岡地判平成26年11月18日〔判例番号314〕、福岡地判平成29年4月24日〔判例番号345〕）
・傷害保険契約に基づく保険金（福岡地判平成27年3月3日〔判例番号318〕）

第4章

スポーツ事故と保険

Section I　総　論

1　はじめに

スポーツは、その性質上、傷害又は死亡という人的被害が生じたり、物の損壊というような物的被害が生じたりする場合もある。そのような事態が生じた場合、保険金等を受領することができれば被害者・加害者双方にとって有益である。

スポーツ事故に対応するための保険として、一般的な賠償責任保険や医療保険の他に、次に挙げるような特徴的な保険制度がある。

2　特徴的なスポーツ保険

(1)　災害共済給付制度

独立行政法人日本スポーツ振興センターのホームページ（https://www.jpnsport.go.jp/）によると、同センターによる災害共済給付制度は、小学校、中学校、高等学校、幼稚園、保育所等の管理下における災害に対し、災害共済給付（医療費、障害見舞金又は死亡見舞金の支給）を行うものである。学校等の管理下におけるスポーツ事故も補償対象となる。

災害共済給付制度は、学校等の設置者が、保護者等の同意を得て、センターとの間に災害共済給付契約を締結し、共済掛金（保護者と設置者が負担する。）を支払うことで加入する。

「学校等の管理下」には、学校が編成した教育課程に基づく授業を受けている場合（各教科の授業中や生徒会活動・クラブ活動などの特別活動中など）、学校の教育計画に基づく課外指導を受けている場合（部活動など）のほか、休み時間中や登下校中も含まれる。

給付対象となる災害には、負傷、疾病、障害（後遺障害）、死亡があり、負傷及び疾病に対しては一定の医療費が、障害に対しては等級に応じ4,000万円～88万円の障害見舞金が（ただし平成31年3月31日以前に生じた障害に対しては等級に応じ3,770万円～82万円)、死亡に対しては3,000万円の死亡見舞金が（ただし平成31年3月31日以前の死亡に対しては2,800万円)、それぞれ支給される。

前記のとおり、学校の教育計画に基づく課外指導中の負傷等も災害共済給付の対象であるが、ここにいう課外指導・課外活動について、「学校として、必要な人的・物的体制を整えて、事故の発生に対する予防及び対処措置を採ることができる範囲」に絞られるとする裁判例がある(東京地判平成3年7月5日〔判例番号112〕)。

(2) スポーツ安全保険

公益財団法人スポーツ安全協会のホームページ（https://www.sportsanzen.org/）によると、スポーツ安全保険は、同協会が加入の取りまとめ機関・契約者となり、東京海上日動火災保険株式会社を幹事会社とする損害保険会社8社との間で契約を締結している保険である。

スポーツ活動、レクリエーション活動などを行う4名以上のアマチュアの団体・グループが加入できる（例：スポーツ少年団、野球チーム、ママさんバレーチームなど)。

補償対象となる事故は、日本国内での団体の管理下における団体活動中の事故及び団体が指定する集合・解散場所と被保険者(団体の構成員)の自宅との通常の経路往復中の事故である。なお、学校及び保育所等の管理下の児童、生徒等の事故は、対象外である。

保険の内容は、傷害保険、賠償責任保険及び突然死葬祭費用保険である。

傷害保険では、被保険者が急激で偶然な外来の事故により被った傷害による死亡、後遺障害、入院、手術、通院が補償される。なお、野球肩、野球肘、テニス肘、疲労骨折、関節ねずみなど急激・偶然・外来の要件を満たさないスポーツ特有の障害は、補償の対象ではない。

賠償責任保険では、被保険者が、他人に怪我を負わせたり、他人の物を壊したりしたことにより、法律上の損害賠償責任を負った場合の損害賠償金等が補償される。

突然死葬祭費用保険では、被保険者の突然死に際し、親族が負担した葬祭費用が補償される。

(3) スポーツファシリティーズ保険

公益財団法人日本体育施設協会のホームページ（https://www9.jp-taiikushisetsu.jp/）によると、スポーツファシリティーズ保険は、同協会に加入している会員等が、その所有・使用・管理する体育施設で発生した事故について負担する法律上の賠償責任等を補償するための保険である。

公益財団法人日本体育施設協会が保険契約者となり、加入手続きをした協会会員等を被保険者として、東京海上日動火災保険株式会社を幹事引受保険会社とする国内損害保険会社5社との間で一括契約する。

保険の内容は、施設所有（管理）者賠償責任保険とスポーツ災害補償保険のほかに、オプションとしてレジャー・サービス施設費用保険と個人情報漏えい保険がある。

施設所有（管理）者賠償責任保険では、会員等が所有・使用・管理する体育施設の欠陥や施設の指導員による指導に起因して他人の身体・生命を害したり、他人の財物を損壊したりした場合に、被保険者である会員等が法律上の損害賠償責任を負担することによって被る損害に対して保険金が支払われる。

スポーツ災害補償保険では、体育施設内において、その施設の利用者がアマチュアスポーツの練習、競技もしくは指導中等に、急激かつ偶然な外来の事故により傷害を被り、体育施設の管理者が災害補償の規定等に基づき見舞金を支払う場合、その見舞金に対して保険金が支払われる。

(4) その他の保険

先述のように、スポーツ事故においても一般的な賠償責任保険や医療保険、傷害保険を利用することが考えられる。

もっとも、一口にスポーツ事故といっても、その競技・種目が内包する危険性や想定される結果の重大性は様々であり、危険性が高いスポーツは一般の保険では対象外とされることが多い。そのため、保険約款を十分に確認することが必要である。また、事故ではないが、ゴルフの「ホールインワン保険」において、キャディがいなかったことから保険金が支払われなかった事例があるため、約款の内容には注意が必要である。

Section
Ⅱ スポーツ保険に関する裁判例

スポーツ保険に関する裁判例としては、約款の文言解釈に関するものが多く見られる。

例えば、東京地判昭和63年2月1日〔判例番号89〕は、ダイビングツアー参加者の装着した酸素ボンベが、腐食と真夏の直射日光に晒されたために破裂し、ツアー参加者が負傷した事案であるが、賠償責任保険約款中の「指導に従事中の損害」の解釈が争われたところ、被保険者が当該スポーツの指導に従事している間に生じた損害であれば足りると判断している。

また、先に紹介した災害共済給付制度に関する東京地判平成3年7月5日〔判例番号112〕は、校外で行われた顧問の立ち会っていないサッカーの練習中の事故で中学生が死亡した事案である。本裁判例では、災害共済給付制度において給付の対象となる「学校の教育計画に基づいて行われた課外指導を受けているとき」の災害にあたるか否かを判断するにあたり、「少なくとも、学校において、当該活動を学校の教育活動の一環として位置づけており、かつ、学校の責任において実施したと言えることが必要である。そして、特に学校が休暇中に行われるクラブの練習がこれに当たるか否かについては、具体的には、①当該練習が学校における部活動の計画表に記載されているか、②顧問教諭が右練習に立ち会い、指導・監督を行っていたか、③この練習が正規のものでない場合は、学校において、このような練習が行われていることを認識しつつ、かつ、それを前提とした上で正規の練習計画の内容が決められているような事情があるか」という点を判断の基準ないし要素として挙げていることが参考になる。

資料編

裁判例一覧表
スポーツ種目別一覧表

裁判例一覧表

判例 番号	年月日 裁判所 出　典	種　　目	当事者 （X→原告 Y→被告）	事案の概要	判決内容	審級関係
1	昭和29年 4月5日 宇都宮地 判時28-17	プール・ 水泳	X　両親 Y　県	男子小学生が、競技用プール内で死亡した事故	本件プールの管理の掌に当るYの従業員は、男子小学生が右プールに入場するに際してはその入場を禁じ少くとも水泳未熟練者でないことの確認を得て入場せしむべき措置を採るだけの注意義務を負っていたがこれを怠ったとして、Yに使用者責任を認めた。	
2	昭和39年 10月27日 東京地 判時407-44	プール・ 水泳	Xら　死亡した参加者の相続人 Y　水泳講習会の開催者	18歳以上の水泳未経験者のための水泳講習会において、講習時間外に生じた溺死事故	講習指導員であり監視者であった者らに、講習時間外であっても適宜の処置を執るべき義務違反を認め、Yの賠償責任を認めた。	
3	昭和39年 12月21日 東京地 判時393-17 判タ170-152	スキー	X1　競技者 X2　X1の父 X3　X1の母 Y1　競技者（スキー場パトロール要員） Y2　使用者（スキー場運営会社）	スキー場パトロール要員Y1が、パトロール業務中に雪庇で不必要にジャンプしたところ、その先で転倒していたX1の顔面にスキー板が衝突し、頭蓋骨内出血等の傷害を負わせた事故	ジャンプするための滑降体勢にはいるにあたっては、まず十分の見通しのきく場所において前方および左右の状況を確かめるか、又は見張りの者を立てる等して自己のジャンプしようとする進路に向って滑走してくる者がないことを確認すべき注意義務があり、殊にスキー場のパトロールに従事する者は、つとめてジャンプを避け、たとえジャンプするにしても、これを行う時を選択する等して危害の予防について一層の注意を払うべき義務がある。Y1は、これを怠る重大な過失がある。【Y1の過失（100%）】 Yらは、X1がスキーの初心者であり、集団練習場が指定されていたにもかかわらずそこで練習をしなかった過失、原告X1がスキーの初心者であるにかかわらず斜滑降をし、あまつさえ上方よりの見通しのきかない雪庇の陰に転倒した過失を主張したが、認められず。【X1の過失（0%）】	
4	昭和40年 4月21日 松山地西条支 下民集16-4-662	プール・ 水泳	Xら　両親 Y1　町 Y2・Y3　教諭 Y4　県	深い部分と浅い部分があるプール内において水泳の授業を受けていた小学生の被害生徒が溺死した事例	本件プールは最深部で1.4mあり、少なくとも浅部を使用すべき小学生を泳がせる際には、遊泳中に誤って深部に赴くことを防止するに足りる方法を講じておくべきであったこと、本件プールの水が混濁していたこと及びその混濁の程度が著しかったことをそれ	

判例番号	年月日 裁判所 出典	種　目	当事者 （X→原告 Y→被告）	事案の概要	判決内容	審級関係
					ぞれ瑕疵と認め、Y1の営造物責任を認めた。また、注意力に乏しくまた泳げない者もある児童多数を対象に水泳練習を実施するにあたっては、その指導監督にたずさわる者は、児童にプールの性状を認識させ注意を促すと共に、万一の事態に備えて常にプール内の動勢に注目し、事故の発生を防止すべき注意義務を負うことは多言を要しないとした上で、Y2、Y3は同注意義務を怠ったと認定した。	
5	昭和41年 9月24日 大津地 判時473-53	プール・ 水泳	X　遊泳者 Y1　遊泳者 Y2　施設管理会社	Y1が、Y2の管理するプールで高さ1mの飛び込み板より回転飛び込みを行い、遊泳中のXの頸部付近に激突して失神させ、頸髄損傷の傷害を負わせた事故	Y1について、特殊な飛び込み方法は、多数人が共同で遊泳する公衆用プールにおいては混雑時には避けるべきで、敢行する場合は、見張りを置くか或いは特に細心の注意を払って落下水面付近、飛び込み板周辺のプールサイド側壁水面に遊泳客がいないことを十分確認し、事故を未然に防止する注意義務があったとして、責任が認められた。 Y2について、飛び込み板を設置する以上は、危険発生防止につき来場者各人の通常の注意にまつのみでなく、危険の周知と事故の予防のため少くとも飛び込み板使用上の注意事項を定めこれを飛び込み板付近に掲出し、或は飛び込み板先端下部水面に危険標識を設け、飛び込み者及び一般水泳客に特別の注意を促す如き設備を為すことは当然とるべき措置というべきであったとして、工作物責任を認めた。	
6	昭和44年 11月27日 大阪地 判タ242-265	プール・ 水泳	X　施設利用者 Y1　府 Y2　管理協会	Xが、Y1所有Y2管理のプールに設置されたスタート台から逆飛び込みして頭部をプール底部に打ちつけて受傷した事故	本件事故の発生は、事故に至った飛び込みをなす以前に4、5回本件スタート台から飛び込んでプールの深さその他の状況を知りながら、なおプール底部に向ってほぼ垂直に飛び込んだXの一方的な過失に基因するものと認められるとして、Yらの営造物責任等を否定した。	
7	昭和44年 12月10日 岡山地 判時590-61 判タ243-279	プール・ 水泳	X　両親 Y　市	幼児（当時5歳）が、市営プールで溺死した事故	プール監視員の監視義務違反を認め、Yの使用者責任を認めた。	

判例番号	年月日 裁判所 出典	種目	当事者 （X→原告 Y→被告）	事案の概要	判決内容	審級関係
8	昭和45年 2月27日 東京地 判時594-77 判タ244-139	バレーボール	X　競技者 Y　競技者	PTA主催の九人制バレーボールの練習中、前衛ライトの位置にいたYがスパイク直後に転倒し、反対側コートの前衛レフトの位置にいた原告Xの右足膝部に衝突した事故により、Xは右膝関節捻挫兼十字靭帯損傷の傷害を負い、Yに対して損害賠償請求をした事案	スポーツの競技中に生じた加害行為に関する違法性阻却の基準について判示しつつ、本件では、Yが練習に参加するに際しセミタイトスカートを着用していたことは、九人制バレーボールの練習に加わる服装としては不適切ではあるが、本件の練習で許容されているものであり、飛球をスパイクしたはずみで転倒することは予測される動作ということができるから、被告の行為は違法性を阻却するものといわなければならない。	
9	昭和45年 7月20日 熊本地 判時621-73	柔道	X1　生徒 X2・X3　両親 Y1　市 Y2　中学校校長 Y3　中学校教諭	市立中学校の柔道部に所属していた中学1年生のX1が背負い投げで投げられた際、道場畳に前頭部左側を強打し、脳内出血、脳軟化症の傷害を負った事故	Y3は、本件柔道練習についての指導監督義務を放棄したに等しく、同Y3の過失が存すること、また、Y2が校長としてY3を監督すべき義務を負うことは明らかであり、Y3の本件柔道練習についての指導監督について適切な指導助言をしたことの認められない本件においては、Y2がその注意義務を怠ったものであるというのほかはないことを理由に、Yの責任を認めた。	
10	昭和46年 10月29日 千葉地 判時657-78	ゴルフ	X　練習場利用客 Y　練習場運営会社	ゴルフ練習場の打席設置間隔が狭すぎたため隣の打席の利用者の振ったクラブがXの頭部に当たって傷害を負った事故	本件練習場には、自動でティーアップできる装置はなく、ティーアップするためには、練習者が自ら打席位置より前に進み出てボールをティーに乗せなければならないため、本件打席間隔においては、後の練習者が普通にボールをティーに乗せているときに、前の練習者がクラブを振れば、そのクラブヘッドが後の練習者の頭に当たる可能性がある。よって、Yの本件練習場の設置および保存には瑕疵があったといわなければならない。	
11	昭和47年 3月16日 福岡地 判タ278-332	野球	X　被害者 Y1　加害者Aの両親 Y2　加害者Bの両親	小学4年生のA及びBがフェンスで囲まれた広場でキャッチボールをしていたところ、Aの投げたボールが逸れて、	加害者らについて過失を認めたうえで、Yらには道路状況を注意し、ボールが外に飛び出さないようにして遊ぶように子供に注意する義務があるとして、その責任を肯定した。	

判例番号	年月日 裁判所 出典	種目	当事者 （X→原告 Y→被告）	事案の概要	判決内容	審級関係
				フェンスの外側を歩行していたXに衝突し、Xが後遺障害を伴う傷害を負った事故		
12	昭和47年 3月30日 福岡地小倉支 判タ283-285	プール・水泳	X　両親 Y　市	小学校プールの外柵金網の破れ目からプール場に立ち入った幼児（当時3歳9か月）が、プールに転落して溺死した事故	Yは、判断力に乏しく危険な行動に及びがちな児童幼児らが小学校運動場で遊んでいるうちにプール金網に近づき、同金網の隙間等からプール場内に入る者がいることは当然予測すべきであって、右児童らが本件プール場内へ立入らないよう、前記隙間をふさぎ、金網の点検修理等をすべきであったとして、Yの工作物責任を認めた。	
13	昭和47年 4月17日 神戸地伊丹支 判時682-52 判タ278-196	ゴルフ	X　キャディー Y1　ゴルフ場運営会社 Y2　同組競技者	Y2のキャディーであったXが、Y2のティショットの落下地点を確認する目的で同落下地点付近で待機していたところ、Y2のティショットの飛球を見失い、同打球を後頭部に受けて負傷したことから、Yらに対して損害賠償を請求した事案	Y1は、キャディーに対し本件事故発生当時、特定ホールでの打球（特にティショット）を監視するため、キャディーをティグラウンド前方の着球範囲内の地域で待機させる方法を採用しておきながら、打球からキャディーの安全を守るための適切な防護網を設けるなどの保安設備を設けていなかったことにつき、土地の工作物である本件ゴルフコースの設置ないし保存に瑕疵を認めた。 Y2に故意又は重過失がなく、かつ被害の原因となるような競技のルールや作法に反する行動のない限り、競技中において通常予測しうるような危険は、被害者もこれを受忍することに同意したと認められる。また、プレーヤーは、キャディーが打球に対する危険を避けうる態勢にあることを確認したうえ、キャディーのいる方向に打球しない心構えで打球すれば足り、それ以上の注意義務はない。	
14	昭和47年 7月28日 佐賀地 判時691-63	柔道	X1　生徒 X2・X3　両親 Y1～Y6　生徒 Y7　県	退部を申し出て顧問の教諭が了承していた県立高校1年生の柔道部員X1に、他の部員Y1～Y6が集団暴行を加え傷害を負わせた事案	Y1～Y6の責任は認めたものの、高校での暴力制裁事件が10数年もなく、部員に粗暴と目される者もなかった等、事件の発生を予測させるような特段の徴表が見出し難かった場合、教諭に、公権力の行使に当る公務員として、その職務を行うについて過失はなく、	

判例番号	年月日 裁判所 出典	種目	当事者 （X→原告 Y→被告）	事案の概要	判決内容	審級関係
					Y7に対して損害賠償請求をすることはできないとした。	
15	昭和47年 10月19日 静岡地沼津支 判時696-211	柔道	X　被害者 Y1　柔道クラブ Y2　有段者の指導者	柔道クラブを見学に訪れていた柔道初心者であるXが、有段者の指導者であるY2から練習相手になるよう誘われ、内股（技）をしかけられ、受身をとれずに左大腿骨頸部骨折の重傷を負った事案	柔道は基本練習である受身から始まり、受身だけの練習に少なくとも5、6時間の練習を必要とする。Y2はXが柔道の初心者であることを認識していたのであるから、初めて組んで練習する相手としてXに受身がとれるか確かめて練習に入るべきであるのにこれを怠り、Xに出足払いで受身の練習をさせ、大技の一つである内股をXにしかけ、受身のとれなかったXに左大腿骨頸部骨折の重傷を負わせたのはY2の重過失によるものといえる。	
16	昭和47年 11月15日 大阪地 訟月18-12-1837	プール・水泳	X　両親 Y　国	男子小学生（当時7歳）が、郵政省の厚生施設内のプールで遊泳中に大人用プールで溺死した事故	本件プールの監視体制としては、監視員を二名或いは交替要員をも含めて三名程度配置し、同監視員をして常時プールを巡回させるか、又は監視台上から絶えずプールの状況に注目させ、事故の発生を目撃した場合には直ちに現場に駆けつけて、救助し得る状態にしておくことが必要であり、本件プールは安全性確保上通常備うべき人的施設を欠いていたとして、Yの営造物責任を認めた。	28の原審
17	昭和47年 11月25日 大阪地 判タ291-322	野球	X　公園を通った人 Y　競技者	小さな公園で野球のノック練習していた高校生のノッカー（Y）のフォロースルーが、Xに気づかずに走って近づいた被害者（X）の前額部に接触したことについてXの過失を認めた事案	Yがノックをしていた公園は小さく、ブランコ・滑り台などの児童の遊びの設備があり、昼間の利用者はもっぱら児童であることが明瞭である。そして野球練習は行為自体が危険である。それにもかかわらずYはノックの直前に四方、特に正対しない方向を見回すことなく漫然とバットを振り回したのであるから、こういう小公園で野球練習をする際に当然講じるべき注意を怠っており重大な過失がある。	
18	昭和47年 12月28日 福岡地小倉支 判タ302-230	プール・水泳	X　両親 Y　プール経営会社	男子小学生（当時7歳）が、プール施設の大人用プールで溺死した事故	プール監視員としては特に子供が子供用プールから大人用プールに接近するのを未然に発見防止すべき注意義務があることは明らかであり、かつ、当時の遊泳客数（大人、子供	

判例番号	年月日 裁判所 出　典	種　目	当事者 (X→原告 Y→被告)	事案の概要	判決内容	審級関係
					あわせて10数名位と認められる）からしても、右注意義務を尽して男子小学生が大人用プールに接近するのを防止することは十分可能であったと認められるとして、監視義務違反を認め、Yの使用者責任を認めた。	
19	昭和48年 1月17日 大阪地 判時706-45 判タ302-212	サッカー	X　通行人 Y　学校法人外2名	グラウンドから蹴り出されたサッカーボールによる受傷事故	サッカーボールがグラウンドから逸出し、危険が生じることが予見可能であったにもかかわらず、必要な防止措置が取られていなかったことから本件グラウンドには人的物的の損害を防止するための設備として瑕疵があるとして責任が認められた。	
20	昭和48年 6月11日 東京地 判タ298-260	剣道	X　競技者 Y　国	警察官の業務中の体育訓練である剣道練習中、X（警察官）が、加害者（警察官）から下顎に突きを受け、傷害を負った事故	自由意思に基づく競技中の受傷は、通常許容された行動である限り加害行為から生ずる通常の傷害を予め承諾していると解すべきであるが、柔剣道など相手方の身体に直接攻撃を加える競技は、危険の程度、発生の蓋然性は大であるから、自己より技術の劣る者に対する安全配慮義務は加重されるが、本件は、同程度の技術を持っていたこと、練習が警察官の職務上の精神的訓練をも目的としていること考慮し、加害者の責任を否定した。	
21	昭和48年 7月12日 京都地 判時755-97 判タ299-338	プール・水泳	X　両親 Y　市	男子中学生（当時12歳）が、夏季休暇中に市立中学校のプールで遊泳中に排水口に足を吸い込まれて溺死した事故	鉄蓋が生徒の力で移動され、排水口が開いてしまうことのないよう、鉄蓋をたやすく移動しないように設計しなかった点、鉄蓋が移動しているままで、本件プールを使用させた点に、学校側の本件プールの設置・管理に手落があり、通常具有すべき安全性を欠如していたと認められるとして、Yの営造物責任を認めた。	
22	昭和48年 7月30日 神戸地尼崎支 判時737-76	プール・水泳	X　両親 Y　市	幼児（当時2歳）が、他の幼児と遊んでいた際、市立小学校のプールに転落して溺死した事故	本件プールサイドへの出入口に取付けられた扉には長方形のすき間が数個もあることから、この扉は、右すき間をすり抜けることが可能な幼児に対しては、プールサイドへの出入りを阻止する役目を果しておらず、同プールは、幼児に対する関係では未だ安全確	

判例番号	年月日 裁判所 出典	種目	当事者 （X→原告 Y→被告）	事案の概要	判決内容	審級関係
					保措置を尽しているとは言えず、軽微であるとは言えその設置に瑕疵があるとして、Yの営造物責任を認めた。	
23	昭和48年 8月29日 東京地 判時717-29 判タ300-264	空手	X1・X2　両親 Y　私立大学	私立大学の空手愛好会会員が退会に伴ない他の会員より集団暴行され死亡した事案	大学学生課長・学生主事が学生の高校の教師あるいは学生の父らから退会に伴う暴行のおそれを告げられ、責任をもって解決すると答えたなど……のような事情があるときは、学生課長・学生主事に暴行を防止すべき条理上の作為義務を尽くさなかった過失があるとした。	
24	昭和49年 3月29日 富山地 判時754-84	プール・ 水泳	X1・X2　被害者の両親 Y　国	大学生である被害生徒が、大学が実施した臨海水泳実習に参加し、水泳実習中に死亡した事例	管理者責任については監視体制に不備があったか問題となったが、比較的危険度の少い浅瀬における実習であり、学生自身が成人であるためその自主性を尊重し、教官と協力し互に監視し合う体制をとる等して危険防止措置をとっていたものであるから、監視体制が実効のないもとのはいえないとして同責任を否定した。また、指導者の責任も否定した。	
25	昭和49年 4月9日 東京地 判時753-50 判タ313-293	野球	X　5歳男児 Y1　野球部部長 Y2　私立大学	私立大学の野球部員が練習中に投球した硬球がグランドで遊んでいた5歳の男児に当って受傷させた事故	Y1が、本件野球練習について、自らまたは監督を通して野球部員に指示注意を与え、野球練習中、子供たちを本件グランド内に立入らせないようにし、また立入った者があれはただちに退出させるなどして、子供たちの生命身体の安全確保につき、適切な措置をとっていたならば、本件事故の発生を防止しえたと考えられるので、この点に同Y1の過失が存するものといわなければならないとして、Y1につき民法709条により、私立大学につき民法715条により、それぞれ損害賠償すべき義務があるとした。Y5は国家賠償法第1条により、責任が認められる。	
26	昭和49年 4月24日 山形地 判時755-39 判タ308-151	登山	Y（被告人） 高校自治会山岳部顧問教師	市立商業高校教諭であり、同校山岳部顧問でもあるYが、同山岳部パーティー	Yには中岳上り口付近の鞍部で自ら引き返して生徒Aの容態を確かめたうえ生徒Aに対し救護のため必要な措置をとるべき注意義務は、道義	

判例番号	年月日 裁判所 出典	種目	当事者 （X→原告 Y→被告）	事案の概要	判決内容	審級関係
				の磐梯朝日国立公園朝日連峰における春山合宿で生徒4名を引率し、右訓練中遭難し、同部員3名を凍死させた事件（刑事事件）	的にはともかく、法的に存在したという証拠がないということに帰するから、Yに右注意義務に違反した行為があったとは言えないというべきであるとして、Yを無罪とした。	
27	昭和49年 9月9日 千葉地 判時779-93 判タ313-160	柔道	X　死亡生徒の両親 Y1　加害生徒 Y2　柔道部顧問 Y3　柔道部顧問 Y4　校長 Y5　県	高校の柔道部の練習で、初心者である部員（Xの子：高1）が、上級生であるY1から、背負い投げや絞め技を受けて意識を失い、その後死亡した事故	Y1は有段者であり、初心者を指導する際は、相手の技術の程度、身体の状態等に応じた指導をなす義務、意識を失った場合には意識が戻っても練習を中止して休ませる義務があり、スポーツでは、規則（ルール）に従う必要、規則がなくても危険を防止する義務があるところ、かかる義務を怠ったとしてY1の責任が認められた。 柔道部の指導教諭としては共同して部員の健康管理および事故防止について監視助言し、かかる点に欠けるところのないようにすべき義務があり、特に新入部員の入った新学期の四月、五月の上旬などは、新入部員につきいまだ柔道部の活動に耐えうる体力や技能ができていない虞れが十分に感ぜられるところであるから、自ら、あるいは部員を通して新入部員の練習状況を十分に監視し把握すべき義務がある。共同して監視に当ったY2・3は、練習中亡Aが意識を失ったことなどにまったく気づかなかったため、何らの指示も与えておらず右監視の義務を怠った過失がある。Y5は国家賠償法第1条により、責任が認められる。	
28	昭和49年 11月28日 大阪高 判時773-97	プール・水泳	X　両親 Y　国	男子小学生（当時7歳）が、郵政省の厚生施設内のプールで遊泳中に大人用プールで溺死した事故	一般的に監視員を常時一名配置したのみで他に安全確保のための手段、方法を講じていない本件プールは営造物としての人的施設の面でその設置又は管理に瑕疵があったというほかはないとして、Yの営造物責任を認めた。	16の控訴審

判例番号	年月日 裁判所 出　典	種　　目	当事者 （X→原告 Y→被告）	事案の概要	判決内容	審級関係
29	昭和50年 7月14日 熊本地 判タ332-331	空手	X1　生徒 X2・X3　両親 Y1・Y2　空手部員 Y3　学校法人	私立高校の空手部員が下級生の部員に暴行を加えて負傷させた事故	空手部顧問（部長）であったAはY1がキャプテンになった当時から練習その他部の運営はY1に任せきりにしており、時折、練習を職員室から見たり、帰途、立寄って10分見てゆく程度で、練習方法等につき部員と話し合ったり、部員に対し守るべき事柄を教えたり、あるいは練習に立寄って指導するということは殆んどなかったという事実関係のもとで、Aが空手部の指導教師としてなすべき注意義務を怠ったことは明らかであり、しかも、右注意義務を怠らなければ、本件事故が生ぜずにすんだ蓋然性は極めて高いといわねばならないとして、Aの右指導の怠慢も、Y1、Y2の不法行為と共同不法行為を構成するものというべきであるとしてAの過失を認めた。	
30	昭和50年 9月26日 大阪地 判時809-74	陸上競技（ハンマー投げ）	X1・X2　生徒の両親 Y　大阪府	公立高校の校庭で守備練習中の野球部員がハンマー投げのハンマーに当たって死亡した事故	亡Aらの守備位置がすでに危険区域にかなり近く、またそれまでハンマー投げとの同時練習もなかったのであるから、打球の変化や飛距離に応じ亡Aら守備部員が捕球に熱中して思わず危険区域に立入ることは容易に予測できたことであって、本件程度の広さの運動場において両種目の練習を同時に行なうことにすでに無理があったといわねばならないとしたうえで、B、C両教諭としては練習種目の調整により本件のような危険種目の競合を避けて事故防止に万全を期すべきであったのにこのことがなかったもので、それぞれその過失を免れることはできないとして、Yは国家賠償法1条1項に基づき本件事故による損害を賠償する責任があるとした。	
31	昭和50年 12月25日 福岡高 判タ334-195	プール・水泳	X1・X2　両親 Y　経営管理会社	幼児（当時5歳）が、本件プールの深部で溺死した事故	泳ぐことのできない幼児等がプールサイドを通って指定していた危険区域に進入することは容易に予想されるところであるから、この部分の往来を完全に遮断する設備を設けるか、この部分についての監視体制をととのえるかして事	

判例番号	年月日 裁判所 出典	種目	当事者 （X→原告 Y→被告）	事案の概要	判決内容	審級関係
					故の発生を未然に防止すべき義務があったとして、Yの工作物責任を認めた。	
32	昭和51年 5月25日 福岡地 交民9-3-753	バレーボール	X　高校生（事故被害者） Y　交通事故加害者	高校生が、交通事故により右足関節部開放性内踵骨折等の傷害を負った事案	Xは、小学校高学年時よりバレーボールの選手として才能抜群で体躯に恵まれ高校卒業後はバレーボールの全日本リーグ加入の実業団チームを擁するような一流企業に入社することが確実視されていたが、本件事故によってこれを断念せざるを得なくなったことが慰謝料の算定上考慮された。	
33	昭和52年 2月10日 盛岡地 訟月23-2-237 判タ360-232	柔道	X1　生徒 X2・X3　生徒の両親 Y　国	国立工業高等専門学校における課外活動としての柔道練習中の傷害事故	訴外AがX1に内股を実際にかけた時の状況について、〈証拠略〉を総合すると、訴外Aは、通常の状態でX1を投げ、技はすんなりときれいに決まったことが窺われ、しかも前記認定のとおり、訴外Aの内股が何ら独特の変則技とは認められない以上、Xら主張のように、バネを欠いたまま相手をギリギリ巻き込むようなあるいは押し倒すような危険な内股をかけたとの事実は到底認め難く、他に右主張を認めるに足る証拠も存在しないとしたうえで、Xらが訴外Aの本件内股による投げについて指導教官に指導上の安全配慮義務違反あるいは過失があると主張する点はいずれもこれを認めることができないとした。	70の原審
34	昭和52年 3月30日 山形地 判時873-83	体操	X1　生徒 X2・X3　両親 X4～X6　兄、姉、兄の妻 Y1　学校法人 Y2　亡校長の相続人 Y3　教頭	私立高校の体操部で、高校一年生の部員が体操競技のつり輪運動の練習中、つり輪から二回転宙返り降りを試みた際、これに失敗し、床面に敷かれたセーフティマット上に頭部から落下し、頚椎脱臼の傷害を負った事故	本件事故当時、亡Aは校長としてY1から学校運営に関して包括的に教職員に対する指導、監督権を委ねられていたこと、亡Aは、各クラブの指導担当者の監督指導を行っていたことから、亡Aは本件体操部クラブ活動の運営につき使用者たるY1に代って指導担当者としてBを選任、監督すべき地位にあり、又現実にこれらを行っていたものというべきであるから、民法715条2項にいわゆる使用者に代って事業を監督する者に該当し、Bの前記不法行為	

判例 番号	年月日 裁判所 出　典	種　　目	当事者 （X→原告 Y→被告）	事案の概要	判決内容	審級関係
					についてBの体操部指導教師としての生徒の生命、身体の安全を確保すべき職務の指導監督に相当の注意をしていたことは認められないから、亡Aはいわゆる代理監督者としての責任を負わなければならない、としてY2の責任を認めた。	
35	昭和52年 12月22日 広島地 判時889-76	プール・ 水泳	X　両親 Y　市	男子小学生（当時7歳）が、市民プールで遊泳中に大人用プールで溺死した事故	泳げない児童幼児が小人用プールから大人用プールに接近して、スタート台付近で危険な行動をするのを規制したり、入水している水泳未熟者に対する注意を厳にするなどして事故の発生を未然に防止すべきであったがこれを怠り、市民プールは営造物としての人的施設・管理体制の面で、その設置管理に瑕疵があったとして、Yの営造物責任を認めた。	
36	昭和53年 5月23日 広島地 判時911-148	器械体操	X1　生徒 X2・X3　生徒の両親 Y　学校法人	高校3年生の体操部員が体操競技選手権大会に出場するため、鉄棒自由問題の後方屈身2回宙返り下りを練習中、着地に失敗して頸髄損傷等の傷害を負った事故	本件事故当時におけるX1の体操技術の習得状況と体調等に照らし、右の如き危険防止のための措置（鉄棒の下には公式用マット（厚さ5センチメートル）二枚を重ねて敷いた上に、さらにウレタンマット（厚さ30センチメートル）一枚が敷いてあったうえ、補助者2名が鉄棒の両側の支柱のすぐそばにいたこと）が不十分であったとは認め難く、結局本件事故は、A教諭において予期し難い突発事故であったというほかはないとして、指導教諭の過失を否定した。	
37	昭和53年 9月28日 浦和地 判時930-93	ゴルフ	X　ゴルフ場利用客 Y　ゴルフ場運営会社	Y運営のショートコースをラウンド中のXが、ティーマットからティーショットを打った際、ショット後のティーがXの左目にあたり、失明をした事故	ゴム製マットを使用した場合と自然芝、人工芝マットの上でティーショットした場合で、ティーの跳躍度に目立った差異は認められず、ゴム製マットは日本でもかなり以前から数か所のゴルフ場で使用されているが本件のような事故は稀有の例と認められることに徴すると、ティーショットをした際にたまたまティーがプレーヤーの左眼に当って失明するという事故が発生しても、これをもって本件ティーグラウンドに瑕疵があるとはいえない。	52の原審

判例番号	年月日 裁判所 出典	種目	当事者 （X→原告 Y→被告）	事案の概要	判決内容	審級関係
38	昭和54年 1月26日 大阪地 判タ384-147	プール・ 水泳	X　中学生 Y　市	男子中学生（当時14歳）が、飛び込み禁止の市営プールで、監視員の隙を窺って逆飛び込みして頭部をプール底部に打ちつけて受傷した事故	禁を犯してまで危険な飛び込みをする者があることをも予測し、かかる事態でもなお事故発生を防止できる程に水深を大きくし、かつ高い水位を維持しておかねばならないとは解し得ず、また、かかる無謀ともいえる行為を完全に阻止し得る程に強固な監視体制をとることを要求することは、通常の市民プールの運営に関し人的物的設備の面で不可能を強いることになるとして、Yの営造物責任を否定した。	
39	昭和54年 3月20日 東京地 判時940-62 交民12-2-371	自動二輪車競技	X　参加者 Y　主催者	Y主催のモトクロス大会に出場したXがレース中の事故により負傷したことから、大会主催者に対し債務不履行又は不法行為に基づく損害賠償を求めた事例	本件コースは国内規定に照らし安全性に劣る点はないこと、レース前に競技規則に照らし点検を行いこれに適合することを確認していること、開会式でレース規約や危険注意等につき説明していること、競技開始前のコース試走を実施していること、X自身の状況判断の誤り等から事故が発生してること等から、Yの主催者としての安全義務違反を責任原因とするXの請求には理由がないとした。	
40	昭和54年 3月28日 松江地出雲支 訟月25-8-2050 判時940-99	柔道	X1・X2　亡生徒の両親 Y　県	県立高校の生徒が課外活動としての柔道練習中、頭部、けいつい部を強打して死亡した事故	B教諭が、初心者に対する安全第一主義の立場から、亡Aの体力、技能、受身の熟達度、疲労度等を観察して正しく把握し、特に前述のとおり、円陣練習中亡Aに、受身が困難な程の過度の疲労が見られる場合には、これを看過することなく、直ちに練習を中止させ休憩を与えるとか、Cに前述のような危険性をもつ左大外刈で亡Aを投げさせるのであれば、両者の柔道経験・技術、体格、体力等の差異による事故の危険度を考慮して、「強く刈らない」「刈足を高く上げない」「受身を助けてやる」などといった適切な指導をするとかしていたならば、本件事故の発生を防止しえたと考えられるので、この点にB教諭の過失が存するものといわなければならないとして、本件事故が、柔道部長	

判例番号	年月日 裁判所 出典	種目	当事者 （X→原告 Y→被告）	事案の概要	判決内容	審級関係
					たるB教諭の過失によって生じたものであるから、Yは国家賠償法1条に基づきXらの損害を賠償する責任があるとした。	
41	昭和54年 3月29日 鳥取地 判時941-105	柔道	X1　生徒 X2・X3　両親 Y　県	県立高校の柔道部に所属していた高校2年生の生徒が合宿練習中に頸椎脱臼、脊髄損傷等の傷害を負った事故	本件合宿の計画及びその実施は、合宿の時期、期間、毎日の練習時間、休憩時間、練習内容、参加部員の水準等を総合して、参加部員に過重な負担を強いる程のものであったとは認めがたく、実力の優れたX1についてはなおさらであったと考えられるから、本件合宿に関し、その計画、実施につき、校長らに指導監督上特段欠けるところは存しなかったとして、Yに安全管理義務違反はないとした。	
42	昭和54年 4月26日 大阪地 判時946-86 判タ391-103 交民12-2-578	釣り	X　乗船者の相続人 Y1　操船者 Y2・Y3　Y1の両親、祖父	Y1による釣り船（小型船舶）の急な運転操作によって、Y3が海中に転落して死亡した事故	操縦者は、泳げない不慣れな釣り人がいる場合には、その発進にあたり単に発進する旨を告げるにとどまらず、右同乗者を船上に座らせ、船の縁をつかまえさせる等これに安全な体勢をとらせ、操船方法においては同乗者に与える衝撃を緩和し、同乗者が海中に転落するのを未然に防止すべき注意義務があった、としてY1の責任が認められた。	
43	昭和54年 10月29日 長野地 判時956-104 判タ401-110	柔道	X1　生徒 X2　生徒の母親 Y　県	県高校長主催の柔道大会で重傷を負った事故	本質的に危険が内在している柔道競技を主催するに際してこれに関係する者は、一般に危険が発現しないように、予見可能な危険の態様のすべてにわたって、事故発生を防止すべき万全の措置を講ずる注意義務を負い、それは、競技の運営ないしその準備にも及ぶとし、学校設置者たるYは、当該在学契約に付随する当然の義務として、教育条理及び信義則上、学校教育の場において生徒の生命、身体等を危険から保護するための措置をとるべき義務を負っている。 しかし、X1が本件大会に参加することに承認を与えた高校長A及び同校教諭B並びに本件大会を主催運営した校長会には、本件事故発生につい	

判例番号	年月日 裁判所 出　典	種　目	当事者 (X→原告 Y→被告)	事案の概要	判決内容	審級関係
					ての安全を配慮する義務の不履行、ないし不法行為としての過失を認めることができないとして、Yの責任を否定した。	
44	昭和54年 12月11日 東京高 判時958-63 判タ414-76	ラグビー	X1・X2　亡生徒の両親 Y　県	ラグビー部顧問兼監督の県立校教師が自校のクラブ活動のラグビー試合に補充員として参加させた他校の生徒がタックルを受けて死亡した事故	ラグビー競技は、激しい競技であって、選手が互に相手方と激しく接触したり衝突することが多く、そのため技能、体力、筋力等に差があると危険性も大であるから、高校生を社会人チームとの試合に出場させるに当っては、その指揮監督者は、相手方チームの実力に注意を払うほか、出場する高校生の技能、体力、体調等にも注意し、もって生徒の身体、生命に不測の事態が生じないよう保護監督し、右技能、体力、体調等に疑念のある場合には、その出場を取りやめさせるべき注意義務があることはいうまでもない。しかも、自校のラグビー部員ほどに技能、体力の程度を掌握していないものとみられる他校のラグビー部員を参加させて自校の部活動を実施しようとする場合には、一層右注意義務が要求されるものといわなければならないなどとしたうえで、本件事故についての教諭の注意義務違反を認めて国家賠償法1条1項の適用があるとした。	63の原審
45	昭和55年 2月8日 札幌地 判時971-88	野球	X1・X2　亡生徒の両親 Y　学校設置者	高校の生徒が河川敷で野球の練習中に、川に落ちたボールを捕虫網で拾おうとして増水していた水流に誤って転落し、溺死した事故	学校設置者の安全配慮義務は、生徒の年齢、その場の状況等に応じて具体的に決定されるべきであるから、高等学校の生徒が、河川敷のグランドにおける野球の練習中に、川に落ちたボールを取るため、水面に向って傾斜する堤防に出て、捕虫網で拾おうとして誤って増水していた水流に転落し溺死した事故に対して、右捕虫網の使用を禁止していなかったとしても、学校設置者に安全配慮義務違反があるとはいえないとして、国の賠償責任を否定した。	

判例番号	年月日 裁判所 出典	種目	当事者 （X→原告 Y→被告）	事案の概要	判決内容	審級関係
46	昭和55年 6月25日 千葉地 判時980-112	サッカー	X 被害者 Y1 私立学校法人 Y2 学校代表理事、校長	教師不在の状況で開始された体育のサッカーの授業中、見学していた被害生徒（高校生）らが相撲をとり始め、これにより被害生徒が負傷した事例	体育教師不在の状況で体育の授業が開始された点について、管理者責任等が問われた。これについて、判決は、高校3年生となれば、担当体育教師の監督等を受けなくても、その体育授業を受けるべき態度をどのようにすべきか十分知悉しているというべきであるとして、管理者責任等を否定した。	
47	昭和55年 7月11日 大阪地 判時1000-108 判タ423-114	野球	X 通行人（被害者） Y1 野球部員（加害者） Y2 府	府立高校の野球部員がその準備運動として校外でランニング中に発生した第三者に対する衝突事故	高校職員が本件ランニングにつき、野球部員に対し、通行人に衝突しないよう注意を与えなかったことは当事者間に争いのないところであるが、本件ランニングにより野球部員が通行人に衝突する危険性が客観的に高いものとはいえないのであるから、同校職員がランニングにつき、野球部員の自主的な判断と責任に委ね、何ら注意を与えなかったことをもって、同校職員に指導監督義務違反があったものということはできないとして、府の責任を否定した。	
48	昭和55年 7月14日 大阪地 判時999-87 判タ426-178	野球	X 被害者の両親 Y1 競技者 Y2 Y1の父 Y3 地方自治体（グラウンド管理者）	Y1とその友人(乙山）が、小学校仮設グラウンドで、硬式野球ボールで投球練習していたところ、捕手であったY1が受け損ねたボールが、近くにいた小学生（Xの子）の後頭部にあたり死亡したことを理由に、XがY1～Y3に対して損害賠償請求をした事案	乙山が速い球を投げるうえに制球力を欠くときには暴投すること、本件事故当時小学生らが試合を終えて帰ろうとしていることを知っていたことなどから、もし乙山との投球練習を続ければ、過って暴投となった硬球がY1の後方にいる小学生に当たる可能性のあることを充分予見することができ、しかも、Y1は既に中学三年生（14歳）であったから、人に硬球が当たったときの危険性について認識する能力を有していたと認めることができるから、事故を防止すべき義務を怠っており、過失を認めた。	
49	昭和55年 8月6日 大津地 下民集33-1~4-536	プール・水泳	X 施設利用者 Y 県	Xが、湖中に整備された水泳場に設置された水上ステージから逆飛び込みして頭部を水底に激突させて受傷した事故	国としては、本件水泳場付近一帯をそれが自然に存在するままの状態で一般公衆の自由な使用に供してきたものにすぎず、現在まで同所に何らの建設物も物的設備も設置、管理してきたこ	

判例番号	年月日 裁判所 出典	種目	当事者 （X→原告 Y→被告）	事案の概要	判決内容	審級関係
					とはないのであるから、本件水泳場は公の営造物ではないとして、Yの営造物責任を否定した。	
50	昭和55年 9月8日 福岡高 訟月27-1-154 判時997-125 判タ435-117	柔道	控訴人（Y） 国 被控訴人(X) 生徒	国立工業高等専門学校における課外活動としての柔道練習（乱取り）中の傷害事故	本件事故は偶発的なものというべきであるから、指導教官であるAらが被控訴人に乱取りの練習をさせた点に責められる謂れはなく、同人らに何ら過失はなかったものというほかはない。…高等専門学校の学生は、満一五歳以上であって、自らの行動を弁識し、これを自主的に決定する能力を有しているといって差支えないから、柔道部の指導教官（コーチを含む。）は、部員の練習につき生徒の自主性を尊重しつつ指導監督すれば足り、常時複数の指導教官がついて各部員の行動を逐一監視すべき義務があるとは到底解し難いのみならず、前記認定事実からすれば、本件事故は複数の指導教官が現場に居たとしても避けられない一瞬の事件というほかはない以上、Aらには被控訴人主張の過失はなかったものといわざるをえないなどとして、国の賠償責任を否定した。	
51	昭和55年 12月12日 浦和地川越支 判時1019-111	合気道	X1・X2　亡学生の両親 Y1　大学 Y2　大学教授（合気道部部長） Y3　指導者 Y4　合気道部学生	大学合気道部の夏期合宿練習中に起きた投げ技の受け手同士の衝突による死亡事故	Y4の本件事故発生時の練習は社会的に許容された方法であり、結局Y4には、本件事故発生についての注意義務違反（過失）は存しないものと認めるのが相当である。…本件事故は合気道の技術に相当習熟した大学生のスポーツ練習中発生したものであること等からすると、Y3の注意義務の程度は右の指導と注意で充分であり本件の如き事故にまでその防止する注意義務は存しないものというべきであり、以上の点と前記認定のY4の本件事故発生時練習が社会的に許容された方法であることを総合すると、結局Y3には本件事故発生についての注意義務違反（過失）は	

判例番号	年月日 裁判所 出典	種目	当事者 （X→原告 Y→被告）	事案の概要	判決内容	審級関係
					存しないものと認めるのが相当である。…Y2の地位等に鑑みると、Y2は部長とはいえ単にY1と合気道部間との連絡調整役に過ぎず、強いていえば管理面からの安全を守る義務が問われる程度のもので、個々の練習面における事故防止を図る注意義務は存しないものと解するのが相当である、などとしてYらに過失がないとした。	
52	昭和56年 1月30日 東京高 判時995-54 判タ437-109	ゴルフ	X 練習場利用客 Y 練習場運営会社	Y運営のショートコースをラウンド中のXが、ティーマットからティーショットを打った際、ショット後のティーがXの左目にあたり、失明をした事故	ゴム製マット上でのティーショット時に、ティーが跳上がってゴルファーの眼に当り負傷・失明事故が発生したとしても、右ティーマットを使用してティーショットをする場合のティーの跳上がりによる危険度は、裸土にティーを差込んでショットする場合のそれよりはかなり大きいが、自然芝、人工芝にティーを差込んでショットする場合に比してそれほど大きいものとはいえないから、Yは、Xに対して責任を負うものではない。	37の控訴審
53	昭和56年 2月25日 大阪地 判タ449-272	プール・水泳	X 親 Y 市	男子高校生が、市立高校水泳部の練習後、プール内で遊んでいた際、本件取水口に足を挿入して吸い込まれて溺死した事故	本件プールの使用者が高校生であるとしても、本件被害者のように義務教育修了直後で中学生と大差のない者もおり、かつ精神的発達には個人差が大きい点からすると、右の危険のある本件取水口に足が挿入できないように防護柵を設けなかった点は、本件プールの設置に瑕疵があったと認められるとして、Yの営造物責任を認めた。	
54	昭和56年 8月19日 浦和地 判時1023-92 判タ455-131	体操	X1 生徒 X2 生徒の母親 X3〜5 兄弟姉妹（亡父親の訴訟承継人） Y 県	高校の体操部のクラブ活動として、他高校の体育館において行われた校外練習に参加し、鉄棒の練習をしているうち、墜落をして傷害を負った事故	A教諭は、日常の練習においても、ほとんど参加したことがなく、実技指導はもとより、安全面の指導も行なわず、Bコーチに対しても、安全措置をとるよう指示した形跡がなかったばかりでなく、8月10日に上尾高校で合同練習があることを知りながら、これに参加せず、(参加できなかった理由について納得できる説明はない。)しかも、当日体操部員を引	

判例番号	年月日 裁判所 出　典	種　　目	当事者 （X→原告 Y→被告）	事案の概要	判決内容	審級関係
					率したBコーチに対して事故防止について前記のような指示をすることがなかったため、同人も、その点について全く配慮することなく、X1を含む部員らに日常と同一の練習をさせたのであるから、Yの履行補助者たるA教諭は、部員たるX1の身体の安全を確保すべき義務を怠ったものといわざるをえないなどとして、国家賠償法1条の責任を認めた。	
55	昭和57年 1月22日 大阪地 判時1044-415 判タ470-147	カヌー	X1・X2　亡学生の両親 Y1　大学 Y2　顧問 Y3　顧問代行 Y4　大学教員（学生部長） Y5　大学学長	大学のカヌー部員が、クラブ活動としてカヌーの練習中、カヌーが転覆して死亡した事故	もともと大学は、スポーツ系の大学ならばいざ知らず、一般的には各種のスポーツから生じる危険を除去する具体的諸方策を逐一指導し、またはその対策をたてる能力をもつものではないと考えられる。…クラブ活動における通常の練習の過程においてクラブ員に生じうべき危険防止についてまで大学が具体的諸方策を講じなければならない義務はないというべきである、として債務不履行ないし不法行為に基づく損害賠償義務を否定した。	
56	昭和57年 9月3日 高知地 判タ486-137	ゴルフ	X　運営補助者 Y　チャリティーゴルフ主催者	チャリティーゴルフ大会において、主催者に雇用されてワンオン賞の確認補助作業を行っていた者が、プレーヤーの打球に当たって負傷した事故について、主催者の安全配慮義務違反が認められた事案	YがXを雇用したと認められるから、YはXを安全に就労させる労働契約上の義務がある。Yの側でXにヘルメットをかぶせたり、頭上を覆うべきパラソルを準備する等Xの安全に配慮した形跡を認めることはできない。Xがボールを見失ったことはXの過失とはならない。	
57	昭和57年 9月24日 名古屋地 判時1063-197 判タ483-107	ゴルフ	X　先行プレーヤー Y1　後続プレーヤー Y2　コース経営者	ゴルフプレー中に後続プレーヤーの打球が先行のプレーヤーに直撃し負傷した事故について、後続プレーヤーとコース経営者の責任が認められた事案	本件事故現場付近は、打球地点からは全く見えない状況であるから、このような構造上の特質を有する施設の設置管理をなすY2は、事故発生を未然に防止するため、使用人たるキャディーに十分に前方の状況を把握させ、打球者に適切な指示・助言をさせるべきであるに	69の原審

判例番号	年月日 裁判所 出典	種目	当事者 （X→原告 Y→被告）	事案の概要	判決内容	審級関係
					もかかわらず、キャディーは前方の状況把握を全くせず、かつ内心ではまだ早いと思いながら打球開始を制止せず、そのため事故発生に至ったのであるから、キャディーの使用者たるY2は民法715条により損害を賠償すべき義務を負う。	
58	昭和57年 11月22日 東京高 東高民報33-10 ~12-133 判タ490-68	ラグビー	X1　生徒 X2・X3　両親 Y　高校の設置者たる県	県立高校生徒のラグビー試合中に発生した生徒同士の衝突による傷害事故について、県の責任が否定された事案	安全配慮義務はそれが問題となる具体的状況に応じて具体的内容を有するものであり、本件においては、右義務の具体的内容はXらが主張する過失の基礎となる具体的内容と同一であると解すべきである。しかるに、本件では右過失を認めることができないのであるから、右義務を認めることもできない。	
59	昭和58年 1月21日 長崎地 判時1075-146 判タ494-123	ラグビー	X　生徒 Y　高校の設置者たる県	県立高校生徒の体育の授業中に行われたラグビー試合中の傷害事故	県立高校の在学関係においても、特別な社会的接触の関係に入った当事者間において当該法律関係の付随義務としての当事者の一方又は双方が相手方に対して信義則上負う義務として一般的に認められる安全配慮義務が否定されるものではない。重大事故発生率が高いとの一事をもって、教育長等の教育プログラムの研究策定に義務違反があったということはできず、更に保護者の同意を得た希望生徒に参加者を限定し、又はラグビーそのものを廃止する義務があるとはいえない。	
60	昭和58年 2月18日 最高裁（2小） 民集37-1-101 集民138-125 判時1074-52 判タ492-175	バレーボール	X　生徒 Y　町	町立中学校の生徒が課外のクラブ活動中の生徒とした喧嘩により左眼を失明した事故	顧問の教諭が代わりの監督者を配置せずに体育館を不在にしていたことが同教諭の過失であるとするためには、本件のトランポリンの使用をめぐる喧嘩が同教諭にとって予見可能であったことを必要とするものというべきであり、もしこれが予見可能でなかったとすれば、本件事故の過失責任を問うことはできないといわなければならないとして、顧問の教諭に過失があるとした原判決には、国賠法1条1項の解釈適用の誤りがあるとして原審に差し戻した。	

判例番号	年月日 裁判所 出　典	種　目	当事者 （X→原告 Y→被告）	事案の概要	判決内容	審級関係
61	昭和58年 2月24日 東京地 判時1072-121 判タ492-91	テニス	X　利用者 Y　住宅・都市整備公団	公営住宅団地内のテニスコートに設置してある日覆いに手をかけて準備運動をしていた際、日覆いが転倒して受傷した事故	日覆いの本来の用法とは異なる利用によるものであって、日よけとして通常利用するための安全性に欠けていたとは認められないとして責任を否定した。	
62	昭和58年 2月28日 山形地 判タ494-135	ヨット	X1・X2　亡生徒の両親 Y　国	国立大学ヨット部の合宿練習中に起きた死亡事故	本件大学において、本件ヨット部の運営は学生らの自治に委ねられ、従ってヨット部の日常的な部活動は分別を備えている大学生が本来自らの判断で対処し自分自身で責任を負うべき状況にあったこと、本件大学においては本件ヨット部の日常的な部活動に対し具体的な指導監督をなすことはなかったものの顧問教官において機会がある度に、本件ヨット部の学生に対し安全確保に対する注意を喚起していたこと等から考えると、本件大学の負うべき安全配慮義務の内容、程度として欠けるところがあったとすることはできないなどとして、学校側の安全配慮義務違反、営造物設置管理の瑕疵をいずれも否定し、国に対する損害賠償請求を棄却した。	
63	昭和58年 7月8日 最高裁（2小） 集民139-273 判時1089-44 判タ506-81	ラグビー	上告人(Y)　県 被上告人（X）　生徒の両親	ラグビー部顧問兼監督の県立校教師が自校のクラブ活動のラグビー試合に補充員として参加させた他校の生徒がタックルを受けて死亡した事故	練習試合への参加が、甲高校B教諭の指揮監督の下に行われたことによって同校のクラブ活動としての意義を有するとしても、右練習試合における不足人員の補充は社会人チームの要請に基づくものであり、これに応じた亡Aら乙高校ラグビー部員は、○○チームの一員として右練習試合に参加して△△チームと競技したにすぎないのであるから、乙高校ラグビー部員の右参加が甲高校のB教諭の呼びかけによるものであるとしても、そのゆえをもって同部員が当然に右競技中同教諭の指揮監督下に置かれたものということはできないとした。	44の上告審

判例番号	年月日 裁判所 出典	種目	当事者 (X→原告 Y→被告)	事案の概要	判決内容	審級関係
64	昭和58年 8月24日 横浜地 判時1091-120 判タ510-137	テニス	X　練習生 Y　テニス教室運営会社	テニススクールでの初心者に対する講習中、ボール拾いをしていた受講生Xに他の受講者が打ち返したボールが当たり、Xが眼球を負傷した事案	テニススクールのコーチとして、初心者のXに対し、練習者の近くでボール拾いをすることの危険性やその危険防止について何の指導もしないまま、ボールが衝突する危険のある状況でのボール拾いを指示してこれをさせ、傷害を負わせるに至ったものと認められるから、使用者であるYは損害賠償すべき義務がある。	
65	昭和58年 9月9日 東京地 判時1125-131 判タ520-159	登山	X　亡生徒の父親 Y　国	私立大学のワンダーフォーゲル部員が冬山登山中、氷結した急斜面から滑落して死亡した事故	監督庁は、私立大学のワンダーフォーゲル部の活動に関しても援助と助言を行う権限を有してはいるものの、大学に対し部活動による危険防止のための具体的方策を指揮命令する権限もなければ、具体的作為義務を負うものでもなく、また、ワンダーフォーゲル部の冬季の登山活動から生ずる危険の如きは、何人にも容易に予見が可能であるとともに、その防止策も常識の範囲に属するものであって、公務員の職務上の特別の知識経験によらなければ知り得ないものではなく、監督庁が事故発生防止に役立つ具体的基準を策定して大学に通知することが社会一般の期待するところであるともいえないから、具体的作為義務があるともいうことができないなどとして、文部省の私立大学に対する行政上の監督義務の懈怠も国定公園の管理の瑕疵もないとした。	
66	昭和58年 10月6日 大阪地 判時1102-90	釣り	X　競技者 Y1　競技者 Y2・Y3　Y1の母等	中学2年生のY1が投げたルアーが、Xの右眼に直撃し、Xが失明した事故	Y1は、キャスティングを行うに際し、Xとの位置や距離関係を確認した上で、竿の長さ及び竿の先から垂らした糸の長さ、キャスティングの方向、風等の影響等からルアーの飛行圏内に推し量り、付近に危険が及ぶ可能性があるときは声をかけてXを遠ざける等してルアーがXに当らないようにすべき注意義務があったとして、Y1の責任が認められた。	

判例番号	年月日 裁判所 出典	種　目	当事者 （X→原告 Y→被告）	事案の概要	判決内容	審級関係
67	昭和58年 12月23日 京都地 判タ520-180	ゴルフ	X　競技者 Y1　競技者 Y2　ゴルフ場運営会社	Y2のゴルフ場で、Xがティーショットの打球をコース右側の木立付近で捜していたところ、同ホールに隣接するアプローチ練習場で練習していたY1の打球がXの後頭部付近に直撃した事故	アプローチ練習場とコースとの中間に安全網又は障壁等を設けることなく隣接させれば本件のような事故が起りうることは充分予想できるため、両者を隣接して設置したこと又その中間に予測しうるボールの飛来を防止できる程度の障壁等を設けて競技者が容易に練習場内に入り込まないような設備をしなかったことは土地の工作物の設置保存に瑕疵があったといわざるをえない。	
68	昭和59年 2月28日 東京高 判時1112-54	体育（鉄棒）	X1　生徒 X2　母親 Y1　教師 Y2　県	県立高校の体育の授業中に教師から懲戒懸垂をさせられて落下負傷した生徒X1とその母親X2の教員Y1及び県に対する損害賠償請求事案	本件懸垂は非常に危険な方法であり、教師Y1は本件懸垂に際しX1らがバランスを崩して落下し負傷するに至ることが有りうることを予測し得た筈であり教師Y1が他の採り得るより安全な方法に増して本件懸垂を行わなければならない様な特段の事情も窺えない本件においては、教師Y1がX1らに本件懸垂を行わせた行為は着地に関する指導を行ったか否かにかかわりなく、懲戒の限度を超えた違法なものであり、本件事故につき過失がある。	
69	昭和59年 7月17日 名古屋高 判時1136-80 判タ537-145	ゴルフ	X1　ゴルフ場運営会社 X2　後行競技者 Y　先行競技者	ゴルフ場のブラインドホールにおいて、X2がティーショットを打ったところ、先行するYに打球が当たり、負傷した事故	本件事故現場附近は、打球地点からは全く見えない状況であるから、このような構造上の特質を有する施設の設置管理をなす会社は、事故発生を未然に防止するため、使用人たるキャディーに十分に前方の状況を把握させ、打球者に適切な指示、助言をさせるべきであるにもかかわらず、キャディーは前方の状況把握を全くせず、かつ内心、まだ早いと思いながら打球開始を制止せず、そのため事故発生に至ったのであるから、X1は民法715条により損害を賠償すべき義務を負う。	57の控訴審
70	昭和59年 9月28日 仙台高 訟月31-6-1266 判タ540-204	柔道	X1　生徒 X2・X3　生徒の両親 Y　国	高専校の柔道クラブでの練習中コーチから技をかけられ倒されたことにより橋静脈破綻による硬膜下血腫の傷害を負った事故	本件練習時にO教官が控訴人X1に対して内股及びこれと大内刈の連絡変化技をかけた際、同控訴人の頭郎が床に打ちつけられたとの事実は証拠上認め難いのみならず、結果から遡って検討して見た場合にもこの事実を推認しなけ	33の控訴審

判例番号	年月日 裁判所 出　典	種　　目	当事者 （X→原告 Y→被告）	事案の概要	判決内容	審級関係
					ればならないものでないことが明らかとなった。そうすると、控訴人ら主張の因果系列の出発点が肯定されないことになるので、高専校の課外活動で新入生に対し内股やこれを起点とする連絡変化技の指導をすることが安全配慮義務の観点からして適当か否かとか、また被控訴人やO教官に結果の予見可能性、結果回避義務違反があるかどうかについて結論を示すまでもなく、控訴人らの請求はいずれも理由がないといわなければならない、として国の責任を否定した。	
71	昭和60年 1月31日 東京高 判時1143-80 判タ554-177	スキー	X　スキーヤー Y1　スキー場の管理運営会社 Y2　スキー場の現実の管理を行っている権利能力なき社団	5月中旬にY1経営のスキー場のリフトを利用して山頂に登り滑降中のXが、二度にわたってクレバスに転落し負傷した事故	Yらには、スキー場の閉鎖を周知させなかったこと、閉鎖後もリフトを観光客用に運行しこれを一般スキーヤーが利用することを制止しなかったこと、スキー場のパトロールが不十分であったこと等の点で過失があるとされた。	107の原審
72	昭和60年 2月21日 盛岡地 判タ555-248	野球	X1・X2　両親 Y1　I高校設置の学校法人 Y2　I高校の校医	私立高校の生徒が野球部の合宿練習中に日射病に罹患して死亡した事故	当日の天候、気温などの自然的条件や部員の体力・身体状況、練習の種類・程度などの諸点に鑑み、高校野球部の部長・監督として通常有すべき経験則上、何らかの疾病・事故の生ずることを予見することが可能であるような特段の事情がない限り、部員らの練習の模様を逐一監視することまで要求されないところ、本件において右特段の事情があることの立証はないとして、責任を否定した。	
73	昭和60年 5月13日 大分地 判時1184-102 判タ562-150	サッカー	X　被害者 Y　市	体育の授業において、クラス全員によるサッカーの競技中、生徒の一人が蹴ったサッカーボールが被害者の左目に当たって負傷し、後遺症が残った事例	体育授業としてのサッカーゲームに際し、担当教師としては、ゲーム中の危険防止に十分な注意をすべきことは勿論のことであり、ことに、密集の中で相手の身体を蹴る危険のある蹴り方や児童に負傷を生じさせるような身体の接触等のいわゆるラフプレーを禁止するなど、これらに十分な注意を払って事故回避に努むべき注意義務があることはもとよりのことであるとしな	

判例番号	年月日 裁判所 出典	種目	当事者 (X→原告 Y→被告)	事案の概要	判決内容	審級関係
					がら、本件事例は危険な態様の蹴り方ではない形で被害生徒が負傷したものであるとして、指導者の注意義務違反を否定した。	
74	昭和60年 5月29日 東京地 判時1206-49 判タ562-111	ゴルフ	X　競技者 Y1　競技者 Y2　ゴルフ場運営会社	Xが、Y2所有のゴルフ場でプレー中、左後方のホールから飛来したY1の打球がXに直撃し、傷害を負った事故	ゴルフ場の隣り合った2つのホール間の高低差および樹木帯は、ボールの飛来を防御できず、他にこれを防護すべき施設を設けずに近接して設置したことは、土地の工作物の設置、保存に瑕疵があり、Y2には民法717条の責任がある。	
75	昭和60年 6月26日 大阪高 判時1176-102 判タ566-165	プール・水泳	X　両親 Y　市	水泳クラブのコーチの男性が、専用使用中の市営プールで同クラブが所有し使用していたタイム測定用電気時計からの漏電により感電死した事故	本件タイマーは、クラブが所有管理し、本件プールに常時設置されていたものではなく、クラブの講習会が開かれる都度クラブのコーチが倉庫から運び出してプールサイドに置いて使用していたものであり、本件プールと有機的一体関係にあったとは到底認められないとして、Yの営造物責任を否定した。	
76	昭和60年 7月19日 浦和地 判時1167-81 判タ567-200	プール・水泳	X1～X3　死亡した女性の相続人 Y1　県 Y2　市	県及び市の両教育委員会が共催して行った「泳げない人の水泳教室」において、参加者が溺水により窒息死した事故	Yらの教育委員会及び担当職員、指導監視員の過失を否定し、Yらの賠償責任を認めなかった。	
77	昭和60年 12月18日 横浜地 判時1209-92	スキー	X　スキーヤーの相続人 Y　スキー場の管理経営会社	Yが運営するスキー場間を結ぶ連絡通路のうち、すでに閉鎖されていた通路を滑降していたスキーヤーが、別通路と交わる地点において、他のスキーヤーと衝突し、死亡した事故	本件滑降コースを滑走するスキーヤーにとっては、特に本件通路の存在を表示しなくても安全上何らの支障がないのみならず、本件旧コースが閉鎖されていることはYの設置した標識等によって本件滑降コースの相当遠くの方からも認識し得る状況にあったこと、また、本件通路のタンネの森スキー場側に寄った地点において、スキーヤーが一時停止をしても、同地点からは本件ゲレンデを滑走しているスキーヤーを確認することができないのであるから、同地点に一時停止の標識を設置しても危険防止のためには何らの実益もなく、事故防止のためには別地点に設置された一時停止の標識で十分であった	

判例番号	年月日 裁判所 出典	種目	当事者 (X→原告 Y→被告)	事案の概要	判決内容	審級関係
					ことが認められるため、Yには標識等を設置して事故防止することについての注意義務違反はないとされた。	
78	昭和61年 2月28日 横浜地 判時1194-103 判タ608-98	プール・水泳	X　両親 Y1　キャンプ場運営者 Y2　県	幼児（当時6歳）が、砂防法により県知事が管理する河川敷に無許可で設置された施設プールの導水管に吸い込まれて溺死した事故	本件導水管の取水口部分に児童の吸入を防止するに足る金網や網状の防護柵を設置し、あるいは右取水口付近に児童が近づかないように予めキャンプ場利用客に口頭または立札を立てる等して注意を喚起するなどの措置を講ずべきであったとして、Y1の工作物責任を認めた。 他方、本件事故現場を含む公の営造物たる砂防指定地に瑕疵があったとは認め難いとして、Y2の営造物責任を否定した。	
79	昭和61年 4月30日 東京地 判時1231-117 判タ629-168	スキューバダイビング	X　参加者 Y　インストラクター	ダイビングの指導員兼バディとして過失が認められ、死の恐怖による慰謝料（25万円）が認められた事例	本件事故当時、現場付近の海洋の水温は摂氏12度以下でウェットスーツを着用していても寒かった（なお、これを着用していなければ、水温摂氏15度で凍死の危険性がある。）ことが認められるとして、本件状況のもとで死の恐怖の中で一時間以上も漂流したことによって受けた精神的苦痛が多大なものであったことは推認に難くないとして、慰謝料25万円を認めた。	
80	昭和61年 5月9日 大阪地 判タ620-115	プール・水泳	X　両親 Y　リゾートホテル経営会社	施設利用者（当時17歳）が、Y設置管理の海水浴場にて溺死した事故	本件海水浴場には海水浴に危険な海士ケ瀬があるのであるから、Yは、本件ホテルを利用する海水浴客の生命、身体の安全確保のため適切な措置をとるべき注意義務を負っていたと解すべきところ、Yが海水浴客の安全確保のためとっていた措置は極めて不十分なものであるから、Yには右注意義務を怠った過失があったと言わざるをえないとして、Yの不法行為責任を認めた。	
81	昭和61年 5月14日 大阪地 判時1217-88 判タ617-105	ヨット	X　死亡部員の両親 Y1　国 Y2　ヨット部顧問 Y3　同部長 Y4　部員	3名が乗船していたヨット（艇）が転覆し、それを復元した後、被害者が艇から手を離して溺死した事故	Y4の対応は、艇が突然転覆し3名とも艇外に放り出されたという緊急事態が発生した状況であったことや、本件の具体的状況の下では、格別適切を欠くとことはなかったといえ、Y4に艇を固定しロー	

判例番号	年月日 裁判所 出典	種目	当事者 (X→原告 Y→被告)	事案の概要	判決内容	審級関係
					プ等を使用し被害者を救助する注意義務もなかったとして、Y4の責任は否定された。	
82	昭和61年 6月20日 大阪地 判時1215-104 判タ620-131	プール・水泳	X　小学生 Y　市	男子小学生が、体育授業で水泳指導を受け、逆飛び込みして頭部をプール底部に打ちつけて受傷した事故	児童の体位向上に応じたプールを可及的速やかに実現することが望ましいが、好ましい施策の実行といいえても、これによって直ちに本件プールに欠陥があることの証左とまでいえるものではなく、水量確保その他の管理面でも手落ちがあったとは認められないとして、Yの営造物責任を否定した。	
83	昭和61年 9月30日 札幌高 判タ633-174	スキー	X　競技者（控訴人） Y　競技者（被控訴人）	Xがゲレンデを横切るように滑走していたところ、X後方から来たYと衝突した。 Yは、本件事故現場付近を、大きな弧のパラレルターンでゆっくりと滑走し、斜面の右方向に向け斜めに滑走する状態から左に回転したところ、Yの進行方向左側からY側へ向かって斜めに滑走してきた女性と左肩同士がぶつかり、そのため、Yの体が谷側へ傾き、スキー操作の自由を失って進行し、Xの後方から、Yの左足がXの両足の間に入る形で衝突した。	一般に、ゲレンデを横切るように滑走することが常に許されないものではなく、本件において、Xの滑走方法が格別適切さを欠いていたものと認めるべき事情はないとしてXの過失を否定した。 Yと訴外女生徒の衝突の状況を明らかにするのは困難であり、この衝突についてYに注意義務違反があったとは認め難く、YのXに対する直接の注意義務違反も認めえないとしてYの過失を否定した。 なお、傍論において、そのスポーツやレクリエーションのルールないしマナーに照らし、社会的に容認される範囲内における行動により、他人に傷害を負わせた場合は、いわゆる正当行為ないし正当業務として違法性が阻却されると解すべきであると判示し、被控訴人の行動はこれにあたるとして、違法性が阻却されるとした。	
84	昭和61年 10月31日 大阪地 判時1216-102 判タ634-174	ゴルフ	X　キャディー Y　ゴルフ場運営会社	Yが管理のゴルフ場は、特定ホールでは前方で飛球確認をするよう指導していたところ、同ホールで、訴外競技者の打球が、前方で打球確認のため待機していたXに当たり傷害を負った事故	キャディーがその職務を遂行するべく、状況に応じて競技者の打球の行方とその落下地点を確認するため、必然的に打者より前方に出ざるをえない構造になっているホールにあって樹木等の遮蔽物もないところでは、競技中の打球衝突事故が発生することは十分予見ができるので、右職務を遂行しようとするキャディーの生命身体に対する安全確保のため、防御網等の保安設備	

判例番号	年月日 裁判所 出典	種目	当事者 (X→原告 Y→被告)	事案の概要	判決内容	審級関係
					が設けられなければならず、このような設備が設けられていないホールを含むコースはそれ自体、土地の工作物の設置に瑕疵がある。	
85	昭和62年 3月9日 大阪地 判時1256-55 判タ651-140	プール・水泳	X1・X2　死亡した生徒の両親 Y1　学校法人 Y2～Y4　指導教諭	三歳児対象の幼稚園内の水泳教室において、生徒がプール内で溺水の吸引による窒息死した事故	監視担当の指導教諭Y2・3について、監視の実行に遺漏の無いように期すべきであったにもかかわらず、被害生徒の行動に気が付いていなかったことなどから過失があると認定し、同教諭らに共同不法行為責任を認めるとともに、その使用者のY1にも賠償責任を認めた。一方監視担当でなかったY4の教諭については責任を否定した。	
86	昭和62年 6月16日 旭川地 判時1250-111	スキー	X　スキーヤー相続人 Y　スキー場の経営会社	スキーヤーが、Y運営のスキー場ゲレンデを滑降中、ペアリフトと称するリフトの山頂終点から下方約100メートルの地点にあるコンクリート製の照明燈支柱のむき出し部分に衝突して頭部を強打し、外傷性ショックにより死亡した事例	本件事故現場は、スキーヤーが支柱の設置位置の周辺を頻繁に滑降している個所であり、同支柱には防護用として前記マットが備えつけられていたものの、雪面に応じて右マットの位置の調節が行なわれていなかったため下部約70センチメートルにかけてコンクリート柱がむき出しになっていたのであるから、前記の如きゲレンデに要求されるスキーヤーの危険防止措置に欠けるところがあったといわざるをえず、Yには民法717条の工作物の設置、保存の瑕疵が存在し、本件事故により発生した損害を賠償すべき責任がある。	
87	昭和62年 10月23日 福岡地 判時1267-122 判タ662-157 判例自治44-42	ラグビー	X　生徒 Y　県	県立高校生徒のラグビー部活動としての練習試合中の事故	F教諭は、長年S高校ラグビー部部活動の指導に携わっており、しかも本件ゲームにおいてはレフェリーとして関与して両チームの動きを十分観察していたのであるから、相手が高校生チームと実力において格段の差のある強力な社会人チームであることからして、たとえ三年生の部員らがXを推せんしたにせよ、Xはフッカーとして甚だ未熟な選手であるから、かかるXをフッカーとして急きょ起用すれば本件のごとき重大な事故が発生するおそれがあることに思いを致し、Xの技量に鑑み、同人をフッカーとして本	97の原審

判例番号	年月日 裁判所 出典	種目	当事者 (X→原告 Y→被告)	事案の概要	判決内容	審級関係
					件ゲームに出場させることは絶対に避け、もってXの身体の安全に配慮すべき義務があったものといわなければならない。しかるにF教諭は、部員からの推せんを認めてXをフッカーに起用したのであるから、右安全配慮義務に違反したものといわざるを得ない、として県の責任を認めた。	
88	昭和62年 10月28日 静岡地沼津支 判時1272-117 判タ671-187	テニス	X1・X2　亡生徒の両親 Y　市	中学校の課外部活動に参加していた生徒がテニスコートを整備中ローラーの下敷きになって死亡した事故	顧問教諭はローラーを駆足で牽引するなどの危険な使用をすれば、生命・身体に対する重大事故が発生することがあり得ることが充分に予見可能であったのであるから、顧問教諭としてはローラーの適切な使用方法をテニス部員の生徒全員に周知徹底させるべき注意義務があったのに、右義務を尽くさなかったため本件事故が発生したというべきであるとして、市の責任を認めた。	
89	昭和63年 2月1日 東京地 判時1261-28 判タ676-134	スキューバダイビング	X1～X3　ツアー参加者 Y1　ツアー主催会社 Y2　主催会社代表取締役 Y3　同社従業員 Y4　同社アルバイト（ガイド） Y5　保険会社	Y1主催のダイビングツアー中、潜水用ボンベが破裂しXらが負傷した事故	Y2～Y3についてボンベ破裂について不法行為責任を認めた上で、さらにY1には、ボンベの検査及び取扱いを適切に行い、仮にもボンベが破裂することなどないように配慮すべき義務があったものというべきであるとし、Y2～Y4はボンベの充填にあたってY1の履行補助者として必要な義務を履行していないとして、Y1の契約責任を認めた。	
90	昭和63年 2月22日 東京地 判時1293-115	体育（トレーニング）	X1　被害者 X2　被害者の父 X3　被害者の母 Y　都	高校の体育の授業中に、教師の指示に従って、被害生徒が他の生徒を肩車してトレーニングをしようとしたところ負傷した事例	指導者は、肩車で上の者を持ち上げることができない時は無理に持ち上げなくとも良く、かつぐ相手を交替することも認めていたこと及び高校生には自主的にそのまま肩車を実施することの危険性について判断するだけの能力もあったとして、指導者の注意義務違反を否定した。	
91	昭和63年 2月25日 東京地 判時1273-3 判タ663-243	柔道	Xら　柔道選手ら Y　全日本柔道連盟	選手の選考が平等取扱条項の趣旨に反し、裁量権の範囲を逸脱したものとして違法とされた事例	Xらの各種柔道大会における戦績、本件に関する心情と、他方において、本件紛争の背景にはYと全学柔連の組織的対立があることが弁論の全趣旨から明らかであるが、一方で、Xらが被告の行為に	

判例番号	年月日 裁判所 出 典	種 目	当事者 （X→原告 Y→被告）	事案の概要	判決内容	審級関係
					よって柔道選手としての生命を断たれるほどの大きな打撃を受けたものとは認め難く、現在既に社会人としての道を歩んでいることを考慮して、Xらが本件によって被った精神的損害に対する慰謝料は名目的なものにとどめ、Xらそれぞれに対し、金5万円とするのが相当である。	
92	昭和63年 3月30日 横浜地 判時1294-101	野球	X1 生徒 X2・X3 生徒の両親 Y 市	市立中学校の野球部員が並列してトスバッティングをしていた際に、打球が斜め前方の投手に当たって負傷した事故	バッターが野球部顧問の教諭の指導に従い、バットを振り切らず、ピッチャーに向かって軽く打ち返すというトスバッティングの一般的な練習方法でトスバッティングの練習が行われている限り、中学生の野球技術水準を考慮に入れても、バッターの打球が隣りのピッチャーの身体に強く当たる可能性は極めて小さいものというべく、本件トスバッティングの練習において野球部顧問の教諭らが現実に具体的危機を感知することがなかったことからも推認できることである。そうすれば、4、5メートルの間隔で並列した本件トスバッティングの体形は、それ自体危険性を有するものと断定することはできないから、右体形によってトスバッティングの練習をさせていたこと自体につき、野球部顧問のA、B両教諭に過失があったということはできない、として市の責任を否定した。	
93	昭和63年 4月25日 東京地 判タ678-118	陸上競技	X 競技場利用者 Y ナイター陸上開催者	Yが開催していたナイター陸上兼オリンピック派遣選手最終選考会場において、競技場トレーニングセンター会員のXが場内をジョギングしていたところ、場内で練習していたナイター陸上参加者と衝突し重傷を負ったことから、開催者に対し不法行為（安全配慮義務違反）	Yはナイター陸上の主催者として、競技場施設内において競技会運営上事故が発生しないよう選手役員等の競技関係者や観客等に対してその安全配慮をすべき義務があったというべきであり、Yが危険防止のためにとっていたこれら措置は前記注意義務を尽くすに十分なものであったとし、請求を棄却した。	

判例番号	年月日 裁判所 出典	種目	当事者 (X→原告 Y→被告)	事案の概要	判決内容	審級関係
				に基づく損害賠償を求めた事例		
94	昭和63年 5月27日 大阪高 判タ672-203	登山	X1・X2　亡生徒の両親 Y　府	府立高校山岳部員が部活動としての登山中に死亡した事故	本来登山については現地に臨んでその場の状況に応じて臨機応変に対処すべき場合が多く、事前に各種の場面を予想して適切な指導、助言をすることは、特に登山について専門的な知識、経験を有することを認めるに足りる証拠のない校長及び顧問教諭に期待するのは酷である事情や前記のように本件山行の現地の状況を含めて登山全般についてより経験、知識があることがうかがえるOBが加わって山岳部員が自主的にプランや行動等について事前に検討できる体制にあり、現に本件について検討会を開き配慮すべさ点についてのOB等からの指導もなされていた以上、前記の学校長らの指導、助言がなかったことを特に過失とみるのは相当でないとして、府の責任を否定した。	
95	昭和63年 10月4日 静岡地富士支 判時1309-131 判タ691-208	マラソン	X1　被害者の父 X2　被害者の母 Y　学校法人	全校生徒による高校のマラソン大会中、被害生徒が監視員から死角となる場所で倒れ、死亡した事例	管理者には、マラソン大会に参加する生徒の生命、身体等に危険を生じないよう万全の態勢をとる義務があるとして、①事前の健康チェック、②看護救助体制、③監視体制について検討し、①②に問題はなかったとしたが、③に不備があったとして管理者の責任を認めた。	
96	昭和63年 12月13日 神戸地 判時1323-113 判タ698-260	プール・水泳	X1・X2　死亡した小学校教諭の両親 Y　教育委員会(市)	市教育委員会が小学校教員を対象とした体育実技講習会に参加した小学校教諭が、講習会の最終日に海で開催された水泳講習会において、溺水が原因で死亡した事故	講習日程の企画内容や実施された具体的内容、講習会当日の海の状況等、講習実施前、実施中の監視態勢等、実際に行われた救助活動を検討して、主催者の安全配慮義務違反や民法715条1項に基づく責任を否定した。	
97	平成元年 2月27日 福岡高 高民集42-1-36 判時1320-104 判タ707-225	ラグビー	X　生徒 Y　県	県立高校生徒のラグビー部活動としての練習試合中の事故	ラグビー部の合宿訓練が正課の授業とはおのずから異なるものであるにしても、かかるクラブ活動がまた、学校教育活動の一環であることも否定できず、顧問教諭をはじめ、学	87の控訴審

判例番号	年月日 裁判所 出典	種目	当事者 （X→原告 Y→被告）	事案の概要	判決内容	審級関係
					校側に生徒を指導監督し事故の発生を未然に防止すべき一般的な注意義務があることはいうまでもない。そして、当該クラブ活動の訓練、練習が本来的に危険を内包するものであれば、その実施について、指導監督の任にあたっている顧問教諭としては、その危険性を十分注意し、もって、生徒の生命及び健康等を危険から保護するよう配慮すべき義務があるものというべきであるなどとして、顧問教師の安全配慮義務違反を認めて県の損害賠償責任を肯定した。	
98	平成元年 3月10日 大阪地 判時1328-83 判タ707-198 交民22-2-353	自動車競技	X　遺族 Y　A株式会社（施設管理者）	自動車レース場においてスポーツ走行中の高校生が高速の後続車に接触されて転倒し死亡した事故	見通しの悪い場所であった第17番ポストに監視員を配置しなかったことは、スポーツ走行に利用されるレーシングコースとして通常有すべき安全性を欠いていたものといわざるを得ず本件コースの保存には瑕疵があったとして施設管理者の責任を肯定した。	
99	平成元年 3月31日 浦和地 判時1327-91 判タ707-236	野球	X1・X2　亡生徒の両親 Y　県	野球部の練習中、ピッチングマシーンから飛び出した球が頭部にあたって、高校生が死亡した事故	ピッチングマシーンによる死亡事故は本件事故がはじめてであり、本件高校がピッチングマシーンを採用した当時は、埼玉県内の野球部のある高校において、ピッチングマシーンにつき使用方法を誤らない限り特に危険ではないと考えていたとしても、これを非難することはできないことから、校長が特にピッチングマシーンの危険性につき調査し、その採用の適否を検討することなく採用を決定したとしても、その点につき注意義務違反があるとはいえない等として、県の責任を否定した。	
100	平成元年 8月31日 東京地 判時1350-87	野球	X　競技者 Y　競技者	野球の試合中にYがスライディングして、Xを負傷させたが、不法行為責任が否定された事案	挟殺プレーでのスライディングについて、その球技のルールに照らし社会的に容認される範囲における行動であれば行為は違法性を欠くところ、守備妨害の目的でベースから1メートルも離れたXにスライディングしたなどという事実は認められないから、野球のルールに照らし社会的に容認される範囲内の行為であり、違法性を欠く。	

判例番号	年月日 裁判所 出典	種目	当事者 （X→原告 Y→被告）	事案の概要	判決内容	審級関係
101	平成元年 10月27日 東京地八王子支 判タ716-158	自動車競技	X 競技者 Y 競技者	ドラッグレースにおいて、Y運転車両がガードレールに衝突して空中に舞い上がり、ピットロード内のX搭乗車両の上に落下し、Xが右上腕骨開放骨折等の傷害を負った事故	Yの車両改造などが車両改造の限界を越えた過大・危険なものであったとはいい難く、Yの運転操作が原因で事故に至ったとも認められないとして、Yの過失は否定された。	
102	平成2年 1月31日 富山地高岡支 判時1347-103	スキー（そり）	X そり遊技者 Y1 スキー場経営会社 Y2 遊具そり販売業者	夜間、スキー場において遊具用そりで滑走中、鉄塔に衝突し受傷した事故	当該鉄塔は、ゲレンデの端に通常の滑走コースと区分された場所に設置され、その周囲及び上方斜面は比較的なだらかであり、上方から当該鉄塔は十分に見通せたのであるから、滑走者は、右鉄塔にぶつからないように滑走コースをとるのが通常であり、また、仮にその上方でコントロールを失って右鉄塔方向に流されても転倒するなどすれば容易に衝突を避けることができる状況にあったと認めることができ、滑走者が前記危険回避行動をとっているかぎり、衝突の危険性は無かったものと認定し得る。したがって、Y1が当該鉄塔に防護マット等を巻いていなかったことをもって、利用客に対する安全配慮を欠き、また、工作物の設置、管理に瑕疵があったと認めることはできない、としてXの請求を棄却した。	
103	平成2年 3月6日 静岡地富士支 判時1351-126 判タ729-88	体育（跳び箱）	X1 被害者 X2 被害者の父 X3 被害者の母 Y 市	中学校の体育授業において、X1が、跳び箱運動による跳び箱跳び越しの際、誤って頭頂部付近を跳び箱上部に衝突させ、跳び箱上から転落して負傷した事例	跳び箱の前方倒立回転跳びは、恐怖心や心理的不安感を生じ易く、高い危険性を内包している種目であるから、その指導にあたる教師としては、生徒各自の能力に応じ、個別的に、かつ、安全を確かめながら、台上からの倒立回転跳び、はねあげなど段階的な練習、指導を充分すべきであるとともに技能に劣る生徒に対しては自ら又は他の生徒を指導して補助すべきものであるとして、これを怠った指導者の注意義務違反を認めた。	

判例番号	年月日 裁判所 出典	種目	当事者 （X→原告 Y→被告）	事案の概要	判決内容	審級関係
104	平成2年 3月26日 東京地 判タ737-173	スキー	X　スキーヤー相続人 Y1　ゲレンデの管理会社 Y2　駐車場の経営会社	ゲレンデを滑降してきたスキーヤーがゲレンデから雪の崖となっている駐車場に転落して死亡した事故	ゲレンデの具体的状況から、滑降中のスキーヤーは駐車場とゲレンデの終わり付近との判別がつかず、駐車場がゲレンデの延長でありそのまままっすぐ滑降するのが自然のように錯覚し、駐車場に転落する可能性がある。そのような状況では、Y2には、ゲレンデから駐車場方向へ滑降してくるスキーヤーが傷害を負わないようにするため、駐車場東側ないし東南角にできる雪の段差が緩斜面になるように除雪作業を実施するか、あるいは右段差付近に雪の崖ないし急斜面が作り出したときはその上方前面全体にわたり進入を防止する防護ネットを設けるなどしてスキーヤーが駐車場内に転落しないようにする管理義務があったにもかかわらず、これを怠ったものであり、Y2には民法717条1項または709条の責任がある。	
105	平成2年 6月21日 東京地 判タ746-178	スキー（そり）	X　そり遊戯者 Y　スキー場の経営会社	スキー場内のゲレンデにおいて、そりで滑降していたXが、2つのゲレンデの区分帯に生えている樹木の根元に衝突して負傷した事故	一般的に本件樹木に衝突する可能性は高くなく、十分衝突を回避できる時間的及び場所的な余裕があるといえること、現に従来本件事故以外にそりで滑降中に樹木に衝突して傷害を負うという事故は発生していないことに照せば、Yにおいて本件樹木等の樹木を伐採せず、またその樹木につき衝突防止の安全設備を設置していないからといって、Yのゲレンデがそり用のゲレンデとして通常有すべき安全性を欠いていたものとはいえず、他にその設置、保存の瑕疵を認めるに足りる証拠はない。	
106	平成2年 9月19日 東京地 判時1389-82 判タ756-233	ゴルフ	X　生徒 Y1　主催者 Y2　指導者 Y3　生徒 Y4　練習場経営会社	ゴルフ教室に参加したXが、Y2の個別指導を受けている際に、Y3のスイングしたゴルフクラブが頭部に当たり、後頭部挫傷等の傷害を負った事故	Y2は、Xに対して指導を受ける位置を適切に指示する義務及び、Y2のスイングで後退りして危険な場所に行ってしまうような場所でスイングをしてはいけない義務に違反したとして過失を認めた。また、Y3はXと接触することのない場所及び方法でスイングする義務を怠ったとして過失を認めている。なお、Y1及びY4はY2の使用者として責任が認められている。	

判例番号	年月日 裁判所 出典	種目	当事者 （X→原告 Y→被告）	事案の概要	判決内容	審級関係
107	平成2年 11月8日 最高裁（1小） 集民161-113 判時1375-65 判タ751-62	スキー	X　競技者 Y1　スキー場管理運営会社 Y2　Y1から委託された管理団体	2年連続でXが、ゲレンデ閉鎖後又は閉鎖当日にゲレンデのクレパスに気づかず転落し、負傷した事故	1回目の事故は、閉鎖後のスキー場でXが滑走したものであり、Yには過失がない。また2回目の事故では、当日クレパス付近に設置された赤旗が事故時には取り去られていたものの、事故直前までリフトを停止させていたことから、赤旗が取り去られることは予想しがたいとして、過失を否定した。	71の上告審
108	平成2年 12月6日 横浜地川崎支 判時1382-112	スキー	Xら　スキーヤーの相続人 Y　スキー場を経営する会社	滑走中のスキーヤーがゲレンデの下方に設置してあるテニスコート及びゲートボール場の舗装部分に激突して死亡した事故	本件ゲレンデは他のスキーヤーによる滑走もなされていず、圧雪もなされずブッシュ等が露出し転倒する虞が十分にあったものであり、技術も十分でないスキーヤーが直滑降で滑走しグラウンドの平面まで滑降することを予想し、スキー場経営者に事故現場の上端に侵入禁止措置を講ずべきであったと要求することはできないので、安全配慮義務違反及び土地の工作物の設置、保存に瑕疵があったと認めることはできない。	
109	平成3年 1月28日 横浜地 判時1387-113 判タ767-164	プール・水泳	X　施設利用者 Y　プール管理運営会社	X（当時18歳）が、プールで遊泳中、反対方向から泳いできた者から衝突され受傷した事故	X・Y間のプール利用契約に随伴して、Yが入場者の生命及び身体の安全保持義務を負担すると認めた上、Yにおいて、遊泳方法の規制、監視体制、入場者の制限、救護義務のいずれの点についても義務違反を認めず、Yの債務不履行責任（安全保持義務違反）を否定した。	
110	平成3年 3月5日 東京地 判時1400-36 判タ758-206	プール・水泳	X　生徒 Y1　水泳教室経営会社 Y2　同教室統括責任者 Y3・Y4　加害生徒の両親	スイミング教室で水泳中に、加害生徒（当時五才）がX（当時七才）の水中メガネを手で引っ張り離したためXの右眼に傷害を与え失明状態となった事故	水泳教室経営会社に、生徒に対する安全配慮義務があると解した上で、口頭で加害生徒らに他人の水中メガネを引っ張らないように注意する注意義務違反を認めるとともに、加害生徒の両親にも監督義務違反を認め、これらの者に損害賠償責任を認めた。	
111	平成3年 3月6日 千葉地 判時1407-108 判タ757-142 判例自治138-81	相撲	X1・X2　両親 Y　県	相撲部合宿練習中、高校生が熱射病による急性心不全により死亡した事故	生徒が道場から走りだし倒れた時点については、練習が終わっていた以上、生徒がこのような行動をする合理的な事情はなかったのであるから、指導教諭が生徒を寝かせておいた状況及び時間は著しく不	144の原審

判例番号	年月日 裁判所 出典	種目	当事者 （X→原告 Y→被告）	事案の概要	判決内容	審級関係
					適切であったと言わざるをえず、指導教諭には前記注意義務違反があったとして、過失を認めた。	
112	平成3年 7月5日 東京地 判時1403-35 判タ777-193	サッカー	X1・X2　被害者（死亡）の両親 Y　日本体育・学校健康センター	サッカーの練習中に死亡した中学生の両親が、当該事故が「学校の管理下における災害」に該当するとして、日本体育・学校健康センター法に基づき災害共済給付（死亡見舞金）の支払を求めた事案	1　災害共済給付の支給される課外活動を「学校の教育計画に基づいて行われた課外指導」に限定したのは、課外活動というものは、授業中（1号）、在校中（2号）及び通学中（4号）等と異なり、休日や休暇中等の活動及び学校施設外での活動等を含み得るものであって、本来的に時間的、場所的にその範囲が無限定なものであるから、課外活動をしているときに生じた災害すべてにわたり共済給付の対象とするのは適当ではなく、「学校として、必要な人的・物的体勢を整えて、事故の発生に対する予防及び対処措置を採ることができる範囲のものに絞る」という趣旨であると解釈される。 2　よって、少なくとも、学校において、当該活動を学校の教育活動の一環として位置づけており、かつ、学校の責任において実施したと言えることが必要である。そして、特に学校が休暇中に行われるクラブの練習がこれに当たるか否かについては、具体的には、⑴当該練習が学校における部活動の計画表に記載されているか、⑵顧問教諭が右練習に立ち会い、指導・監督を行っていたか、⑶この練習が正規のものでない場合は、学校において、このような練習が行われていることを認識しつつ、かつ、それを前提とした上で正規の練習計画の内容が決められているような事情があるか、等が重要な判断要素になろう。生徒達が自主的に企画し生徒達のみで実施しただけの練習であったり、	

判例番号	年月日 裁判所 出典	種目	当事者 （X→原告 Y→被告）	事案の概要	判決内容	審級関係
					あるいは、たまたま教諭が立ち会っていても学校の教育計画と無関係に行われた練習については、「学校の教育計画に基づいて行われる課外指導」とは言えないと解される可能性が大きい。 3　本件事案では、①冬季休暇中のサッカー部の練習は、年明1月4日からと決定され、本件練習は部活動の計画表への掲載はなく、顧問教諭の立会もなかった。②正規の部活動計画に入っていないのに自主的かつ組織的な練習をある程度恒常的にしていたとは認められず、③顧問教諭が本件練習の存在を知っていた可能性はあるが、正規のサッカー部の練習計画の前提になっているという認識はない。これらの点から、支給要件には該当しないと判断。	
113	平成3年 9月24日 大阪地 刑集46-9-689	スキューバダイビング	（刑事事件） V　講習受講者 A　インストラクター	夜間潜水の講習中に、受講生がインストラクターとはぐれ、圧縮空気タンク内の空気を使い果たしてパニック状態に陥り、自ら適切な措置をとることができないまま溺水・死亡した事故	夜間であり降雨のため海中の視界が悪い一方、受講者の中には潜水経験が少なく、夜間潜水は初めての者もいたことから、Aには、自らあるいは指導補助者を指揮して、受講生が余裕をもって陸上に戻れるように各受講生の圧縮空気タンク内の空気残圧量を把握すべく絶えず同人らのそばにいてその動静を注視し、受講生の安全を図るべき業務上の注意義務があったところ、受講生が自分について来るものと軽信し、かつ、指導補助者に対しても、特別の指示をすることなしに、不用意に受講生のそばを離れ、間もなく同人らを見失った過失があるとした。	117の原審
114	平成3年 10月16日 大阪高 判時1419-69 判タ777-146	トライアスロン	X　競技者の遺族 Y　主催者（町）	トライアスロンにおける水泳競技において競技者が溺れ、後日死亡した事故について、主催者の安全配慮義務が問われたもの	競技者とYの間に競技に関する契約の成立を認め、Yに安全配慮義務があることも認め、監視態勢について不十分であったとしたものの、死亡との因果関係がないとして、請求を棄却した。	

判例番号	年月日 裁判所 出典	種目	当事者 (X→原告 Y→被告)	事案の概要	判決内容	審級関係
115	平成3年 12月13日 浦和地 判時1435-109 判タ783-214	体操	X1　生徒 X2・X3　生徒の両親 Y　県	高校生が体操部のトランポリンの練習中前方2回宙返りに失敗して重傷を負った事故	O教諭は、⑴体操部が各種運動部の中でも最も事故発生の危険性が高い部活動の一つである反面、部員は高度な技にも安易に挑戦しようとする冒険心や競争心に富む年齢であり、殊に、本件事故発生当時のH高校体操部員には技術的にも知識の点でも未熟な者が多かったのであるから、危険な技であることに思いを致さずに前方2回宙返りあるいはこれに類する難技の練習を試みて失敗する者の出現する危険性があること、⑵コーチ役であるU講師は着任して間もないので指導者としての能力が必ずしも十分ではないことの2点を容易に知り得る立場にあったのである。そうすると、O教諭としては、常時自ら練習に立ち会わなければならないものではないにしても、日頃、生徒に対しては、練習の際の基本的な安全教育を周知徹底しておくことはもとよりのこと、自ら立ち会うことが出来ない場合にはU講師の指示に従って練習し、個々の生徒の力量に照らして難技に属するもの、殊に新しい技の練習を試みようとする場合には同教諭又はU講師に相談するなどして、生徒が安易に新しい難技の練習をしないよう指導するとともに、U講師に対しては、生徒全体の練習状況に十分注意し、危険な練習を行わせてはならない旨指導するべきであったにもかかわらず、これらを怠ったものと言うべきであるとして、Yの責任を認めた。	149の原審
116	平成4年 3月9日 横浜地 判タ791-233 判例自治98-37	プール・水泳	X1　生徒 X2・X3　生徒の両親 Y　市	中学校における水泳部の飛び込み練習中、中学生がプールの底に頭を打ちつけて頸椎骨折等の傷害を負った事故	本件スタート台は、中学校のプールに設置するスタート台として、適当であるとはいい難く、本件スタート台からの逆飛び込みは、一般の生徒はもちろん、水泳部員にとっても、適切な飛び込み方法をとらない場合は、頭部その他がプールの底に接触する事故を起こす危険性の度合が比較的高かったというべきである。そして、学校のプールで飛び	

判例番号	年月日 裁判所 出典	種目	当事者 (X→原告 Y→被告)	事案の概要	判決内容	審級関係
					込み事故が発生することはまれではなく、水泳の熟練者が飛び込み事故を起こすことも少なくないこと…をも斟酌すれば、H教諭には、本件事故発生の予見可能性があったことを否定できず、水泳部員に本件スタート台からの逆飛び込みをさせる場合、その練習に立ち会い、各部員の技量・経験の程度に応じ、入水角度が大きくならないような適切な飛び込み方法を具体的に指導すべき注意義務があったというべきである。しかるに、H教諭は、本件事故の当日、水泳部の練習に立ち会わず、他に事故を防止するための十分な措置をも講じていなかったのであるから、同教諭には、右注意義務に反する過失があったといわざるを得ない、として市の責任を認めた。	
117	平成4年 3月11日 大阪高 刑集46-9-697	スキューバダイビング	(刑事事件) V　講習受講生 A　インストラクター	夜間潜水の講習中に、受講生がインストラクターとはぐれ、圧縮空気タンク内の空気を使い果たしてパニック状態に陥り、自ら適切な措置をとることができないまま溺水・死亡した事故	被害者および補助者の過失行為が介在し、それらが事故の結果発生に直結しているものの、夜間潜水で指導者とはぐれてしまうことにより、経験が不十分で技術の未熟な者の過失が生じることは十分あり得ることで、被害者らの過失は、不用意に受講生のそばを離れたAの過失に誘発されて連鎖的に生じたものであるとして、Aの過失と事故発生との因果関係を肯定した。	113の控訴審
118	平成4年 3月25日 東京地 判時1442-121	野球	X　生徒 Y　区	公立中学校の野球部でシートバッティングの練習中、打者の後方で球拾いをしていた部員に打球が当たり負傷した事故	シートバッティングの練習においては、投手の投球は打者の打ち易いように比較的緩いものであり、しかも打者も思い切り振り切るのではなく、打球の感触を確認するような打ち方をするものであったのであるから、Xらの球拾いをしている位置に強い打球が多く飛来していたとは必ずしもいえないし、Xに当たった打球が正面からではなく、ある程度角度がずれて当たった場合にも顕著な傷害を生ぜしめるような強い打球であったとまでは認められない。…これら諸事情に照らしてみると、M教諭及びS教諭としても生	

判例番号	年月日 裁判所 出典	種目	当事者 (X→原告 Y→被告)	事案の概要	判決内容	審級関係
					徒の自主性を尊重しつつ指導すれば足り、本件事故の発生を具体的に予見可能であったとはいえないから、Xに、本件防護ネットを設置しただけの状況下において、前記認定の位置で球拾いをさせたことについて、右両教諭に過失があったということはできない、区の責任を否定した。	
119	平成4年 4月21日 福岡地小倉支 判タ794-203	体育祭の棒倒し	X　被害者及びその両親 Y　学校法人	高校の体育祭での棒倒し競技中、対戦相手の生徒に腹部を蹴られて転倒したうえ腹部を踏みつけられて脾臓破裂等の重傷を負った事故について、学校側に安全保持義務違反がないとされた事例	指導者が生徒に対して負う具体的な安全保持義務ないし注意義務の内容は、本件における具体的客観的事情、即ち当該行事の性質・危険性、生徒の年齢・判断能力、事故発生の蓋然性や予測可能性、結果回避の可能性等を考慮して、その客観的状況下で定まるものと解するのが相当であるとした上で、事前指導、監督・監視、計画策定、事故後の措置について指導者の注意義務違反を否定した。	
120	平成4年 4月24日 金沢地 判時1444-125	陸上競技（やり投げ）	X　競技者 Y1　競技者 Y2　市	市主催の陸上競技大会において、Xが、Y1に接触し、Y1が手に持っていた競技用やりのやり尻がY1の近距離に接近していたXの左眼付近に突き刺さり、Xが左眼瞼挫創等の傷害を負った事故	Xは競技会参加選手であり移動に際する具体的な注意及び指示を受けていたこと、Xが進路前方をよく見ずに走ったためY1がやりを保持して助走路に向かって行こうとしているのを見ていなかったものであろうこと、Y1はことさらやりを危険な方法で保持していたわけではないこと等の諸般の事実関係を総合し、事故を回避すべき注意義務はもっぱらXにあったとして、Y1の過失は否定された。	
121	平成4年 5月15日 浦和地 交民25-3-603	自動二輪車競技	X　競技者 Y　競技者	オートバイモトクロスのコースで、Xが、モトクロスの練習中、Y運転車両と正面衝突し、頭部外傷等の傷害を負った事故	メインコース進入の際には、他のオートバイから発生する音の有無を確認し、走行している他のオートバイがある場合には、その者の走行方向を確認し同一の方向で走行すべき義務があると認め、Yにはこれを怠った過失があるとして、Yの責任が認められた。	
122	平成4年 6月8日 福岡地久留米支 判タ823-149	ハンドボール	X　一般人 Y　市	本件事故現場で立ち話をしていた原告と課外クラブの部活動で持久走中の市立中学2年生の生徒とが衝突した事故	T教諭は、伴走後校門に立って生徒の走行を見ていたのであるから、隊形が崩れた後も、Oがひたすら直前の走者について行くべく同人の足元から腰あたりを見つめて走っており、進路の安全に配慮してい	127の原審

判例番号	年月日 裁判所 出　典	種　目	当事者 （X→原告 Y→被告）	事案の概要	判決内容	審級関係
					なかったことを容易に認識できたはずであり、そうであればOにそのような走り方を改めさせ、自ら進路の安全確認を行いながら、走行するよう指示すべき義務があったというべきである。同教諭は右の義務を怠ったことが認められ、この点に過失があるとして、市の責任を肯定した。	
123	平成4年 8月21日 横浜地 判タ797-234	ゴルフ	X　キャディー Y1　ゴルフ場運営会社 Y2　競技者	Y1経営のゴルフ場において、ティーショットを打ったY2の打球が、隣接ホールに届き、隣接ホールの組でキャディー勤務中のXに当たり負傷した事故	Y1ゴルフ場は、1番ホールからの打球が9番に飛び込みやすい構造になっており、本件事故前にもその打球のためにキャディーが負傷したこともあったのに、Y1は、本件事故が生ずるまでコースのレイアウトの変更、防護柵の設置といった効果的な事故防止措置を何もとらなかったのであるから、Y1の本件ゴルフ場の設置及び管理には瑕疵がある。	
124	平成4年 9月28日 宮崎地 判時1448-162 判タ801-190	バレーボール	X　職員 Y1　組合 Y2　県	県職員の福利厚生の一環として行われたバレーボール大会において、ボールをコート外まで追ってきた選手と衝突し負傷した観戦者が、県等に安全配慮義務違反による損害賠償を求め、これが否定された事案	本件試合に際し、Yらがサイドラインから3ないし5メートル以内への立入りを禁止せず、かつ、コートと観戦者間に防護措置を設けなかったことは、Xとの関係で安全配慮義務違反となるものではない。	
125	平成4年 12月16日 宇都宮地 判タ814-137 判例自治108-45	野球	X　生徒 Y　県	公立高校における野球部のハーフバッティング練習中、打者の打ったボールが頭部に当たって投手が負傷した事故	A監督は、野球部監督として練習方法を指示するに際して、ハーフバッティング練習の投手と打者との位置について、生徒の身体に対する危険性を有した距離を指示して、右練習を行わせたか、少なくとも、投手と打者との間に安全な距離が採られないままハーフバッティング練習が行われていたにもかかわらず、その場に立会いながら何ら的確な指示を出さず、危険な練習方法を続行させたものであって、いずれにしても、U高校教諭としての指導上の過失があったと言わざるを得ないとして、県の責任を肯定した。	

判例番号	年月日 裁判所 出典	種目	当事者 (X→原告 Y→被告)	事案の概要	判決内容	審級関係
126	平成4年 12月24日 広島高 判タ823-154	野球	X　生徒 Y　県	高校野球の試合開始前の練習において、監督のノックした打球が三塁コーチス・ボックスにいた生徒にあたって負傷した事故	本件事故は、T監督がレフトへのノックを開始するに際し、自己の技倆を過信し、三塁コーチス・ボックス方向に打球を飛ばすことはないものと考え、被控訴人らの動静に注意を払うことなく、漫然とノックをし、誤って同方向にライナー性の打球を飛ばした過失と、被控訴人がT監督のノックの瞬間を見ていなかったことからこれを避け得なかったことにより発生したものであって、同監督は本件事故の発生につき過失責任を免れることはできないものと言わなければならないとして、県の責任を肯定した。	
127	平成5年 2月9日 福岡高 判タ823-147	ハンドボール	X　一般人 Y　市	市立中学2年生の生徒が部活動で持久走中、立話しをしていた老女に衝突して負傷させた事故	T教諭は、二列縦隊で並ばせて、なるべく列を崩さないようにと指示し、自らも本件コースを3周までは伴走し、4周目から7、8周目までは校門に立って生徒の走行を見守ったのであるが、伴走の必要性まであったかはともかく、列を崩さないようにとの指示は、特に出発当初は生徒が固まって走りがちであるから、生徒自身の安全、歩行者等に対する対応という点の配慮上、適切であり、あと校門に立って各生徒の走行を見守ったことも、特に危険な走行をしている者はいないかの確認、生徒自身の健康上の配慮をするという点からいって十分であり、右の各配慮をもって足りるものというべきである。よって、本件において被控訴人主張のT教諭の過失を認めることはできない、として市の責任を否定した。	122の控訴審
128	平成5年 3月30日 最高裁（3小） 民集47-4-3226 判時1500-161 判タ856-197	テニス	X　遺族（両親） Y　町	幼児がテニスコートの審判台によじ登って審判台が転倒し、審判台の下敷きになって死亡した事故	幼児の行動は異常なもので、このような行動に出ることがないようにさせる注意義務は一時的に保護者にあること、本件の審判台は通常の利用には安全性に欠けるところはないとして責任を否定した。	

判例番号	年月日 裁判所 出　典	種　目	当事者 (X→原告 Y→被告)	事案の概要	判決内容	審級関係
129	平成5年 4月23日 浦和地 判時1485-89 判タ825-140	プール・水泳	X1　生徒 X2・X3　生徒の両親 Y1　市 Y2　県	逆飛び込み練習中の高校生がプールの底に頭部を打ちつけて負傷した事故	本件プールは、原告ら高校生の利用者に対し、少なくともスタート台からの逆飛び込みを全く制限せず利用することを前提とする施設としては、瑕疵があったものといわざるを得ないとして、Y1の営造物責任を認めた。 教諭には本件事故発生について予見可能性があったにもかかわらず、その注意義務を怠り、本件プールの安全性を軽信し、本件スタート台からスタートダッシュの練習を行ったとして安全保護義務違反を認め、県の責任を肯定した。	
130	平成5年 5月28日 京都地 判時1472-100 判タ841-229 判例自治120-68	野球	X　生徒 Y　市	公立中学校の野球部のクラブ活動としての紅白戦の主審をしていた中学生が、ファールチップのボールが眼に当たって負傷した事故	審判をする者が、マスクを着用しないことは、その生命身体にとって極めて危険であるから、野球部の指導監督を担当する教員は、平素から、部員に対し、審判をする場合の危険性について周知徹底するとともに、必ずマスクを着用することを指示するなどして指導する注意義務があるというべきである。しかるに、右認定事実によれば、F教諭らは、これまで、部員に対して、審判をする場合のマスク着用について指導したことはいっさいなかったのであるから、同教諭らに、右注意義務を怠った過失があったことは明らかである、として市の責任を認めた。	
131	平成5年 6月29日 東京高 判時1466-100	バレーボール	X1・X2　亡生徒の両親 Y　市	中学生バレー部員が放課後に利根川でボート遊び中に溺死した事故	本件ボート遊びとこれによって生じた本件事故は、A中学校における男子バレー部の部活との関係においては、場所的、時間的、行為態様等からみて、学校管理と因果関係があると認めることは難しいのであって、このような行為は学校の管理から離脱した行為として、部顧問教諭の立会監視義務はもとより、学校側の安全配慮義務が顧慮されなければならない領域外の行為であるというべきである、などとして市の責任を否定した。	

判例番号	年月日 裁判所 出典	種目	当事者 (X→原告 Y→被告)	事案の概要	判決内容	審級関係
132	平成5年 8月27日 東京地 判タ865-243	ゴルフ	X　先行競技者 Y1　ゴルフ場運営会社 Y2　後行競技者	Y1経営のゴルフ場において、セカンドショットを打つ準備をしていたXに対し、後続組のY2が打ったティーショットが当たり負傷した事故	Y2の組のキャディーは、それまでY2らからいかに注意を無視されていたとはいっても、Xがいる地点に向けてY2の同行者二人がティーショットを打ち、更にY2がティーショットを打とうとしたのであるから、これを制止すべき注意義務を負っていたというべきであり、同キャディーには、これを怠った過失があるといわなければならず、同キャディーの使用者たるY1には、民法715条の使用者責任がある。	
133	平成5年 9月6日 岐阜地 判時1487-90 判タ851-170	陸上競技	X1・X2　両親 Y1　教師 Y2　県	県立高校陸上部の顧問教諭の体罰、侮辱的発言等に誘発されて陸上部の女子高校生が自殺するに至った事案について、高校設置管理者の国家賠償責任が認められた事例	Y1が、説諭の際に、自己の生徒に対する行為が生徒の心理に決定的な影響を与え、その結果生徒が自殺を決意する可能性があると予見することはおよそ不可能であり、教師の生徒に対する違法な言動と生徒の自殺との間には相当因果関係は存在しないといわざるを得ず、自殺についての損害賠償請求を認めなかった。他方、違法行為による慰謝料請求は一部認容した。	
134	平成5年 9月28日 青森地 判時1505-127 判タ857-139	ボート	X1・X2　亡生徒の両親 Y　県	ボート部の練習中のボート転覆により高校生が溺死した事故	Yの履行補助者たる顧問教師らが現実に行っていた指導態勢（①水泳指導、②艇が転覆したときの対処方法、③救命具の装着）は、部員たる亡Aの生命、身体の安全を確保するための注意義務を怠ったものといわざるをえないとして、県の責任を肯定した。	
135	平成5年 12月3日 大阪地 判タ868-234	ラグビー	X1　生徒 X2・X3　生徒の両親 Y　府	高校ラグビー部での紅白試合の中でスクラムを組みもみ合う最中に高校1年生が頚髄損傷等の傷害を負った事故	1年生であるX1を左プロップにつけ、前記のような編成の紅白試合に参加させたことから、指導者であるM教諭には、試合の具体的局面において適切な管理をし、X1の安全に十分配慮し、危険の発生を未然に防止すべくより細心の注意が要求されていたのに、実際には、M教諭においては、めくれ上がりの危険に対する認識が十分でなかった上に、レフェリーに徹していたために、Aチームの押しが強くBチームは盛り上がり気味となり、第8回目のスクラムではAチームが大幅	

判例番号	年月日 裁判所 出典	種目	当事者 (X→原告 Y→被告)	事案の概要	判決内容	審級関係
					に押し進みBチームは後退し、スクラムの盛り上がりの状態もX1が首を抜くほどであったことや、それらの事態のもたらす危険性を看過し、右のような危険な状況が再び発生しないよう適切な措置を講ずることもなく、試合を続行させたものというほかない。そして、このことが安全配慮義務に違反すること、及び、そのことと本件事故の発生との間の因果関係があることは明らかであるといわざるをえない、として府の責任を肯定した。	
136	平成5年 12月22日 大阪地堺支 判時1511-113 判タ846-192 判例自治124-40	マラソン	X　被害者の両親 Y　市	マラソン大会のための練習に参加して走行中の小学校六年生が急性心不全により死亡した事例	管理者には、学校行事を実施するにあたり事故を未然に防止するための安全配慮義務があり、指導教師には個々の児童の体力等に応じた個々具体的かつ弾力的なカリキュラムの実施をすべき義務、個々の児童に対する健康確認義務及び具体的指導義務があったことを認定しながら、これらの義務は全て履行されていたとして、管理者及び指導者の責任を否定した。	
137	平成6年 3月16日 広島高 判時1505-74 判タ857-235	柔道	X1　生徒 X2・X3　生徒の両親 Y　市	中学校の生徒が柔道部の練習中に、技をかけられ頭部から転倒し精神障害の後遺症が残った事故	危険が内在する柔道練習において顧問教諭に安全面の配慮が求められるべきところ、試合前日の練習において試合に準じた対戦態度をとることが予測できたうえで、技能格差のあるものを組ませたことに顧問教諭の安全配慮義務違反があったとし、Yに対する損害賠償請求を認めた。	173の原審
138	平成6年 4月13日 松山地西条支 判タ856-251	バスケットボール	X1・X2　両親 Y1　市	公立高校の生徒がバスケットボールのクラブ活動の練習中に、熱中症状を来たして急性心不全により死亡した事故	生徒が短時間の練習再開で前回よりも異常な状態で倒れた時点では、当時の状況に照らして一般人としても生徒の身体状態が尋常ではないことを容易に認識できたものと認められるから、指導教諭は、この時点において生徒の身体の危険性に配意し、救急車を手配するなどして直ちに医師の診断を受けさせる注意義務があるのに、これを怠ったとして、過失を認めた。	

判例番号	年月日 裁判所 出典	種目	当事者 （X→原告 Y→被告）	事案の概要	判決内容	審級関係
139	平成6年 4月28日 山口地徳山支 判例自治133-48	野球	X　生徒 Y　県	野球部の練習中に、跳ね返り飛来した落下球が当たったことによる部員負傷事故	担当教諭は、課外活動から生ずるおそれのある危険性から生徒を保護するための十分な措置を講ずるべき義務を負っていると解され、危険防止措置を怠ったとし、高校の設置者たる山口県に対する損害賠償請求が一部認められた。	
140	平成6年 5月24日 東京高 判時1503-79 判タ849-198	野球	X　生徒 Y　県	高校野球の練習中、ハーフバッティング練習の打撃投手の頭に打球が当たり半身不随の状態になった部員負傷事故	Xの自己過失の可能性を否定し、ハーフバッティングの距離だけではなく、実施の時間帯や方法なども考慮に入れて事故防止のための格別の指導をすることなく練習を継続させたのは、安全配慮に欠ける過失があるとして、Yの控訴を棄却した。	
141	平成6年 6月29日 大阪高 判時1517-62	サッカー	X　亡生徒の親 Y　私立高校	高校生がサッカー部の合宿中に急性心不全にかかり死亡した事故	生徒と学校間に存在する在学契約関係に付随した安全配慮義務を顧問教諭は負うべきだが、客観的状況下において何らかの事故の発生する危険性を具体的に予見することが可能である場合にのみに負うのであって、体調不調を予見することが不可能であったこと、能動的に様態を知るための方策を施すべきとまではいえないこと、きわめて稀な病気であることをかんがみ、安全配慮義務違反があったとは認められないとして、Yの責任を否定した。	
142	平成6年 8月4日 静岡地 判時1531-77 判例自治137-56	柔道	X1・X2　亡生徒の両親 Y1　加害生徒 Y2・Y3　加害生徒親権者 Y4　市	市立中学校柔道部の練習中、部員（中1）が、Y1（中3）に大外刈りを掛けられ、後頭部を床に打ち付けて死亡した事故	技能的・体力的に未熟な初心者の指導・練習をするにおいて相手の技能を超えた技をかけたり、相手の疲労度に留意せずに技をかけたりする危険防止義務に反して技をかけた点にY1の過失を認め、またY2・Y3にY1に注意しなかったことに対する監護義務違反を認め、担当教諭には立会い監視をするなどの危険防止の具体的な措置を講じていなかったこと、柔道場の出入口の鍵のスペアキーを部員に委ねたままにしていたことによる安全保護義務違反を認めた。	

判例番号	年月日 裁判所 出典	種目	当事者 （X→原告 Y→被告）	事案の概要	判決内容	審級関係
143	平成6年 10月6日 富山地 判時1544-104	プール・水泳	X　父 Y　会員制スポーツクラブ運営会社	男性（当時29歳）が、水泳クラブのプールで練習中に溺死した事故	Yは、施設利用契約上の義務として、会員の生命・身体を保護するための万全の配慮をして施設を利用させるべく、少なくとも、蘇生法を習得しているプール監視員を配置して、会員が本件プールを利用している時は常時本件プールを監視し、事故発生時に迅速に発見・救助できる体制を整えているべき義務を負っていたが、これを怠ったとして、Yの債務不履行責任（安全配慮義務違反）を認めた。	
144	平成6年 10月26日 東京高 判時1555-57 判タ888-170 判例自治137-78	相撲	X1・X2　両親 Y　県	県立高校相撲部の合宿中、生徒が熱射病による急性心不全により死亡した部員死亡事故	心臓の持病により死がもたらされたのではなく、顧問教諭には、注意義務や緊急搬送する等応急処置義務があるにもかかわらず、熱中症の症状が出て直ちに病院へ搬送しなかったことによりもたらされたとして、顧問教諭の過失を認めた。	111の控訴審
145	平成6年 11月15日 東京地 判時1540-65 判タ884-206	ゴルフ	X1　競技者 X2　X1経営会社 X3　X1経営会社 Y1　ゴルフ場運営会社 Y2　隣接ホール競技者	Y1のゴルフ場でプレーしていたX1がティーグラウンドにいたところ、隣接ホールからY2が打った球が飛来し、X1の左目を直撃し負傷した事故	Y1の10番ホールのスタートハウス付近は、18番からの打球飛来の危険性に晒されていたものと見ることができるから、Y1としては、10番のプレイヤーの安全を確保するために、同ホールのバックティーグラウンドの後方に18番からの打球の飛来を防止するための防護ネットを設置すべき管理義務があったといえ、本件ネットの設置以前においては、Y1は、ゴルフ場として通常有すべき安全性を欠いていた。 Y2の狙った方向と打球の飛んだ方向は異なっていたが、打球がX1方向に飛びやすい状況にあったと認めるべき特段の事情もない。そのうえ、X1付近に飛び込むことを予想することも困難であることや、「許された危険」の概念に照らせば、Y2の過失を認められない。	
146	平成6年 12月22日 福岡高 判時1531-48 判タ879-236	体育（組体操）	X　被害者、その両親 Y　県	高校の体育の授業として8段の人間ピラミッドを練習中、6段目が上がりかけたところでピラ	全ての体育実技の授業は必然的に一定の危険を内在させているのであるから、これを指導する教師等は、指導計画の立案策定から指導の終了に至るまで、当該授業にいかなる	

判例 番号	年月日 裁判所 出典	種　目	当事者 （X→原告 Y→被告）	事案の概要	判決内容	審級関係
				ミッドが崩落し、最下段中央部の生徒が下敷きとなった事故について、学校長、指導教師らの過失が認められた事例	危険が存在するか的確に予見し、右予見に基づいて適切な事故回避のための措置をとることが要求されているとした上で、本件は、8段人間ピラミッドの計画策定上の注意義務、指導上の注意義務、十分な補助者を動員すべき注意義務等に違反しているとして、管理者及び指導者の注意義務違反を認めた。	
147	平成6年 12月27日 水戸地土浦支 判時1550-92 判タ885-235	野球	X1・X2　両親 Y1　学校法人 Y2　監督 Y3　コーチ	高等学校の野球部の練習中に、当日の運動による脱水症が関与して有効な循環血液量の減少した状態が生じ急性心不全により死亡した部員死亡事故	指導教諭は、生徒の生命身体の安全を期すための万全の措置を取るべき義務を負っており、生徒の健康管理や技能に応じた練習指導を行う義務があり、かつ教育的で自発性を促す義務があるところ、Y3は部員の身体に過大な負担を与えるような不用意な指示を出し、また、Y2はその配慮を怠ったとし、各々の過失を認めた。 Y1から告別式において提供された100万円について損益相殺が肯定された。	
148	平成7年 2月20日 大阪地 判タ875-296	プール・水泳	X　母 Y　府	男子高校生（当時18歳）が、府立高校の水泳の授業中プールで逆飛び込みして頭部をプール底部に打ちつけて死亡した事故	本件プールは、立ち飛び込みで飛び込みをする場合には、人身事故発生の危険が存在するのであるから、本件授業で立ち飛び込みが行われていたという点において、本件プールは、そのような方法により使用されるプールとして通常有すべき安全性を欠いていたものであり、本件プールには設置管理上の瑕疵が認められるとして、Yの営造物責任を認めた。	
149	平成7年 2月28日 東京高 判タ890-226	体操	X1　生徒 X2・X3　生徒の両親 Y　県	高校の体操部のトランポリンの練習中に、宙返りに失敗して重傷を負った部員負傷事故	指導顧問には、生徒の技の習得状況を監視しかつ適切な指導を与え、もって危険を防止し安全措置を講じなければならない義務があるが、危険防止のための具体的な指導を行わず、危険な練習を禁止する等の措置を取らず、その義務を怠ったとして指導顧問の過失が認められた。	115の控訴審
150	平成7年 3月3日 東京地 判時1560-114	スキー	X　スキーヤー Y　スキーヤー	滑降コースの見通しが悪い段差の下で停止していたスキーヤー	Xは、高校1年在学当時から大学までラグビー部に籍を置き、就職後も社会人一部リーグのラグビー部に所属して	

判例番号	年月日 裁判所 出典	種目	当事者 （X→原告 Y→被告）	事案の概要	判決内容	審級関係
				に、後続のスキーヤーが段差部分でジャンプして衝突した事故	いたが、本件事故による傷害のため長期間練習することもできず、同部に復帰する見込みもないとして、入通院慰謝料（300万円認定）・後遺障害慰謝料(12級相当・40万円認定）のほかに、慰謝料200万円を請求したが、かかる事情は予測可能とはいえないとして、これを否定した。	
151	平成7年 3月10日 静岡地 判時1554-130	ゴルフ	X　練習場利用者 Y1　練習場利用者 Y2　練習場運営会社	Y2の練習場の打席において、テイクバック中のY2のクラブが隣席のXの左目に直撃し受傷した事故	本件練習場は練習者がその打席内の定められた位置でクラブを振る限り、利用者も何ら危険を感じない施設、設備状況である。Y2において、練習者が、自己の打席内から、他の打席の練習者の打席に不用意に入り込む事態を予想して、危険防止のために監視員を置く義務があるとはいえないため、Y2につき、本件事故当時、Y1打席内への進入防止の措置が講じられていなくとも、土地の工作物の設置保存（管理）に瑕疵や契約上の安全配慮義務の不履行があったとは認められない。	
152	平成7年 3月10日 最高裁（2小） 集民174-785 判時1526-99 判タ876-142	スキー	X（原告・控訴人・上告人）競技者 Y（被告・被控訴人・被上告人）競技者	スキー場で滑走していたXが、上方から滑降してきたYと衝突し、傷害を負ったため、XがYに対し、Yの過失を主張して、本件事故による損害賠償を請求した事案。被上告人の過失を認め、控訴審判決を破棄、差戻しした事例（※第1審・控訴審はYの過失を否定）	スキー場において上方から滑降する者は、前方を注視し、下方を滑降している者の動静に注意して、その者との接触ないし衝突を回避することができるように速度及び進路を選択して滑走すべき注意義務を負うものというべきところ、Yは、Xとの接触を避けるための措置を採り得る時間的余裕をもって、下方を滑降しているXを発見することができ、本件事故を回避することができたというべきである。Yには前記注意義務を怠った過失があり、Xが本件事故により被った損害を賠償する責任がある。	
153	平成7年 4月19日 静岡地沼津支 判時1553-114 判タ893-238	ラグビー	X1・X2　両親 X3　兄 Y1　学校法人 Y2　指導教諭（部長） Y3　指導教諭	高等学校のラグビー部の夏合宿中に熱中症で死亡した部員死亡事故	高校ラグビー部監督には、部員の生命身体に不慮の事故が発生しないよう、とりわけ熱中症の起こる可能性の高い夏季合宿では熱中症に罹患しないよう適切な措置を講ずべ	

判例番号	年月日 裁判所 出典	種目	当事者 （X→原告 Y→被告）	事案の概要	判決内容	審級関係
			（監督）		き注意義務があるにもかかわらず、選手の練習中に身体の不調を見せた時点において、休ませ水分を補給させる等の措置を講じることを怠った監督の注意義務違反と事故との間には因果関係があるとし、監督の過失を認めた。	
154	平成7年 8月31日 東京高 判時1571-74	スキューバダイビング	Xら　被害者（ダイビングツアー参加者）の両親 Y1　インストラクター Y2・Y3　ダイビングツアーの企画運営会社	ダイビングツアー参加中の女性が、用を足すために、インストラクターに勧められ、切り立った崖に面した踊り場に行ったところ、何らかの要因で崖下の外洋に転落して溺死した事故	Y1は、①引率者として現場の状況に不案内な被害者らが危険のある場所に近付かないように注意すべき義務があったところ、台風による高波で極めて危険な状況にあった踊り場で用を足すよう勧めたこと、②引率するについて適切な救命用具を携行せず、緊急時の連絡方法について何らの準備もしていなかったことに過失があるとされた。一方、被害者には、Y1に指示された場所であるにせよ、現場の状態及び外洋の状況に十分に注意をして自ら安全性の判断をすべきであったとして4割の過失相殺が認められた。	
155	平成7年 10月17日 長崎地 判タ901-160	陸上競技	X1・X2　両親 Y1・Y2　教師 Y3　県	X1、X2の長男である生徒が、高校の合宿研修の場において、同高校の教諭であるY1、Y2の両名から暴行を受け、その8日後に死亡したことに基づき、X1、X2がY1、Y2のほか県に対し損害賠償を求めた事案	Y1、Y2による暴行それ自体は、人を直接死に至らしめる程に激しいものではなく、また、Y1、Y2は、生徒がてんかんの疑いを抱かれていた事実を全く知らなかったため、本件暴行の当時、生徒がてんかん発作はもとよりその他死につながるような状況に至ることの予見可能性はなかったといえ、本件暴行と生徒のてんかん発作及び死亡との間の相当因果関係は認定できないとして、死亡に基づく損害賠償請求を棄却し、体罰による負傷に基づく損害賠償請求のみ認容した。	
156	平成7年 10月25日 名古屋地 判時1555-98 判タ902-130	ゴルフ	X　競技者 Y　ゴルフ場運営会社	カートの通行路とゴルファーの通行路とが合流する構造になっているY経営のゴルフ場の通路を歩行中のXに、遠隔操作のゴル	Yは、ゴルファーの通行とカートの走行とが重なるときに、これに衝突する危険があるときは、各通路を別個に設け、同危険を抜本的に除去するか、両者が不用意に接触することがないよう、合流地点付近にゴルファーの背後から	

判例番号	年月日 裁判所 出典	種目	当事者 （X→原告 Y→被告）	事案の概要	判決内容	審級関係
				フカートが追突し、同人が受傷した事故	カートが接近して来る可能性につき警告する看板その他の標示を設けるほか、作業員を置いて注意を促す等必要な措置を講じた上でカートを発進させられるような設備を整える義務があるが、Yは当該義務を怠り、また、Yの作業員は、付近の安全を確認しないままカートを発進させていたのだから、Yの設備の欠陥は、土地の工作物につき設置又は保存の瑕疵がある場合に当たるといえる。	
157	平成7年 11月21日 長野地松本支 判時1585-78 労判685-28	雪上歩行訓練	X　死亡した参加者の相続人 Y　県	雪上歩行訓練中に発生した雪崩で死亡した参加者の相続人が、歩行訓練を実施したことについて過失がある旨主張し、これが認められた事案	本件研修会の責任者らは、雪上歩行訓練を行う場合、事前に訓練実施場所の地形、積雪状況や現場付近の天候等について十分な調査を行って、雪上歩行訓練を実施した場合の雪崩発生の可能性について十分な検討協議を尽くした上、雪崩が発生する危険性を的確に判断して、雪崩による遭難事故を回避すべき注意義務を負っていたというべきである。	
158	平成7年 12月13日 千葉地 判時1565-144	自動車競技	X　同乗者 Y　競技者	Yが、ダートトライアル用車両を運転しコースを進行するにあたり、走行の自由を失い、自車を暴走させてコース右側に設置してあった丸太の防護柵に激突・転覆させ、自車に同乗中のXを死亡させた事故（業務上過失致死罪）	Xは競技に内在する危険性を認識・予見しており、本件事故の原因となったYの運転方法及びこれによるX死亡の結果は、Xが引き受けていた危険の現実化というべき事態であり、また、社会的相当性を欠くものではないといえるから、Yの走行は違法性が阻却されるとして、Yの刑事責任が否定された。	
159	平成8年 1月25日 大阪地 判タ916-183	プール・水泳	X　スイミングスクールの指導員 Y1　Xの上司 Y2　スイミングスクール運営会社	スイミングスクールにおける背泳のスタートの指導中、生徒の手が指導員Xの顔面に当たり、網膜裂孔等の傷害が発生した事故	泳力の低い受講生に対する指導方法やX負傷後の対応について上司Y1に過失を認定するとともに、その使用者であるY2においても民法715条に基づく損害賠償責任を認めた。	
160	平成8年 1月29日 鹿児島地 判タ916-104 判例自治150-41	サッカー	X　遺族（両親） Y　市	サッカーゴールを倒して同級生を死亡させた事故	サッカーゴールを固定しておかなかったことが瑕疵に当たるとして責任を認めた。	

判例番号	年月日 裁判所 出典	種　目	当事者 （X→原告 Y→被告）	事案の概要	判決内容	審級関係
161	平成8年 4月16日 福岡地行橋支 判時1588-137 判タ924-176	体育	X　生徒 Y　県	生徒が県立高等学校に在学中、教師から2回にわたりそれぞれ4ないし5回、平手で殴打されたとして、県に対して慰謝料等を請求した事案	教師の殴打はかなり執拗なものであったこと、教師は生徒の腹部付近を足で押すような行動にまで出ていること、殴打の態様は平手であるがその程度はかなり強いものであったこと、生徒が教師の口頭による注意を十分守らなかったからといって教師が生徒を殴打する必然性は当時の授業内容からしてなかったといえることからすると、教師の生徒に対する殴打等の行為は、学校教育法第11条但書「体罰」に該当し、その内容・程度等からすると教育上の必要を欠く違法な行為であるとして慰謝料請求を認めた。	
162	平成8年 8月28日 松山地 判タ968-160	合気道	X　亡生徒の親 Y1　合気道部主将 Y2　指導教官 Y3　国（法務大臣）	国立大学の合気道部の練習中に頭部を床畳に打ち付けたことにより硬膜下血腫の傷害を負って死亡した部員死亡事故	顧問教官には、専門性が求められておらず具体的に生徒を指揮監督する義務はないとして、また、主将は対外的代表であり練習計画やその進行を指示する立場ではあるが、夏合宿においては不適切な練習計画や進行指示がみとめられないとして、さらに大学当局は一般的な安全配慮義務は負うが具体的に危険防止のための安全配慮を尽くす義務までは負わないとし、各々の責任が否定された。	
163	平成8年 10月11日 浦和地 判時1613-120 判タ954-138	陸上競技（ハンマー投げ）	X1・X2　亡生徒の両親 Y　県	県立高校の校庭で短距離走練習の順番待ちをしていた生徒の頭部に、投てきされたハンマーが直撃して死亡した事故	防護ネットの他、移動パネルないしこれに類似する防護施設を付加して設けていなかったことから、このような付加施設の設置を欠いた点で、本件練習場は、通常有すべき安全性を欠いたものと断ぜざるをえないとして責任を認めた。	
164	平成8年 10月25日 東京地 判時1616-84 判タ954-176	ヨット	X　同乗者遺族 Y　操船者	Yの操縦するヨットが、大波を2回被ったため、引き返そうとしたところ、第3波に襲われ、同乗していた被害者がヨットから海中に転落して死亡した事故	操船者には乗船者の生命、身体の安全を保持すべき責任があるところ、自己の経験などに照らして未知の状況にあった場合は、不測の事態の発生に思いを致し、第一波の襲来を受ける前に反転して引き返すべき注意義務があったとして、Yの責任が認められた。	
165	平成9年 1月13日 福島地会津若松支 判時1630-122	柔道	X1・X2　親 Y　県	柔道部の夏合宿に参加した高校生が、早朝のランニングの途中に脱水、熱射病	顧問教諭は、合宿中に生徒の健康面に留意し生徒の健康に異常が生じないようにし、異常発生時には速やかに応急処置をとる等の注意義務があ	

判例番号	年月日 裁判所 出典	種目	当事者 （X→原告 Y→被告）	事案の概要	判決内容	審級関係
	判タ944-121			を発症し、急性腎不全によって死亡した事故	るところ、水分を十分に取らずに過度の運動を行うことで熱中症等の疾患を生じる可能性を予見できたにもかかわらず、積極的に必要な量の水分・塩分を補給をさせていなかった点に注意義務違反が認められ、過失を認めた。	
166	平成9年 1月24日 高松高 判タ937-121 判例自治167-84	プール・水泳 (川遊び)	X　両親 Y　県	幼児（当時5歳）が、県が管理する川で水遊び中、深みにはまって溺死した事故	本件深みは、本件事故の約2か月前に施行された護岸工事に伴う掘削により現出したものであり、子供の水遊び場として安全な場所に新たな危険を発生させたのであるから、河川管理者である知事は、施工業者を指示監督して本件深みの掘削部分を従前の状態に埋め戻すか、本件深み周辺に、転落防止のための柵を設けるなどして右危険を回避すべきであったとして、河川管理の瑕疵を認め、Yの営造物責任を認めた。	
167	平成9年 1月27日 鹿児島地 判例自治168-71 TKC28030192	体操	X　生徒 Y　県	県立高校体操部の部員がロイター板を使用した前方宙返りの練習中に頸髄損傷を負った傷害事故	指導教諭は、生徒の生命・身体等を保護するために必要な措置をとるべき安全配慮義務を負うところ、生徒が危険を含む練習を行うことを予見でき、指導や監視がないところで練習を行わないように指導しなかったことに注意義務・指導監督を怠ったとして、損害賠償責任を負うとされた。	
168	平成9年 1月30日 新潟地高田支 判時1633-124	柔道	X1・X2　亡生徒の両親 Y　町	町立中学校の柔道部員が部活活動中に頭部を打って死亡した部員死亡事故	指導教諭には、柔道部の練習に内在する危険性に鑑み、生徒の生命、身体の安全について万全を期すべき義務があり、練習の方法について安全性の観点から指示をなし、柔道の練習に立ち会って指導し、自ら立ち会えない場合は他にこれを依頼して安全を確保すべき注意義務があるが、柔道練習に欠席していたことからこれら義務反するといえ過失が認められた。 町総合災害補償規程に基づく死亡給付金に対して、損益相殺が認められた。	
169	平成9年 2月13日 東京地 判時1627-129 判タ953-208	プール・水泳	X　会員 Y　スポーツクラブ運営管理会社	会員Xが、スポーツクラブのプールで行われた水中体操に参加後、水着のままロッ	本件廊下は、1階から濡れた水着のままで上がってくるプール利用者が通行するため、利用者の身体から水滴が落ち、素足で通行する利用者	

判例番号	年月日 裁判所 出典	種目	当事者 (X→原告 Y→被告)	事案の概要	判決内容	審級関係
				カールームに通ずる廊下を歩行中転倒して受傷した事故	にとって滑りやすい箇所が生ずるという危険性を有していたとして、Yの工作物責任を認めた。	
170	平成9年 3月31日 横浜地 判時1631-109	体操	X1　生徒 X2・X3　生徒の両親 Y　県	県立高校の体操部員が跳馬での宙返りで頭部を強打して受傷した部員負傷事故	顧問教諭には、常に部の活動全体を掌握して指導監督に当たり、段階を踏まえた指導計画をたて部員の安全面の指導を行う義務があり、殊に生徒が危険性を伴う高度な技を練習する場合には、技の難易度、危険性、生徒の経験、技能を十分に考慮し、事前に危険防止のための適切な指導をすべき義務があるが、頭から落下する危険可能性を予測しえたにもかかわらず本件技の習熟度に応じた適切な指導をすべき義務や立会い義務、補助者を付すべき義務等を怠った点に過失を認めた。	
171	平成9年 6月13日 大阪地 判タ959-193	サーフィン	X　競技者 Y　競技者	Xが海上でサーフボードに座って波待ちをしていたところ、Yのウインドサーフィンに衝突され、左側上顎骨骨折等の傷害を負った事故	海岸に近く多数のサーファーの存在が予想される区域では、ウインドサーフィンの急制動が困難という特質を考慮の上、サーファーと衝突しないよう十分に確認し、サーファーが存在しない場所を進行すべきであったところ、沖の方へ向かう時に確認したサーファーの位置を前提に、漫然とウインドサーフィンを進行させたとしてYの責任が認められた。	
172	平成9年 7月17日 札幌地 判時1632-112 判タ959-235	ボクシング	X1・X2　亡生徒の両親 Y1　顧問教諭 Y2　道	公立高校の生徒がボクシング部の練習中に倒れ死亡した事故	顧問教諭には、ボクシングがそもそも危険性の高いものであること、被害生徒が初心者であったことや体調不良であったこと、相手方が上級レベルにあったこと等の具体的事実のもとでは事故を未然に防止する高度の注意義務があったが、それを怠ったとして過失を認めたが、公務員たる公立学校教諭の職務上の過失について、設置者である地方公共団体は、国家賠償法に基づく責任を負うとし、そのような場合、当該公務員個人は賠償責任を負わないとした。	174の原審

判例番号	年月日 裁判所 出典	種目	当事者 （X→原告 Y→被告）	事案の概要	判決内容	審級関係
173	平成9年 9月4日 最高裁（1小） 集民185-63 判時1619-60 判タ955-126 判例自治189-98	柔道	X1　生徒 X2・X3　生徒の両親 Y　市	市立中学校の生徒が柔道部の回し乱取り練習中に転倒し右急性硬膜下血腫の障害を負ったとする部員傷害事故	指導教諭には、危険から生徒を保護するために、常に安全面に十分な配慮をし、事故の発生を未然に防止すべき一般的な注意義務があるところ、自ら生徒に技をかけて受け身の習得度合いを確認する方針や、X1の受け身の習得度合から回し乱取り練習で乙山の相手をするのに必要な受け身を習得し、これを確実に行う技能を有していたと判断したことに注意義務違反はあるとは言えないとし、請求棄却した。	137の上告審
174	平成10年 2月24日 札幌高 判例自治179-55	ボクシング	X1・X2　亡生徒の両親 Y1　道	公立高校ボクシング部の高校生が練習中に倒れ硬膜下出血により死亡した事故	本件ボクシング練習は、互いにそのパンチを相手に当てないことを前提とし、Aが攻撃側となり、Bが防禦側となって行ったものであり互いに自由に打合いをする練習においてはともかくとして、これとは全く異なる本件ボクシング練習において、乙山が技量の優れたBを相手として選んだことは、適切であるということができても、何ら非難されるべきことではないというべきである。本件においては、繰り出すパンチをコントロールすることができるに止まらず、Aの動きを相当程度に予測し、誤ってパンチを当てることを相当程度防ぐ能力を有していると推認されるBが防禦側になったのであるから、このような場合においてもなお、乙山には、Aに必ずヘッドギアを装着させて本件ボクシング練習をさせるべき注意義務があったということはできないというべきである。Bのパンチが誤ってAの顔面等に当たったために、あるいは、Bが乙山の日頃の指示に反して、意識的にAの顔面等にパンチを当てたために、本件事故が発生したものと仮定した場合であっても、乙山には、被控訴人ら主張の注意義務違反があったものとはいえないというべきであるとして、道の責任を否定した。	172の控訴審

判例番号	年月日 裁判所 出典	種目	当事者 （X→原告 Y→被告）	事案の概要	判決内容	審級関係
175	平成10年 2月25日 東京地 判時1662-98 判タ984-135 判例自治184-23	スキー	X　スキーヤーの相続人 Y　スキー場を管理する地方公共団体	スキーヤーがY運営のスキーコース途中の橋から転落・死亡した事故	スキーヤーが本件橋の縁に衝突した場合には、衝突の勢いによりガードレールを乗り超え、ガードレール上に転落防止のために設置されていた本件ネットに突っ込む可能性は大きかったところ、本件ネットが本件橋上を滑走中に衝突したスキーヤーの転落を防止するための防護設備としては極めて不十分な状態にあったことは明白であり、本件橋は、スキーコースに要求される通常有すべき安全性を備えておらず、設置・管理の瑕疵があったといわざるをえないとして、Yの責任を認めた。ただし、原告の過失割合20%を認めた。	183の原審
176	平成10年 2月25日 横浜地 判タ992-147	テニス	X　競技者 Y1　コーチ Y2　競技者	テニス教室でのテニスの練習中にY2が打ったボレーショットがコート脇のベンチに腰掛けていた原告の顔面を直撃して原告が眼球を負傷したが、Y1及びY2の過失が否定された事案	練習は技量の未熟を前提としてその向上を図るためにするものだから、ミスをしたとしても直ちに過失があるとは言えないことはあきらかであり、Y2にミスショットをしない注意義務があったとはいえない。また、本件練習メニューは妥当で、待機位置は各練習生に委ねられていたのでY2がXの待機位置を認識していたとしても、練習を中断して措置をとってもらうべき義務もなく、過失は認められない。 テニス教室というのは、複数の練習生が技量の向上を目指して練習をするものであるから、プレーをしている以外の練習生もボールの飛来する可能性のあるコート周辺で待機せざるを得ない。したがって、各練習生は自ら適切な待機場所を選んで、自己の安全を確保し、プレーの妨げにならないように配慮すべき義務がある。どの位置において待機するかはその練習生自身の判断と責任において決せられるべきものであって、現に練習を指導しているコーチはプレーにこそ細心の注意を払うことが要請されているとして、コーチの過失を否定した。	

判例番号	年月日 裁判所 出典	種目	当事者 (X→原告 Y→被告)	事案の概要	判決内容	審級関係
177	平成10年 2月27日 神戸地 判時1667-114 判タ982-113	プール・水泳	X　中学生、両親 Y　市	男子中学生（当時13歳）が、水泳部の練習中プールで逆飛び込みして頭部をプール底部に打ちつけて受傷した事故	本件プールにおいてスタート台から逆飛び込みを行う場合には人身事故の発生する危険性が高かったのであるから、本件プールは、そのような利用をするプールとして通常有すべき安全性を欠いていたものであり、設置管理上の瑕疵を有するものであったとして、Yの営造物責任を認めた。	
178	平成10年 3月13日 金沢地 判時1667-124 判タ988-173 判例自治177-63	プール・水泳	X　中学生、両親 Y　市	男子中学生（当時14歳）が、体育の水泳授業中プールで逆飛び込みして頭部をプール底部に打ちつけて受傷した事故	本件プールは、本件事故発生当時、生徒の飛び込み台からの飛び込みを伴って使用されるプールであり、その水深、飛び込み台の存在及びその高さにおいて、そのようなプールとして通常有すべき安全性を欠いた設置管理上の瑕疵があったと認められるとして、Yの営造物責任を認めた。	
179	平成10年 4月9日 福岡高那覇支 高刑速報H10-119 TKC28055200	スキューバダイビング	被告人　ダイビングサービス提供業者 被害者　ダイビングサービスの顧客3名	洞窟ダイビングのツアー客3名が溺死した事故	洞窟のように水深が深く、自然光の届かない閉鎖的で複雑な構造を有する場所でのダイビングには、パニックを触発する危険性が含まれているから、参加したダイバーがパニックに陥ることがないようにし、また仮にパニックが発生したとしてもそれに適時に適切な対応をとれるようにしておく必要があったところ、事故の発生を未然に防止するための措置をとるべき業務上の注意義務違反があるとしてガイドの責任を肯定した。	
180	平成10年 6月22日 横浜地 判タ1007-276	自転車競技	X　競技者 Y　競技者	デュアスロンの競技中、競技者Yの自転車が、前を先行して走る競技者Xの自転車に追突し、Xが転倒し、左大腿部打撲等の傷害を負った事故	後方を走行する競技者には、前方を走行する競技者の動向を注視し、かつ、ルールを遵守するなど適切な措置を講じて衝突を未然に防止すべき注意義務が存するとし、Yにはこれを怠った過失があるとし、Yの責任が認められた。被害者の推定的承諾による違法性阻却の抗弁は排斥された。	
181	平成10年 7月31日 名古屋地 交民31-4-1186	ゴルフ	X　カート同乗者 Y1　ゴルフ場運営会社 Y2　カート運転者	Y1運営のゴルフ場のカート道において、酒気を帯びた状態のY2が運転していたカートが縁石に乗り上げて、同乗のXがカート	本件カート道の構造や注意喚起のための表示、注意などについては、通常は、普通自動車に比べて極めて単純なカートの運転を、普通自動車を運転する能力を有する者が行うことを前提として行えば十分であり、万一その能力が不十	

判例番号	年月日 裁判所 出典	種目	当事者 （X→原告 Y→被告）	事案の概要	判決内容	審級関係
				から放り出され怪我をした事故	分な者がカートの運転を行う場合には、カートの安全な運転方法や本件コースにおける危険個所などについてより具体的な注意を行えば足りるところ、本件カート道の構造やY1のとっていた措置などについては、安全性を欠く部分があるとは認められない。	
182	平成10年 9月25日 浦和地 判時1673-119	自動車競技	X　同乗者遺族 Y1　競技者 Y2　レース場経営会社	ダートトライアル競技場において、Y1運転車両が練習走行中に防護柵に衝突し、当該車両の同乗者が死亡した事故	Y1の責任について、ダートトライアルの性質からすれば、危険な運転を行い同乗者に被害を与えたからといって直ちに運転者の過失を認め得るものではないし、Y1の運転操作に問題があったとしても同乗者の死亡に対する予見可能性を認めることはできないとして、責任が否定された。 Y2の責任について、本件事故現場地点は、本件事故のような横木を外すほどの衝突事故が発生するであろうことを、通常予測することは困難であるとして本件防護柵を含めた本件競技場の設置又は保存に瑕疵があったということはできないとして責任を否定した。	
183	平成10年 11月25日 東京高 判時1662-96 判タ1016-119	スキー	X　スキーヤーの相続人 Y　スキー場を管理する地方公共団体	スキーヤーがY運営のスキーコース途中の橋から転落・死亡した事故	原審と同様にYの責任を認めた。ただし、原告の過失割合を6割とした。	175の控訴審
184	平成10年 12月16日 水戸地 判タ1046-212	ボクシング	X1・X2　遺族 Y1　A県 Y2　A県アマチュアボクシング連盟（主催者） Y3　A県高等学校体育連盟（共催者）	Xらの子であるA県立高校の生徒が、Y2が主催、Y3が共催の「全国高校ボクシング選抜大会県選考会兼平成5年度県選手権大会」の試合直後に倒れ、その後、急性硬膜下血腫・脳挫傷により死亡した事故	Y2らが精密検査をしなかったことをもって直ちに安全配慮義務違反したとまではいえないとし、試合会場に専門医師が配置されなかったことと子の死亡との間には因果関係を認めることができず、そのことからY2及びY3の過失（安全配慮義務違反）を構成するとは考えることができないと判示した。	
185	平成11年 1月12日 長崎地 訟月45-12-2376 ウエストロー 1999WLJPCA01120003	空手	X　部員 Y1　国 Y2　主将 Y3　副将 Y4～Y6　部役員	大学空手道部の合宿において、練習中に部員X（一年生）が熱中症を発症した事故（その後、Xが統合失調症を発症した）	大学部活動の自主性や部員の年齢を考慮すれば、危険防止は原則として部員各人の責任に委ねられているが、上下関係による厳しい規律が存在していた下では、一緒に練習をしていた主将、副将には練習中に熱中症を生じさせないよ	

判例番号	年月日 裁判所 出典	種目	当事者 (X→原告 Y→被告)	事案の概要	判決内容	審級関係
	TKC28050977 判例秘書L054 50557				うに配慮する義務があったとして、Y2、Y3の責任が認められたが、統合失調症発症との因果関係は否定された。Y1は大学の課外活動としての合宿におけるトレーニングの具体的な予定を事前に把握して、その内容の変更を指示するなどの措置をとる義務はない。国立大学の学生が空手道部の夏季合宿のトレーニング中に熱射病の結果、精神分裂病になったとしても、治療内容の選択は入院した医師に任せれば足り、国立大学当局が、事故内容の詳細な調査や、空手部主将らに対し救護措置の指示をしなかったことをもって、Y1に過失があったとはいえない。	
186	平成11年 2月15日 大阪地 判時1694-111	プール・水泳	X　利用者 Y　レジャー施設経営会社	施設利用者（当時29歳）が、施設内の流水プールに逆飛び込みして頭部をプール底部に打ちつけて受傷した事故	Xとしては、本件プールに逆飛び込みをするという危険な行為をする場合には、自らの責任においてするべきであり、仮に、Yに本件プールに逆飛び込みをしないような措置を執るべき義務があったとしても、1時間に1回の割合で逆飛び込み等の危険な飛び込みが禁止されている旨をアナウンスすることによって、右の義務は尽くされているというべきであるとして、Yの債務不履行責任を否定した。	
187	平成11年 2月17日 千葉地佐倉支 判タ1013-194	テニス	X　テニス教室講師 Y　市	市主催のテニス教室の講師として初心者の指導をしていた講師Xに受講生の打ち返した硬式テニスボールが当たり、Xが眼を負傷した事案	打球による危険は本件練習方法の過程で通常予測し得るものとしてXの判断と責任で回避すべきであり、自己のリズムで球出しができなくなるとしても、反対側のコートの講師や受講生の動静、打球の方向等に留意しながら、事故を回避すべき基本的な注意を尽くすべきであったとして請求を棄却した。	
188	平成11年 2月26日 神戸地 判時1696-126 判タ1050-170	スキー	X　競技者 Y　競技者	スキー初心者の原告がゲレンデをプルークボーゲンで滑走中、上方から滑走してきたスノーボードの上級者である被告と原告が衝突し、原告が	被告は、プルークボーゲンでゆっくり右方に滑走している原告を認めたのであるから、原告の動きを注視しつつ、減速し或いは安全な方向に進路を変えるなど、原告への衝突を避ける措置をとるべきであった。しかるに、被告は、僅かに進行方向を左に変	

判例番号	年月日 裁判所 出典	種目	当事者 （X→原告 Y→被告）	事案の概要	判決内容	審級関係
				骨折の傷害を受けた事案で、衝突回避措置をとらなかった被告に過失があるとした事例	えただけで、減速せず、原告の動きを注視せずに滑降を続けたため、約7メートルの地点で、方向を変えて左方に進行している原告を再び認めた時には、自らの進行方向を変更することができず、そのまま原告に衝突したのである。 被告が右衝突回避措置をとることに支障があったような事情を認めることはできない。したがって、右衝突回避措置をとらなかった被告には過失がある。	
189	平成11年 3月31日 神戸地尼崎支 判タ1011-229	野球	X　生徒 Y　兵庫県	県立高校野球部のフリーバッティング練習中に、バッティングマシンを操作していた生徒が、防球ネットの損傷個所を通った打球に当たって負傷・失明した事故	乙川教諭は、用具の点検を厳しく指導せず、自らも損傷の有無を確認しておらず、部員がネットを選んで使用していたことも知らず、防球ネットの安全性に対する注意を怠っていたこと、防球ネットには耐久年数があるが本件ネットの購入時期等を把握していないこと等、認定の事実関係の下では、乙川教諭には安全配慮に欠ける点があったというべきであり、過失を認めることができるとして、県の責任を認めた。	
190	平成11年 3月31日 神戸地姫路支 判時1699-114	ゴルフ	X　キャディー Y1　競技者 Y2　ゴルフ場	Y2に勤めていたXに、同伴競技者Y1の打球が当たり、Xが負傷した事故	ショットしようとするプレーヤーにおいて、同伴プレーヤー又は自己のパーティを担当するキャディーの一切の動静に注意を払い、それらの者の位置関係を完全に把握した上で打球を放つべき注意義務まではない。Y1がショット前にXが前方に移動中であることを予見又は予見し得るとはいえないとして、Y1の過失を否定した。 Y2は、Xに対し、十分な安全対策の指導を怠ったものといわなければならず、安全配慮義務違反の債務不履行があったと認められる。	
191	平成11年 7月9日 大阪地 判時1720-161	野球	X　競技者 Y　競技者	原告と被告は高校野球部に所属していたところ、同部の練習中、被告が誤って投げた球が原告の右眼に当たり、その結果右眼が失	ダブルプレーの練習で指示された流れに反した送球をした行為について、過失を認めた上で、当該練習は、各自の行うべきプレーが固定化又は定型化された練習方法であり、定型化されたプレーに反する行為の危険性は極めて高く、	

判例番号	年月日 裁判所 出典	種目	当事者 （X→原告 Y→被告）	事案の概要	判決内容	審級関係
				明する等の傷害を負ったとして、被告に対し、不法行為に基づき損害賠償請求をした事案	ルール上は許された送球行為であるからといっても、違法性が欠けるものではない。	
192	平成11年 8月20日 奈良地葛城支 判時1729-62	プール・水泳	X　受講生、母 Y　スイミングスクール経営会社	スイミングスクールの受講生（当時24歳）が、プールで逆飛び込みして頭部をプール底に打ちつけて受傷した事故	国内のプールの規格について定め、その公認業務を行っている水泳連盟が、飛び込み事故発生の危険性を減少させるため、平成4年4月に改正した規則を遵守しないプールは、飛び込みを伴う競泳を行うプールとしての通常の安全性を欠くものと判断して差し支えないとして、Yの工作物責任を認めた。	
193	平成11年 8月24日 山口地 判時1728-68	ホッケー	X1　生徒 X2・X3　生徒の両親 X4　生徒の兄 Y　県	学校の部活動であるホッケーの県立高校選手権大会に出場した生徒が試合中に受傷した事故	課外のクラブ活動における顧問の教諭等には、既に指摘したところの生徒を指導監督し事故の発生を未然に防止すべき注意義務があるとともに、不幸にしていったん事故が発生した場合は、それによる被害の発生又は拡大を阻止しなければならないという事後措置義務をも負っており、当該教諭等がかかる措置を怠った場合には、学校の設置管理者は、過失責任を負うべきものと解されるとして、県の責任を認めた。	
194	平成11年 9月2日 福岡地 判時1729-80 判タ1027-244	運動会（騎馬戦）	X　被害者及びその両親 Y　県	県立高校の運動会での騎馬戦競技中、複数の騎馬が押し合い一塊になって被害生徒が転倒し、重傷を負った事故について、県に安全配慮義務違反があったとして損害賠償責任が認められた事例	指導教師等には、①事前に十分に計画を練り運営方法を検討する等の義務、②競技内容等に応じて生徒に対し指導・監督等する義務、③一定の場合には生徒の動静を監視して行事の進行状況等を把握し危険な状態が発現すれば直ちに対応できるようにしておくべき義務があるとし、①の注意義務違反は否定し、騎馬戦特有の危険性を考慮すれば本件事例には②③の注意義務違反があるとした。	
195	平成11年 12月6日 千葉地 判時1724-99	プール・水泳	X　被害児童の両親 Y1　市 Y2　医師 Y3　医療機関	小学校の水泳授業中に児童が他の児童と衝突して受傷し、その後脳ヘルニアで死亡した事故につき、指導教師及び児童を診断	指導教師は、加害児童が他の児童と衝突しないように十分に間をあけて泳ぐよう指導注意するなどの配慮をすべきであり、これにより児童相互の衝突による傷害事故を防止すべき注意義務を怠ったとした。また、本件事故後、指導	

判例番号	年月日 裁判所 出典	種目	当事者 （X→原告 Y→被告）	事案の概要	判決内容	審級関係
				した医師に過失があるとして、市及び医師に損害賠償責任が認められた事例	教師等が、被害児童の状態を十分な注意力をもって把握するよう努め、必要な情報を的確に伝達して適切な対応を取るべき注意義務にも違反しているとした。	
196	平成12年 3月15日 浦和地 判時1732-100 判タ1098-134	登山	X1・X2　両親 Y1　県 Y2 ～ Y4　指導教諭	県立高校山岳部の夏山登山合宿に参加した高校生が参加中に熱中病を起こして死亡した事故	意識障害が発生している本件では、その後若干回復したかのような症状の変化があったとしても、生徒を医療機関に搬送すべき義務があったとして、Y2らの過失を認めた。本件登山ルートは救助体制が整備されており、要請があれば昼夜を問わず救助隊が出動できる体制があったことから、Y2らが注意義務を尽くし措置を講じていれば、生徒を医療機関に搬送し救命することが可能だったと推認されるため、相当因果関係も認められた。 県高等学校安全互助会からの死亡見舞金に対して、損益相殺が認められた。	
197	平成12年 7月4日 東京地 判タ1056-218	スキー（そり遊び）	X　死亡した児童の相続人 Y　主催会社	夜間のスキー教室において、そり遊びに参加した児童が誤って崖下に転落して発生した死亡事故について、そり遊びの実施について主催者従業員の過失があったとして民法709条、715条に基づき損害賠償責任が認められた事案	本件ゲレンデでそり遊びを実施するにあたっては、場所を限定し、これらを児童らに明確に指示し、かつ、児童らが右の範囲を超えてリフト山麓駅付近よりも上方に行かないように監視する人員を配置する等の措置を講じ、もってそりの滑走による不測の事故の発生を未然に防止すべき注意義務があったものというべきである。	
198	平成12年 9月13日 大阪地 判時1765-86	野球	X1　生徒 X2・X3　両親 Y1　生徒 Y2　学校法人 Y3　野球部監督	学校法人が設置経営する高校を退学したX1及びその両親が、高校を退学することとなったのは、野球部の上級生であるY1からいじめを受けたことが原因であるとし、Y1、Y2に対し、損害賠償を求めた事案	Y1の行為は社会的相当性を逸脱した違法な行為であり、Y1は、X1らが不法行為によって被った損害を賠償すべき義務を負う。 他方、Y2、Y3が野球部内での生徒に対する暴力行為及びその他の嫌がらせ行為の存在に疑いをもってしかるべき事情があったとは認められず、暴力発覚前のY2、Y3の対応に保護監督義務違反及び安全配慮義務違反を認めることはできない。また、右暴力行為発覚後もY2、Y3が、生徒を含む本件野球部員の安全保護のために、当時予見可能な	

判例番号	年月日 裁判所 出典	種目	当事者 (X→原告 Y→被告)	事案の概要	判決内容	審級関係
					範囲内でなし得る相当な措置を講じたものと評価することができるとし、X1のY2、Y3に対する損害賠償を認めなかった。	
199	平成12年 9月26日 東京地 ウエストロー 2000WLJPCA09260005	プール・水泳	X　競技者 Y1　プール経営会社 Y2　競技者	Xがスイミングスクールの自由練習で泳いでいたところ、スタート台から飛び込んだY2と衝突して負傷し、後遺症が残存した事故	既にXが反対側から対向して泳いで来ていたにもかかわらず、前方の確認を十分にしないまま、危険な飛び込みをしたとして、Y2の不法行為責任を認め、Y1は、Xに対し、飛び込みが会員に対して危険が及ばないような方法態様においてのみ行われるように指導監視すべきであったとして、Y1の安全配慮義務違反を認めた。	
200	平成12年 10月26日 大阪地 判タ1071-202	ゴルフ	X　競技者 Y1　ゴルフ場運営会社 Y2　同伴キャディー	Y1のゴルフ場でY2を同伴していたXの打球が同伴競技者訴外Aに当たり、負傷した事故（求償事件）	キャディーは、競技者からキャディーフィーを受領して競技者を援助すると共に、当該コースの状況等を熟知しているので、ゴルフ場の従業員として競技者に危険が生ずるおそれがある場合には、これを未然に防止し競技者の安全を保持すべき注意義務があるにもかかわらず、Y2には、これらの注意義務を怠った過失があり、使用者たるY1には、民法715条の使用者責任がある。	
201	平成13年 1月22日 大阪地 判時1750-114 判タ1085-235	スキューバダイビング	X1・X2　ツアー参加者の相続人 Y1　ツアー主催会社 Y2　インストラクター Y3　ダイビングの手配及びガイド業務を受託した現地業者	Y1が主催する三泊四日のダイビングツアーにおいて、海洋ダイビング中に参加者が、急浮上を始めるなどしてパニック状態に陥り、その後死亡した事故	指導者であるY2について、潜水場所の設定、指導者と一般参加者の人数比（1：8）、バディシステム遵守についての注意を促すべき義務、参加者に対する適切な助言指導をすべき義務について検討した上で、いずれも注意義務違反を否定するとともに、Y2の行為をY1白身の行為と評価しても不法行為責任は認められない旨判示して、主催会社の責任を否定した。	
202	平成13年 3月28日 東京高 判タ1068-174	スキューバダイビング	X1～X3　被害者（講習会参加者）相続人 Y1　インストラクター Y2　主催会社 Z　保険会社	Y2が主催するオープンウォーターダイバーの資格取得のためのスキューバダイビングの講習中、参加者がエアエンボリズムに罹患し、死亡した事故	死亡した参加者の死因を浮上の際の息こらえあるいは急浮上の際の浮上速度と呼吸のアンバランスによってエアエンボリズムに罹患したことであったと認定した上で、参加者は、所定の講習を経て単独でスキューバダイビングを楽しむことができる資格を有しており、浮上時に息こらえをしないというダイビングの鉄	

判例番号	年月日 裁判所 出典	種目	当事者 (X→原告 Y→被告)	事案の概要	判決内容	審級関係
					則を理解していたこと、Y1やY2の浮上時の安全対策、人員体制、浮上後の措置、資格付与及び講習場所の選定の過失の有無について検討した上で、いずれについても通常有すべき注意義務を欠いた過失はない旨判示して同社らの責任を否定した。	
203	平成13年 5月25日 札幌地 判タ1114-173	体育(マット運動)	X1　生徒 X2・X3　両親 Y　道	高校生が体育の授業中にマット運動の練習をしていて受傷した事故	Yの責任は認められたもののスポーツ用車いすの購入費用について請求が認められなかった。 また、北海道高等学校PTA安全互助会による給付金に対して、損益相殺が認められた。	
204	平成13年 5月30日 東京地 判タ1071-160	プール・水泳	X1　生徒 X2・X3　生徒の両親 Y1　区 Y2　都	中学校1年生の男子生徒が、水泳部の練習中において、フラフープの輪をくぐってプールに飛び込み、プールの底に頭部を衝突させ負傷した事故	もともと水泳は、時として、生命に対する危険を生ずるおそれもあるスポーツであることを併せ考慮すると、水泳部の顧問として当日の練習に立ち会い、Aの行動を認識した被告Bとしては、Aに対し、上記行動を注意するなどした上で、持ち出していたフラフープの使用方法を問い、その適切な使用方法を教示するか、事情によってはその使用を禁止するなどして、生徒が危険な行為に及んだり、生徒に危険が生じたりしないように、生徒の身体の安全に配慮すべき注意義務かあったものというべきであるが、被告Bは、階段の所からガラス越しにAの挙動を見ただけで、Aに対し、上記の行動を注意したり、フラフープの使用方法を問うこともなく、そのまま階段を上り、職員室に向かったというのであり、そうだとすれば、この点において、被告Bには注意義務に違反する過失があったというべきであるとして、被告の責任を認めた。	
205	平成13年 6月20日 東京地 判タ1074-219	スキューバダイビング	X　講習受講生 Y1　インストラクター Y2　主催会社	Y2が主催する海洋での未経験者を対象とするスキューバダイビング講習中に、受講生が海中で行方不明となり、溺水したため身	スキューバダイビングの経験が全くない者に対して水中での講習会を行う場合の講師には、極めて高度の注意義務、具体的には、受講生の動静を常に注視し、受講生に異常が生じた場合には直ちに適切な措置や救護をすべき義務を負	

判例番号	年月日 裁判所 出典	種目	当事者 （X→原告 Y→被告）	事案の概要	判決内容	審級関係
				体障害者の認定を受ける後遺障害を負った事故	うところ、Y1は、受講生（6名）を率いて練習海域に向かう途中、前方方向を見ながら泳ぐ方法で、後方に続く受講生の動向は5秒から7秒に1回程度しか振り返って確認しなかったため、本件受講生の動向の把握が不十分となって、Xを見失い、Xが溺水したことに全く気づかなかったとして過失を肯定した。免責同意書の有効性についても否定した。	
206	平成13年 10月26日 名古屋地 TKC28070207	登山	X　遺族 Y1　リーダー Y2　緊急連絡先 Y3　登山本部 Y4　国	国立大学山岳部の登山中、部員が滑落し、死亡した事故	Yらの責任は否定された。	219の原審
207	平成13年 11月2日 東京地 ウエストロー 2001WLJPCA 11020003	野球	X　競技者（三塁手） Y1　競技者（投手） Y2　Y1の両親	草野球の試合中、同一のチームに属するX（三塁手）及びY1（投手）が、相手チームの打者が打った飛球を捕球しようとして衝突し、Xが負傷した事故について、Y1とY1の両親に対して損害賠償請求をした事案	スポーツ中の加害行為が、安全面にかかわる基本的なルールに反するものでなく、かつそのスポーツを行うに際して通常予測されうる動作や対応に起因するものであるとき、特段の事情がある場合を除いて、当該行為に違法性はない。本件でも、守備範囲の重なり合いやこれを超えてプレーをする場合があることから、被告の行為は通常予測されうる範囲内であって、過失を否定した。	
208	平成13年 12月18日 福岡地 判時1800-88 判タ1136-126	サッカー	X　生徒（両親） Y1　町 Y2　県	町立中学校の3年生が自殺したのは、同級生らによるいじめが自殺の原因であるとしてYらに対して損害賠償を求めるとともに、教師Yらに、いじめの防止についての安全配慮義務違反を理由として、損害賠償を求めた事案	生徒に対する一連の行為はいじめに他ならず、生徒はいじめを苦にして自殺したものと認められ、また、加害生徒らによるいじめに関する生徒の実情把握及びそれに対する対策は不十分であるため完全配慮義務違反があるとしたが、他方で生徒が自殺することについての予見可能性について否定し、いじめによる慰謝料請求のみを認めた。	
209	平成13年 12月26日 名古屋地 交民34-6-1726	自動二輪車競技	X　走行者の遺族 Y　本件コースの運営者及びクラブの組織運営者	レーシングコースにおいてスポーツ走行中の事故により死亡した者の遺族であるXらが、本件コースの走行車	Yの監視ポスト及び人員配置義務について、走行車の安全性に配慮する義務に反したと認めたものの、走行者の死亡との因果関係が認められないとし、また、Xの工作物責任についても債務不履行責任と	

判例番号	年月日 裁判所 出典	種目	当事者 (X→原告 Y→被告)	事案の概要	判決内容	審級関係
				の安全性を配慮する義務に違反したこと、本件コースの安全性に瑕疵があることを理由に、債務不履行及び不法行為に基づく損害賠償を求めた事案	同一のものであるとして否定した。	
210	平成14年 3月5日 福岡地行橋支 判タ1133-155	スキー	X　スキー競技者の相続人 Y1　スキー競技者（加害者） Y2　スキー場を管理経営する会社	ゲレンデを滑走していたスキーヤーが、ゲレンデ内の松の木に衝突して死亡した事故	本件松の木に防護マットを敷設せずにゲレンデ内に残しておいたことが、スキー場利用者の自己責任を越えて、それとの衝突を招くような危険を現出させていたものということはできないとして、Yらの責任を否定した。	
211	平成14年 3月18日 仙台地 TKC28070773	柔道	X　被害生徒の両親 Y　地方公共団体（学校設置者）	高校の被害生徒が、柔道の授業において練習試合をした後に気管支炎の発作を原因として死亡するに至ったのは、同人がアレルギー性喘息の持病を有していたにもかかわらず、指導教師が、被害生徒に対し、心身に急激な負担をかけることが明らかな柔道の試合をさせたことなどの注意義務に違反したことが原因であるとして、損害賠償を求めた事例	指導教師等が体育の授業で被害生徒に柔道をさせたこと自体には注意義務違反はないとした上で、体育の授業に戻ってこない被害生徒の様子を見に行かせなかったことについて生徒の安全に配慮すべき注意義務を懈怠した過失があるとした。	
212	平成14年 4月22日 千葉地 判時1793-116	ソフトボール	X　生徒 Y　市	市立中学二年の女子生徒がソフトボール部の打撃練習中に自己のトスした相手の打球を顔面に受けた事故	本件ソフトボール部は、平日の授業前、放課後に毎日、さらに土曜日、日曜日と長時間の練習を行っていたが、A教諭は、その練習のほとんどに立ち会って指導し、トスされたボールを打つ練習についても、段階的な練習方法により継続的に実施してきたこと、本件練習方法についても、通常必要とされる指示、説明をしていたこと、途中で入部した原告に対しては集中的に指導し、その結果、入学当初から練習してきた生徒と同等の	

判例番号	年月日 裁判所 出典	種目	当事者 （X→原告 Y→被告）	事案の概要	判決内容	審級関係
					技術水準に達しており、原告及びBともに本件練習方法を実施できる段階に達していたこと、これに、本件練習方法は、打撃技術練習の初歩的段階として一般に実施されている練習方法であることを総合勘案すると、本件練習方法は、打球がトスする者に向かって飛来した場合、打ってから0.12秒あるいは0.175秒でトスする者に到達することから、トスする者がとっさに打球を避けることは非常に困難であるとしても、一般にスポーツに内在している一定程度の危険性以上の危険性を有する練習方法であるということはできず、本件練習方法を実施するに当たり、A教諭に、前記に認定した以上の指導をすべき安全配慮義務があると認めることはできないというべきであるとして、被告の責任を否定した。	
213	平成14年 5月14日 新潟地 判例秘書L057 50619	野球	X　生徒 Y　県	県立高校の課外活動として、公式野球部の練習に参加していた原告の右目に打球が当たって負傷した事故	本件事故は、中学生時代から課外活動として野球を続け、その技術も注意力も相応に備わっていた原告が、上級生やY監督から指導され、自身も日頃から危険であると認識していた防球ネットの安全な設置方法に関する注意を怠り、不安全な設置状況下でバッティング練習の投手役を行った上、隣接のピッチングマシーンから発射された球の行方に対する注意も怠り、かつ、その対面するCのバッティングケージの打者からの打球が防球ネット間の僅かな隙間を通り抜けるという不運が重なったことにより生じた事故というほかないものであり、本件事故が発生したことについて、Y監督に、原告の主張するような注意義務違反の事実は認められないので、Y監督に過失責任があることを前提とする本件請求は理由がないというべきであるとして、被告の責任を否定した。	

判例番号	年月日 裁判所 出典	種目	当事者 (X→原告 Y→被告)	事案の概要	判決内容	審級関係
214	平成14年 5月17日 名古屋地 判時1807-124	ゴルフ	X　キャディー Y　競技者	グリーン手前のバンカーにボールを入れてしまった競技者が、グリーンに向けてボールを打ったところ、シャンクしてボールが右に飛び出してしまったため、他の競技者のボールを拭こうとしていたXの左眼にボールが直撃し、左眼失明等の後遺症を負った事故	Yはグリーン直前の深いバンカー内の足場の悪い困難な条件下に球を打たなければならなかったものであるなど、ショットの際に事故が起きる可能性があり、それだけにYとしては、他の競技者やXの動静に普段以上に十分な注意を払い、声をかけるなどして自分が球を打つことに注意を喚起する義務があったものというべきである。ところがYは、Xについては意識におくことすらないままショットしたのであるから、過失が認められる。	
215	平成14年 10月8日 神戸地 判例秘書L057 50950 TKC28080325	陸上競技(やり投げ)	X　生徒 Y　地方公共団体	高校陸上部の槍投げ練習中に他の部員が投げた槍が頭部に当たり左側頭部開放性陥没骨折等の傷病を負った事故	Cは、砂場への槍の突刺し練習に立ち会い、監視指導すべき義務を負っていたものと解され、同練習を中止させることなく、同練習の途中で砂場を離れたことは、上記立会義務に違反するものである。そして、Cが上記立会義務を尽くしていれば、Xらが空中への槍投げ練習をしたいと申し出たとしても、これを制止するか、又はこれを許す場合でも、安全に十分配慮することにより、本件事故の発生を回避することができたといえるから、Cには上記立会義務に違反した過失があるものというべきであるとして、Yの責任を肯定した。	
216	平成14年 10月13日 大阪地 裁判所ウェブサイト D1-LAW2808 0195	ゴルフ	X　競技者 Y　ゴルフ場運営会社	Yのゴルフ場において、ゴルフをプレーしていたXに電動カートが衝突し、負傷した事故	ゴルフ場を設置・管理する者としては、当該通路をカート道路が横切っていることやカートの進行方向等が歩行者に明らかになるよう、看板を立てたり、通路上に表示したり、カートの接近を知らせる警告灯を設置する等の歩行者への注意喚起のための設備を整えるべきであって、同設備を備えていない場合、土地工作物が通常備えているべき安全性を欠き、その設置・保存に瑕疵が存するものというべきであるところ、Yは、現場にそのような設備が設置されていなかったのであるから、土地工作物であるゴルフコースの設置・保存に瑕疵が存したというべきである。	

判例番号	年月日 裁判所 出典	種　目	当事者 （X→原告 Y→被告）	事案の概要	判決内容	審級関係
217	平成14年 10月18日 長崎地 裁判所ウェブサイト 判例秘書L057 50967	プール・ 水泳	X　両親 Y　ホテル経営会社	幼児（当時4歳）が、ホテルに設置されたプールで溺死した事故	本件流水プールは幼児にとって、その生命に危険を及ぼす可能性をもつ施設であると評価でき、その設置者であるYもこのことを十分認識し得た。また、Yは本件プールを営業に用いており、さらに事前に幼児が本件ホテルを利用することを認識していたのであるから、本件プールを幼児が利用することも想定し、監視員を置き、水難事故を回避すべき義務があったとした上、因果関係も肯定して、Yの不法行為責任を認めた。	
218	平成15年 3月4日 東京地 判例秘書L058 30944	スキューバダイビング	X　事故の原因となった船の所有者 Y1　ガイドダイバー Y2　ツアーの企画会社	ダイビングツアー参加者がエントリー（入水）時に船のスクリューに巻き込まれ負傷した事故。参加者に賠償を行った船の所有者からのガイドダイバーらに対する求償請求訴訟の事案	Y1がアンカー（錨）を打たないという判断をしたことから、船首が流され、Xがダイバーのために船の位置を修正すべく、スクリューを回すと共に舵を切り、参加者にスクリューが接触したのであり、Y1がアンカーを打たないでエントリーをするとの判断をした当時、Y1にとり、Xの行為は予見可能であったとして、Y1が不適切な判断をなした点につき2割の過失を認めた。	
219	平成15年 3月12日 名古屋高 裁判所ウェブサイト ウエストロー 2003WLJPCA 03129003 TKC28091331	登山	X　遺族 Y1　リーダー Y2　緊急連絡先 Y3　登山本部 Y4　国	国立大学山岳部の登山中、部員が滑落し、死亡した事故	大学の課外活動としての登山におけるパーティーのリーダーは、原則として、メンバーの安全を確保すべき法律上の注意義務を負うものではなく、本件でY1の注意義務違反は認められないとして、Y1の責任は否定された。	206の控訴審
220	平成15年 5月15日 東京地 判例秘書L058 32010	ゴルフ	X　被害者 Y1　ゴルフスクール運営会社 Y2　冷却スプレー販売会社	ゴルフ教室で他の生徒が打ったボールがXの首筋を擦過して生じた傷にY1の従業員でレッスンプロのAが冷却スプレーを使ったところ、その用法を誤ったためにXが化学熱傷等の傷害を負った事故	裁判所は、冷却スプレーの使用に当たり用法遵守すべきことを前提に、初めて使用する場合には本体に表示された用法や注意事項を事前に読みこれを守って使用する義務があるとして、Aが早く患部を冷却しようとするあまり全く表示を読まなかったことにつき同義務違反の過失があるとした。	

判例番号	年月日 裁判所 出　典	種　　目	当事者 （X→原告 Y→被告）	事案の概要	判決内容	審級関係
221	平成15年 6月24日 東京地 交民36-3-865	サッカー	X　プロサッカー選手（事故被害者） Y　事故加害者	プロサッカー選手が、交通事故により右足関節捻挫ないし右足関節靱帯損傷の傷害を負った事案	原告は、メキシコの1部Aリーグで活躍していた実績を有するプロサッカー選手であり、将来においても、数年間はいずれかのチームでプロサッカー選手（ゴールキーパー）として活躍する機会があったものと推測されるにもかかわらず、原告は本件事故によって、事実上、プロサッカー選手としての選手生命を絶たれたものであるから、その精神的苦痛は後遺障害慰謝料に反映させるのが相当である（後遺障害等級14級10号で250万円）。	
222	平成15年 6月30日 神戸地 判タ1208-121	ラグビー	X1・X2　両親 Y1　市 Y2　教諭	クラブ活動としてのラグビーの練習中の中学生が、練習中に熱中症に罹患して死亡した事故	Y2は、生徒が仮病を使って怠けているものと決めつけ、ぐったりしている生徒に対し、筋違いな叱責、非難を繰り返し、生徒の介抱を見学者に委ねて放置し、目をつむったままアーアーと言うのみでぐったりしている生徒を見ても積極的な措置を講じず、その後ようやく生徒の容態に不安を感じ、保健室に運んだのであって、Y2のこれらの一連の行動は、あまりにも無思慮かつ軽率であって、過失が認められることは明らかであるとした。	
223	平成15年 9月30日 東京地八王子支 TKC28091284	陸上競技	X　生徒 Y　市	市立中学校の陸上部の練習中、担当教諭の指示でスターターとして合図用の信号機を打ち続け、難聴等の傷害を負った事故	教諭は、Xが指導通りに耳孔を塞いでいるかどうかを確認しないまま信号機を使用させ、Xからの耳の不調の訴えを軽視し、Xに対して、どちらの耳がどのような症状なのか、耳孔の塞ぎ方が不十分ではないか等について何らの確認をすることもないまま、Xと他の生徒とを交代させる等の対応もせずに、Xに信号機を打たせ続けたものであり、安全配慮義務違反の過失があるとして、Yの責任を肯定した。	
224	平成15年 10月29日 東京地 判時1843-8	自動車競技	X　大会参加者 Y1　競技統括団体 Y2・Y3　大会オーガナイザー（主催者） Y4　レース場	Y2～Y5が主催する自動車レースにおいて、スタート前に競技車両が行う予備走行中に発生した衝突炎上事故により参加者で	主催者は、本件合意の内容として、競技参加者及び競技車両の安全を確保すべき義務を負い、安全確保義務の一内容として、競技長をして、後続競技車両の安全走行を可能ならしめるように先導車を走行させる義務を負う。また主	

判例番号	年月日 裁判所 出典	種　目	当事者 （X→原告 Y→被告）	事案の概要	判決内容	審級関係
			所有者・大会主催者 Y5　大会主催者・プロモーター Y6　大会プロモーター Y7　大会競技長	あるXが負傷したことから、Yらに対して債務不履行又は不法行為に基づく損害賠償を求めた事例	催者は、本件合意の一内容として、競技車両に事故が発生した場合には、直ちにドライバーを救護する義務、すなわち適切な消火救護態勢を整え、かつ事故が発生した際には消火救護活動を行うべき義務を負うとして、Y2、Y3及びY5の責任を認めた。 また、本件レース場が事故後30秒以内に被害者を救助できるだけの消火救護設備又はこれを使用する人員を配置していなかったことから、レース場にはその保存に瑕疵があると認められるとしてY4の工作物責任を認めた。 他方で、Y6は合意の当事者ではない、Y1は主催者を監督する義務を負わないとして、Y6及びY1の責任は否定した。 Y7について、予備走行中の競技車両に対する安全確保義務に違反した過失が認められるとし、責任を認めた。 Xの事故当時の年齢及びプロのレーサーに要求される資質等を総合考慮すると、Xは、本件事故に遭遇しなければ少なくとも45歳まではレーサーとして本件事故当時の収入を得ることができたと認めるのが相当であるとして、45歳まではレーサーとしての収入を前提として逸失利益を認め、45歳から67歳までは賃金センサスの産業計、企業規模計、男子労働者、大卒45～49歳の者の年収を基礎として逸失利益を算定した。 後遺障害の内容、程度、Xがレーサーとして国内外で活躍し、成功を収めていたところ、本件事故によりプロのレーサーとしての道を断たれることになったなど、一切の事情を斟酌し後遺症慰謝料を算定している（等級不明・請求通り1400万円）。	
225	平成16年 1月13日 東京地 判タ1164-131	プール・水泳	X1　生徒 X2　父 Y　都	高校の水泳部の自主練習中、逆飛び込みをした部員がプールの底に頭を打ちつけて負傷した事故	教諭は、原告X1に対し、逆飛び込みの事故の危険性や基本動作の留意事項について注意を促したり、立会いのない飛び込みを禁止するなどの措置を一切行わないまま、練	

判例番号	年月日 裁判所 出典	種目	当事者 （X→原告 Y→被告）	事案の概要	判決内容	審級関係
					習を許可し、プールから立ち去ったのであるから、同教諭には、水泳部顧問教諭として上記注意義務に違反した過失があったと認められるとして、被告の責任を肯定した。	
226	平成16年 1月16日 東京地 ウエストロー 2004WLJPCA01160002	ダンス	X　競技者 Y1　競技者 Y2　指導者 Y3　主催者	ダンスサークルのレッスン中、曲の終了後にXがY1に衝突されて転倒し、右大腿骨頸部骨折の傷害を負った事故	曲が終了したときは直ちに踊りを中止し、周囲にいる者との衝突を避けるべき注意義務を負っていたとして、Y1の注意義務違反を認め、Y1の責任が認められた。	
227	平成16年 5月28日 大阪地 判時1892-43 判タ1170-255	スキューバダイビング	X　被害者（講習受講生）遺族 Y1　インストラクター Y2　企画・主催会社	ダイビングスクールの参加者が海洋散策中に溺死した事故	本件は受講生全員がCカードを未だ取得しておらず、被害者は初めての海洋実習であり、Y1には、受講生らを常時監視し、常に視界に入れた上で、受講生に異常が生じた場合には、直ちに適切な措置を施し、事態の深刻化を未然に防ぐ高度な注意義務があったところ、Y1は、受講生らに背を向けて泳ぎ、フロートを固定するまでの少なくとも30秒の間、被害者の動静を全く見ていなかったとして過失を肯定した。	
228	平成16年 6月22日 大阪地 交民37-3-771	ゴルフ	X　競技者 Y　ゴルフ場運営会社	Y経営のゴルフ場において、カート乗車中のXが、同カートが急停車したため、カートの柱に頭をぶつけ傷害を負った事故	本件事故現場付近ではカートの速度は時速8kmに設定されており、本件カート内には「走行中は手すりをお持ち下さい。」との注意書が掲示されていたのだから、このような低速であれば、仮に急停止したとしても搭乗者はそれほど大きな衝撃を受けるわけでもなく、上記の注意書きを掲示するだけで十分であり、カートの支柱等に被覆や緩衝材を施し、事故発生の予防措置を講ずるまでの注意義務は認められないことから、Yには、民法717条の工作物責任及びゴルフ場利用契約に基づく安全配慮義務不履行の責任は認められない。	
229	平成16年 7月12日 長野地 判時1868-118 判タ1195-198	スノーボード	Xら　スノーボーダーの相続人 Y　スキー場を管理経営する地方公	スキー場において、スノーボーダーが、滑走中にコース外に転落して死亡した事故	スノーボーダーが支柱に衝突したことは明らかではなく、また、Yの本件コースの支柱の管理については、本件コースの難易度、支柱の位置及び本件コースの利用者数等に照	

判例番号	年月日 裁判所 出典	種目	当事者 （X→原告 Y→被告）	事案の概要	判決内容	審級関係
			共団体		らしても、被告に支柱にマットなどの衝突緩和のための方策を講じるまでの義務はないから、本件コースの工作物の設置保存に瑕疵があったものと認めることはできないとして、Yの責任を否定した。	
230	平成16年 7月30日 東京地 判タ1198-193	スキューバダイビング	X　ツアー参加者の母 Y1　ツアー主催会社 Y2　現地のダイビング会社 Y3　Y2に雇用されているダイビングガイド	Y1が主催するスキューバダイビングツアー（ファンダイビング）において、参加者が潜水中に行方不明となり、その後遺体として水中で発見された事故	ガイドダイバーであるY3の過失を認めた上で、ツアー主催会社であるY1についても、本件ツアーについて自らが主体となってサービスを提供する事業として実施するものとして執り行っていたものであって、参加者との間のツアー契約についても、そのような趣旨で契約が締結されたと認めるのが相当であるから、Y1の履行補助者たるY3にはガイドダイバーとしての注意義務の懈怠があったことから、Y1も債務不履行責任を免れないとしてその責任を認めた。	
231	平成16年 9月27日 東京地 判タ1173-277	柔道	X　被害者とその両親 Y1　学校法人 Y2　区柔道会（大会主催者） Y3　区 Y4　区スポーツ協会	学校教育の一環として参加した柔道大会の試合中に技をかけようとして倒れ込み、後遺障害を負った生徒が、当時在籍していた専門学校の学校法人（Y1）、大会を主催したY2、大会を後援したY3・Y4に対して損害賠償を請求した事例	指導教師は、生徒の生命・身体の安全を保護すべき信義則上の義務を負い、大会主催者等の管理者は、大会参加者が安全に競技を行うことができるよう試合場の設備・管理・競技の進行に配慮すべき義務を負う。 Y2は、試合場の設備、管理及び競技の進行に関して、被告柔道会に義務違反があったとは認められないと判示した。 Y3・4は、名義使用規程を定め、これに基づき、本件大会への後援名義の使用を承諾したことが認められるところ、名義使用者が行う事業に間接的に協力することを意味するのにとどまり、実質的な審査権を有する者であるとは認められないとした。	
232	平成16年 10月29日 高松高 判時1913-66	サッカー	X1　生徒 X2・X3　生徒の両親 X4　生徒の兄 Y1　学校法人 Y2　市 Y3　体育協会 Y4　サッカー連盟会長	体育協会が開催したサッカー大会に高校代表として参加した高校生が、競技中に落雷を受けて重篤な後遺障害が残った事故について、主催者らの責任が否定	Y1について、落雷事故が発生した時点においても、指導教諭において競技中の選手が落雷を受けることは予見不可能であった。 Y2について、グラウンドに避雷針等を設置しないことが設備の瑕疵には当たらず、他にグラウンドの設備の管理に瑕疵があったとはいえない。	246の原審

判例番号	年月日 裁判所 出典	種目	当事者 （X→原告 Y→被告）	事案の概要	判決内容	審級関係
				された事案	Y3・Y4の責任について、サッカー競技の主催者ないし運営責任者に競技者の落雷事故を防止すべき安全配慮義務違反があったとはいえない。	
233	平成16年 11月19日 東京地 判タ1180-227	スキー（そり遊び）	X　そり遊戯者 Y　スキー場を管理する会社	ゲレンデをそりで滑降していた者がリフトの鉄柱に衝突した事故	Yは、本件事故当時、本件鉄柱に雪面から1.5メートルの高さまで、クッションの厚さ40ミリメートルの非吸水性で弾力性に富んだ緩衝マットを巻いて、衝撃を緩和する措置を採っていたことが認められるので、これにより、減速の措置を採るのが遅れたため停止に至らずに衝突に至った滑走者に対しては衝撃を緩和して傷害の結果を未然に防ぎ、又は軽傷にとどめる効果があるものと推認されるから、これによりYは上記義務を尽くしたということができるとして、Yの責任を否定した。	
234	平成16年 11月24日 東京地 裁判所ウェブサイト D1-LAW2810 0059 TKC28100059	スキューバダイビング	X　被害者の夫と子 Y1　ダイビングスクールを運営する会社 Y2　Y会社の従業員であるインストラクター	被害者が、Y1主催のダイビングツアーに参加し、その従業員であるY2の引率によるスキューバダイビング中、海面に浮上しようとした際、船舶のスクリューに巻き込まれて死亡した事故	浮上しようとするダイバーは、海上の船舶に浮上を知らせる合図をすること、浮上開始前や浮上中に、船舶の接近の有無を確認することが不可欠であり、本件ツアーの引率者であるY2は、これらの措置を率先して取る必要があったにもかかわらず、Y2は被害者や他の参加者に対する浮上速度の調整に気を取られて海上の目視が不十分になり、また、気泡による合図だけで足りるものと軽信して浮上の合図に使うフロートを携行しておらず、ツアーの引率者として十分な注意義務を尽くしていたとは到底認められないとして過失が肯定された。	
235	平成16年 12月3日 東京地 判例秘書L059 34923	キックボクシング	X　競技者 Y1　競技者 Y2　ジム経営会社	キックボクシングの練習中に、Y1の膝蹴りがXの前額部に当たり、Xが歯牙損傷の傷害を負った事故	一般にスポーツ中の加害行為は、それがルールに反することがなく、かつ通常予想され許容された動作に起因するものであるときは、加害行為の違法性は阻却されるというべきであるが、顔面に対する膝蹴りは、本件ジムでの練習において通常予想され許容された動作に起因するとは認められず、ルールを逸脱していたものとみるのが相当として、Y1の責任が認められた。	

判例番号	年月日 裁判所 出典	種目	当事者 (X→原告 Y→被告)	事案の概要	判決内容	審級関係
236	平成17年 1月17日 東京地 交民38-1-57 D1-LAW2810 1889 TKC28101889	ゴルフ	X　競技者 Y　ゴルフ場運営会社	Y経営のゴルフ場において、停止中のカートが急発進し所定のカート道路を外れて進行し立木に衝突し、助手席に乗車中のXが負傷した事故	訴外キャディーAには、雨中、急な下り坂において、本件カートを電源を切って停止させた過失があり、その使用者であるYは、民法715条1項に基づく損害賠償責任を負う。	
237	平成17年 2月14日 大阪地 判時1921-112 判タ1199-249	ゴルフ	X　競技者 Y　競技者	Yが第2打を打った際、ボールが右前方に飛んでしまったところ、Yの右前方に立っていたXの左前側頭部にボールが直撃した事故	同伴プレーヤーが前方にいる場合、距離が離れている場合にはボールを打つところを同伴プレーヤーが見ていることを確認する義務を負うにとどまるが、距離が近い場合には同伴プレーヤーを退避させる義務がある。また、ボールが被害者に向かったとき、衝突を回避できる可能性がある場合には警告を発する義務を負う。この点、本件では前半については過失があり賠償義務を負うが、警告を発しなかったことについては過失はない。	
238	平成17年 2月17日 仙台地 判時1897-52 判タ1225-281	野球	Xら　競技者(死亡)の両親 Yら　競技者2名の各両親	小学生の競技者2名がキャッチボールをしていた際に、誤ってボールを原告らの子の心臓部に当てたため同人が死亡したとして、原告らが競技者2名の両親である被告らに対し、民法712条、714条1項に基づき、損害賠償請求した事案	本件事故当時の公園の状況でキャッチボールをすれば、ボールが逸れて他人にあたることが十分に予見でき、その打撃部位によっては他人に傷害を与え、さらには死亡するに至らせることがあることも予見しえたから、キャッチボールを避けるべき注意義務があったのに、漫然とこれを行った過失を認めた。小学4年生ではあるが、ピッチング練習で力を込めて投げたボールが無防備の人の頭部や心臓部等の枢要部に当たった場合、人が死亡することもありうることは、一般人にとっても十分に予見できた。	
239	平成17年 4月21日 福岡地小倉支 判時1896-136	野球	X　生徒 Y　県	県立高校の野球部員が練習中に他部員のスイング修正練習中に放投したバットが左眼にあたり失明した事故	乙山教諭が戊田部員に対して指導した本件練習方法は、バットでボールを打たせるのではなく、スイングの中途で重量約一キログラムあるバットを手離させてバットを放らせるというものであり、それ自体が危険性を伴う練習方法であることは明らかであり、また、本件練習方法は必ずしも一般的な練習方法では	

判例番号	年月日 裁判所 出典	種目	当事者 （X→原告 Y→被告）	事案の概要	判決内容	審級関係
					なく、戊田部員も本件練習方法をそれまで一度も行ったことがなかったのであり、乙山自身も、本件練習方法に慣れていないとバットが右や左に飛んでいったりすることがあると聞いていた旨の証言をするとおり、バットを振る速さについては指導を受けていなかった戊田部員の放るバットが戊田部員の右斜め後方約七メートルの原告がいた場所まで勢い余って飛んでいくことも十分に予想されたというべきであるから、戊田部員に本件練習方法を指導し行わせた乙山教諭には、原告に対して注意を促し移動させるなどして原告の生命や身体に危険が及ばないように配慮をすべき職務上の注意義務があったと認められる。しかるに、乙山教諭は、これを怠り、原告には声はかけずに注意を促したり移動させるなどの配慮を行わなかったのであるから、乙山教諭には、職務上の注意義務を怠った過失が認められ、本件事故のために原告が被った損害について被告はこれを賠償すべき責任を負うというべきであるとして、被告の責任を認めた。	
240	平成17年6月8日 大阪地 裁判所ウェブサイト 判例秘書L06050198 D1-LAW28101266 TKC28101266	スキューバダイビング	Xら　ツアー参加者の相続人 Y1　講習会主催会社 Y2　指導者 Y3　旅行代理店 Y4　ツアー旅行の主催会社（旅行会社）	Y4と提携したY1によるダイビングスクールの受講及び沖縄県内の海洋実習地への旅行等を内容とするツアーにおいて、参加者が海洋実習中に息苦しさを訴え、海面に浮上したが意識を喪失し、その後に死亡した事故	初心者の指導等に当たるインストラクターには、初心者が海中でパニックに陥る危険性があることを認識した上、初心者の基本的潜水技術の習得度に応じた実習方法及び実習場所を選択すべき注意義務が課されているところ、基本的潜水技術の習得が不十分であった本件被害者を、沖合約120mも離れた地点の、水深約4.2mの海底という、未熟な初心者がパニックを惹起しやすいダイビング地点に連れ出したとしてY2に過失を肯定した。Y1についてスキューバダイビング講習の実施について過失を認め、Y2と連帯責任を認めた。 旅行会社であるY4については、Y1をダイビングショップに選定したことに過失はないとして安全配慮義務を否定した。	

判例番号	年月日 裁判所 出典	種目	当事者 (X→原告 Y→被告)	事案の概要	判決内容	審級関係
241	平成17年 6月24日 名古屋地岡崎支 判時1934-84 判タ1229-289	プール・水泳	X　死亡した生徒の両親 Y1　スイミングスクール経営会社 Y2　コーチ	スイミングスクールの進級テスト受験中に生徒が水没して死亡した事故	生徒の死亡原因について原因不明の突然死と認定し、Y1やY2について注意義務違反の事実を認定しながら、死亡との相当因果関係を否定して請求を棄却した。	249の原審
242	平成17年 6月28日 福岡地小倉支 TKC28131252	新体操	X1　生徒 X2・X3　生徒の両親 Y　県	県立高校の男子新体操部に所属していたXが、学校紹介行事において体育館のステージ上で転回運動を行った際、頭頸部を強打して負傷した事故	同教諭には、本件事故について予見可能性があったというべきであるから、新体操部の顧問として、演技をステージ上で行うのを避けるか、行うとすれば演目を変えるなどの措置を講ずべき注意義務があったというべきであり、これを怠ったのでYは賠償義務を負うとして、Yの責任を認めた。	
243	平成17年 11月11日 神戸地 判時1918-48	運動会	X1　生徒 X2・X3　両親 X4・X5　兄弟 Y　県	県立中学のX1が、学校の体育大会の練習中に、指導に当たっていた教諭の暴行により心身の傷害を受けたとして、X2ないしX5とともに、Yに対し、国家賠償を求めた事案	Yは、本件暴行を「体罰」という言葉で表現しているが、教諭は腹立ちまぎれにX1を殴りつけたこと、X1は精神発達が2、3歳の幼児程度にとどまるダウン症児であることからすれば、本件暴行は何らの教育的意図もなく行なわれ、何らの教育的効果も期待できないものであり、本件暴行は、いわゆる「体罰」とは異なり、単なる暴力行為というほかない違法性の強い行為であるとして、X1の請求を認容した。	
244	平成17年 11月25日 札幌地 裁判所ウェブサイト 判例秘書L060 50380 TKC28110016	ボート	X1・X2　亡生徒の両親 Y　地方公共団体	原告らの子である亡Cが、高等学校ボート大会に参加し、ボート転覆により溺死した事故	ボート競技の危険性、亡Cのボート競技歴、主催者らによって待機・練習中の参加者に対する監督者が準備されていなかったこと、事故当日の気象予報及び風の本件事故現場付近水域の特性等の事情に加え、これらに対するEらの認識や認識可能性に照らせば、Eらにおいて、本件漕艇場で強風が吹く可能性があり、第6レースに出場するため、水上に出た亡Cらが本件事故現場付近の水域で練習し、強風が吹けば、それが記録的な強風でなくても、風の影響を受けやすい本件事故現場付近においては、技量の未熟な亡Cらの艇が転覆し、強風の影響や、そのような緊急状況において冷静な判断、対処ができないために、亡Cが	

判例番号	年月日 裁判所 出典	種目	当事者 （X→原告 Y→被告）	事案の概要	判決内容	審級関係
					ボートにつかまることもできずに溺れてしまうという事態が十分に予見可能であったと解されるから、Eらには、亡Cらが離岸するまでの間に、亡Cらに対し、本件漕艇場の特徴、特に津軽海峡付近には危険性があること、その危険性を回避するため、本件事故当日のように強風が吹く可能性がある場合には津軽海峡付近への進入を避けるべきこと、あるいは十分進入に注意すべきであること等を周知徹底させるべき注意義務（以下「本件危険性周知義務」という。）があったことが認められるとして、被告の責任を肯定した。	
245	平成17年 12月22日 東京高 判タ1237-285	剣道	X1　生徒 X2　父親 Y　市	中学校のクラブ活動中に顧問教諭が生徒を1回蹴ったことが、国家賠償法上違法な行為に当たるとして損害賠償を求めた事案	教師としては、生徒の冗談に突っ込みを入れる気持ち、親しみを込める気持ちであったとしても、教師が生徒を背後から突然痛みを感じるような強さで蹴りつけることは違法な有形力の行使である暴行に該当するから、損害賠償責任を負うとした。	
246	平成18年 3月13日 最高裁（2小） 集民219-703 判時1929-41 判タ1208-85	サッカー	X1　生徒 X2・X3　両親 X4　兄 Y1　学校法人 Y2　市体育協会 Y3　サッカー連盟会長兼実行委員会委員長	体育協会が開催したサッカー大会に高校代表として参加した高校生が競技中に落雷を受けて重篤な後遺障害が残った事故についての上告審	雷鳴が大きな音ではなかったとしても、サッカー部の引率者兼監督であった教諭及びY2の会場担当者としては、第2試合開始直前ころまでには落雷事故発生の危険が迫っていることを具体的に予見することが可能であったというべきであり、また、予見すべき注意義務を怠ったものというべきである。 Y2は、その加盟団体であるサッカー連盟に実行委員会を設置させて本件大会を開催したこと、グラウンドの貸与を受けていたのはY2であったこと、パンフレットには主催者についてY2が記載されていたことから、特段の事情がない限り、Y2は大会の主催者であると推認するのが相当である（特段の事情の有無等につき差戻し）。	232の上告審 264は差戻審

判例番号	年月日 裁判所 出典	種目	当事者 （X→原告 Y→被告）	事案の概要	判決内容	審級関係
247	平成18年 3月28日 横浜地 判時1938-107 判タ1235-243	部活動	X1・X2　両親 Y1~Y3　生徒 Y4　県	X1、X2が、子である県立高校の生徒がY1、Y2、Y3らからのいじめを苦にして自殺したとして、不法行為に基づき損害賠償を求めるとともに、県に対しては、生徒に対するいじめを放置し、自殺を防止することができなかった安全配慮義務違反を理由に、国家賠償法1条又は債務不履行に基づき損害賠償を求め、さらに生徒の自殺の原因を調査してXらに報告すべき義務に違反したとして、国家賠償法1条又は債務不履行に基づき損害賠償を求めた事案	Y1には生徒が自殺を決意すると予見することは不可能であったため生徒の死亡による損害については賠償義務を負わないが、生前の生徒に精神的苦痛を与えたことに関して損害賠償義務を負い、また、教師に生徒の自殺につき予見可能性があったといえないため、県の責任は生前の生徒に精神的苦痛を与えたことに関する損害賠償に限られるとした。 なお、県に調査報告義務違反は認められないとした。	
248	平成18年 6月23日 大阪高 裁判所ウェブサイト 判例秘書L061 20391 TKC25420747	スノーボードクロス	X　競技者 Y1　競技者 Y2　主催者	スノーボードクロスの競技中の転倒事故について、競技の主催者に対し衝突後の救急体制整備義務に違反したとする損害賠償請求が否定された事案（他競技者に対する請求は認容）	本件大会の主催者であるY2は、事故発生時の救急体制を整備し、実際に事故が発生した場合は負傷者を適切に救護する義務を負うものと解される。本件大会が正規の大会であるかどうかは上記義務を免れる理由にならない。もっとも、救護活動を全体として見れば、大会責任者として不適切な救護活動であったとまではいうことはできず、義務違反は認められない。	
249	平成18年 6月27日 名古屋高 判タ1234-144	プール・水泳	Xら　両親 Y1　スイミングスクール経営会社 Y2　コーチ	スクール生（当時14歳）が、進級テスト受験中に水没して死亡した事故	Y1は、Xらとの間で生徒の水泳指導を安全かつ適切に行うべき役務提供契約を締結していたものであり、コーチに対する安全教育を徹底する等の安全配慮義務を負っていたところ、本件事故発生前のY2の安全教育の面で問題があったが、Y2が本件事故について行った救助活動等に不適切な点はなく、本件事故と上記安全教育の不徹底との間に相当因果関係を認めることはできないとして、Y1の債務不履行責任を否定した。	241の控訴審

判例番号	年月日 裁判所 出　典	種　　目	当事者 （X→原告 Y→被告）	事案の概要	判決内容	審級関係
250	平成18年 7月7日 大阪地 交民39-4-931	ゴルフ	X　ゴルフ場内歩行者 Y1　カート運転者 Y2　ゴルフ場運営会社	Y2経営のゴルフ場クラブハウスからスタートホールへ向かう歩道をXが歩いていたところ、カート用の道路と歩行者用道路が交差する地点で、Y1が乗車しているゴルフカートに衝突された事故	本件事故は、Y1が前方を全く注視せずカートを走行させ、直前までXとの衝突の危険に気づかなかったことが原因であり、Y2には、カートの走行中の最も基本的な義務を怠る場合を想定して措置を施すべき義務は認められない。したがって、本件事故現場に自動停止装置を設置したり、カート道を示す白線を設置する以上に歩行者用道路を歩く歩行者に対してカート道が交差している旨を警告する設備を設置していない場合に、本件カートの施設が通常有すべき安全性を欠いていたとは認められない。 Xが個別の項目として、趣味であるゴルフのプレーができなくなったことによる慰謝料を請求したのに対し、ゴルフプレーができなくなったことによる慰謝料は後遺障害慰謝料によって評価されているから別途認定しないと判断した。	
251	平成18年 7月24日 東京地 判例秘書L061 32899	ゴルフ	X　競技者 Y　別コースの競技者	Xが3番ホールでのプレーを終えて歩道を4番ホールに向けて歩行中、5番ホールでプレーしていたYの打った第2打が狙った方向よりも右にそれ、Xの胸中央部右寄りを直撃した事故	本件歩道は4番ホールへ移動するために設けられた歩道であり、当日が一般に客の多い日曜日であったことからすれば、他の組の者が本件歩道を歩いていることは客観的に予想され、Yが十分に確認すれば、Xがいるのを認識することができた。そして、Yは、その第2打が狙いを外れて本件歩道の方向に飛んでしまう危険性を認識することができたと認められるところ、周囲の安全確認を怠ったのであるから過失が認められる。	
252	平成18年 11月28日 名古屋地 判時1965-114 判タ1241-189	野球	X　生徒 Y　県	県立高校野球部のゴロ捕り練習中の野球部員に、ノック練習のノック球が当たり負傷した事故	本件のように、ノッカーが生徒である場合には、練習に熱中する余り、あるいは自己の技量を過信する余り、事故防止の観点から必要な上記の要請を無視ないし軽視して、十分な安全確認をしないまま、ノックを行うことが稀ではないと考えられるから、練習を指導、監督すべき立場の者が、ノッカーに対して、上記の要請を遵守し、安全確認を徹底するよう注意する義務を課せられているというべきである	

判例番号	年月日 裁判所 出典	種目	当事者 (X→原告 Y→被告)	事案の概要	判決内容	審級関係
					が、乙山教諭は、けがをしないよう集中すべきことや、内野手を越えてノックをしてはならないことについては注意を与えていたものの、ノッカーに対する上記のような徹底した注意を与えていなかったとして、同教諭の注意義務懈怠を認めて被告の責任を肯定した。	
253	平成18年 12月14日 福岡高 判タ1241-179	相撲	X1・X2　両親 Y1　学校法人 Y2　教諭	私立高校2年生の相撲部員が練習中に倒れ、翌日死亡した事故	相撲場の各所に水等を配置していたこと、稽古中に気分が悪くなったとしても、運動中に一般的に起こり得ることであり、直ちに熱中症を疑うべき兆候とはいえないこと、相撲の場合、屋内でかつ小刻みに休息をとり得ると推認できること、高校生は自らの判断で休息をとり水分を補給することも可能であることからすれば、一定時間毎に強制的に休息をとらせ、水分を補給させるなどしていなかったとしても、Y2に過失があるとはいえない。	
254	平成19年 5月29日 京都地 裁判所ウェブサイト 判例秘書L06250189 TKC28131475	アメリカン・フットボール	X1・X2　両親 Y　地方公共団体	公立高校のアメリカンフットボール部の練習中に生徒が倒れ死亡した事故	担当顧問のC教諭には、同部の指導にあたり、安全に配慮すべき義務を怠った過失があるが、C教諭の上記注意義務違反の結果、B又は練習相手が、頭部から当たる危険なヒッティングフォームで練習相手又はBと当たったとも、さらに、頭部から当たる危険なヒッティングフォームで当たった結果、Bが、急性硬膜下血腫の原因となる頭部打撲を被ったものとも認めることができないとして、Cの過失と生徒の死亡との間に因果関係を認めることはできないとされた。	
255	平成19年 9月26日 名古屋地一宮支 判時1997-98	ハンドボール	X1・X2　両親 X3　弟 Y　市	市立中学のハンドボール部の二年生の男子生徒が、夏期練習中に熱中症に罹り死亡した事故	文部科学省のリーフレットの指針に反して乾球温31℃以上の場合にも熱負荷の大きい運動をさせたこと、肥満に配慮した予防措置を講じなかったこと等から、顧問らの過失を認めた。また、校長が気温に応じた練習内容変更の体制作りを指示したことはなく、顧問らが肥満もリスクファクターと知らなかったこと等から、校内において熱中症を予防	

判例番号	年月日 裁判所 出典	種目	当事者 (X→原告 Y→被告)	事案の概要	判決内容	審級関係
					する体制が確立されておらず、校長は、熱中症を予防するよう指導する義務に違反した。	
256	平成19年 9月27日 仙台地 判例秘書L062 50551 TKC25450397	剣道	X　生徒 Y　地方公共団体	被告が設置管理する市立中学校の剣道部での活動中に、他の生徒が横に振った竹刀が原告の右眼部分に当たり、その結果、原告が右眼視力を低下、右眼内斜視などの傷害を負った事故	顧問教諭は、仮入部期間中の練習にはほとんど立ち会わず、仮入部生に対して直接指導することもせず、部長や原告を含めた上級生に練習の実施をほぼ任せたような指導監督を怠っていたのであるから、顧問教諭には注意義務を怠った過失があるとして、原告の請求を認容した。	260の原審
257	平成19年 10月9日 広島地尾道支 判時2036-102	自転車競技	X1　歩行者の相続人 X2　保険会社 Y1　競技者 Y2　主催者の代表者	一般道を使用した自転車サイクリング行事において発生した参加者と歩行者との衝突により歩行者が死亡した事故について、主催者に事故発生を未然に防止すべき義務の違反が認められた事案	Y2が、本件行事を施行するにあたり事前に沿線住民にこれを周知広報等しなかったことについて、本件行事のようなスポーツ系自転車を一般道路で走行させる行事を開催しようとする者は、上記のような特殊性に応じた対策を講じておくべきで、本件のような一般人との事故を未然に防ぐ措置を取っておくべきものであったといわざるを得ないとした。	
258	平成19年 12月17日 東京地 ウエストロー 2007WLJPCA 12178004	フットサル	X　競技者 Y　競技者	フットサルの試合中にYとXが接触してXが負傷した事案でYの過失（予見可能性）が否定された事案	フットサルのゲーム中は、ボールの獲得を巡って、足と足が接触し合う場合も容易に想定され、ルールも過剰な力を用いて体を投げ出し、安全を脅かす以外は反則として禁じられていない。しかも、ボール保持者がボールを奪われないように相手方の動作を予想して逆の動作をすることも頻繁にある。そのため、相当程度限られた場合以外は、結果回避義務違反にならない。本件でも、Yは、傷害を生じさせる結果までは予見できず、過失は認められない。	
259	平成20年 1月25日 さいたま地 裁判所ウェブサイト ウエストロー 2008WLJPCA 01259002 TKC28140613	プール・水泳	X1　児童 X2　両親 Y1～Y12　児童6名の各両親 Y13　市	小学校のプール授業の自由時間の際、X1が、同級生6名に乗りかかられるなどして3回にわたり水中に倒れ込み水を飲んだ案件	6名の児童らの行為は、ふざけ合いの域を出ないものであり、危険性の高いものではなかったとして、当該児童らの責任は否定された。	

判例番号	年月日 裁判所 出典	種目	当事者 （X→原告 Y→被告）	事案の概要	判決内容	審級関係
260	平成20年 3月21日 仙台高 判例自治314-44 判例秘書L063 20339 TKC25450396	剣道	X　生徒 Y　地方公共団体	剣道部の練習中に、仮入部生の竹刀が目に当たった視力障害事故	原判決の逸失利益計算の誤った部分を修正し、賠償額を増額して、原判決を変更した事例。	256の控訴審
261	平成20年 3月26日 さいたま地 裁判所ウェブサイト 判例秘書L063 50325 TKC25420940	柔道	X　生徒 Y　地方公共団体	県立高校の柔道部の夏期合宿中に柔道部員が急性硬膜下血腫の傷害を負い、その後植物状態となった事故	原告に対しては段階に応じた適切な受け身の指導がされていたとはいえ、同人のもともとの身体的能力を加味しても、本件事故時において、本件合宿において行われた練習に参加するだけの技量を有するまでの能力に応じた受け身の指導がされていなかったとは言い難いことから、Y1教諭及びY2教諭のいずれについても、原告に対する本件合宿前の指導及び原告を本件合宿に参加させたことについて過失はないというべきであるとして、顧問教諭らに生徒に対する注意義務を怠った過失はなく、県に国家賠償法1条1項に基づく責任はないとした。	270の原審
262	平成20年 3月31日 大分地 判時2025-110	バスケットボール	X1　生徒 X2・X3　両親 Y1　学校法人 Y2　部活の顧問	私立高校2年の女子生徒が学校のバスケットボール部の練習中に熱中症を発症し記憶障害が残った事故	実質的に水分制限を受けた状態で激しい練習を課され、その結果熱中症を発症したこと、過酷な練習によるストレスに起因して、高校生活における記憶を思い出せない状態が継続し、学習や交友関係に支障が生じたこと、生活の中心であったバスケットボールを諦めざるを得なくなったことに、本件事故後の被告の対応・態度などを勘案して、慰謝料を300万円と算定した。	
263	平成20年 8月29日 新潟地 判例秘書L063 50365	プール・水泳	X　両親 Y　市	男子小学生（当時12歳）が、市民プールで遊泳中、排水口に吸い込まれて溺水した事故	Yが、平成11年から、本件ふたが固定されていないことや、全国各地でふたが外れてプールの排水口に遊泳者が吸い込まれる事故が発生していることを認識していたし、平成14年に保健所が実施したプールの立入検査に立ち会い、その際、本件ふたを速やかに固定するよう具体的に指導を受けて	

判例番号	年月日 裁判所 出典	種目	当事者 （X→原告 Y→被告）	事案の概要	判決内容	審級関係
					いたから、本件事故の発生を予見し、これを回避することができたことを争わず、Yの国賠法上の損害賠償責任が認められた。	
264	平成20年 9月17日 高松高 判時2029-42 判タ1280-72	サッカー	X1　生徒 X2　生徒の母親 X3　生徒の兄 Y1　学校法人 Y2　体育協会	体育協会が開催したサッカー大会に高校代表として参加した高校生が競技中に落雷を受けて重篤な後遺障害が残った事故についての差戻審	第2試合の開始直前ころには、本件運動広場の南西方向の上空に暗雲が立ち込め、雷鳴が聞こえ、雲の間で放電が起きるのが目撃されていたから、引率者兼監督の教諭及びY2の会場担当者には落雷事故発生の危険が迫っていることについて具体的予見可能性があり、落雷事故発生の危険を予見すべき注意義務を怠った過失が認められる。 Y2が自らの主催事業として市に後援依頼をしていたこと、Y2がグラウンドを借り受け主催者として名を掲げることについても了承していること等に照らせば、主催者として責任を免れない。 主催者としては、生徒を保護すべき注意義務を負い、民法715条に基づき使用者責任を負う。	246の差戻審
265	平成21年 3月27日 福島地郡山支 判時2048-79	柔道	X1　生徒 X2・X3　生徒の両親 Y1　市 Y2　県 Y3　生徒 Y4　Y3の母親	公立中学校の柔道部で、練習中に中学1年生の女子生徒が男子生徒から投げられ負傷して後遺障害を負った事故	中学校の柔道部で、練習中に男子生徒から投げられ後遺障害を負った当時1年の元女子生徒（18）と両親による、県と市、男子生徒とその親権者に対する損害賠償請求訴訟において、顧問の教諭らが、練習に立ち会わないなど安全に配慮せず、校長ら管理職も放置したなどとして、学校側の責任を認め、県と市、元男子生徒に対する請求を一部認容した。 相手の態度に苛立って相手の技術程度を考慮せず技をかけたY3の行為は、明らかに部活動における練習や指導の範ちゅうを逸脱した暴行であるというべきとして、Y3の責任が認められた。	
266	平成21年 5月26日 奈良地 判例秘書L064 50318	卓球	X　施設利用者 Y　県	卓球台の転倒により施設利用者が受傷した事故	本件卓球台には転倒し易い欠陥があり、使用方法も通常の使用の範囲内であることから、本件卓球台は通常備えるべき安全性を欠いて	

判例番号	年月日 裁判所 出典	種目	当事者 （X→原告 Y→被告）	事案の概要	判決内容	審級関係
					いたとしてYの責任を認めた。	
267	平成21年 8月7日 広島地 判例秘書L06450502	柔道	X1　被害者の父 X2　被害者の母 Y1　道場の館長、指導者 Y2　被害者に対して技をかけた門下生（中学3年生） Y3　指導員 Y4　指導員 Y5　Y2の父 Y6　Y2の母	柔道の練習中に、中学1年の少年がY2により大外刈りをかけられ頭を打ち、急性硬膜下血腫により死亡した事案	小中学生の柔道においては、危険を冒して技量の向上を図るよりも、安全を最大限重視すべきである。指導者は、受け身をとりにくく頭部を打つような投げ技をしている入門者に対しては指導監督すべきであり、大外刈りの投げ込み練習において、高段者から見て受け身をとることは可能であっても、被害者である中学生において受け身が容易なものとは考えられない。Y2の大外刈りは、安全確認ないし是正の対象とすべきであるとして、Y1の責任を認めた。	
268	平成21年 9月4日 福島地郡山支 判時2062-134 判タ1322-201	スキューバダイビング	X　参加者の遺族 Y1　ツアー主催会社 Y2　インストラクター	Y1が主催するスキューバダイビングツアー中（ファンダイビング）に参加者が水面付近で苦しいと言ってレギュレーターを外し、おぼれて沈降した後、海中で遺体が発見された事故	引率者であるY2について注意義務違反を否定した上で（Y1の使用者責任を否定し）、Y1の契約責任についても、ツアーの日程、ダイビングポイントの選定その他ダイビングの計画、インストラクターの配置、バディの組み合わせ等の各事情について検討し、安全配慮義務違反を否定した。	
269	平成21年 10月16日 東京地 ウエストロー2009WLJPCA10168005	自動車競技	X　参加者 Y　主催者	Yが主催するモータースポーツ競技会で走行中に発生した事故によって頸椎捻挫となり、自動車が損壊したXが、Yの安全配慮義務違反や不法行為を主張して慰謝料の請求をした事例	本件コースの幅や本件コースでレース等が多数開催されていることから、本件コースの安全性に何らかの問題があったとの事情を認めるに足りる的確な証拠はないとし、講師は本件競技会前にXに対して本件コースの走行方法等について説明していたことから、Yがこれらの点に関する説明を怠ったとも認められないとした。	
270	平成21年 12月17日 東京高 判時2097-37	柔道	X　生徒 Y　教諭、校長、県	県立高校の柔道部の夏期合宿中に柔道部員が急性硬膜下血腫の傷害を負い、その後植物状態となった事故	高等学校で柔道部を指導する教諭は、健康状態や体力及び技量等の生徒の特性を十分に把握して、それに応じた指導をすることにより、柔道の試合又は練習による事故の発生を未然に防止して事故の被害から生徒を保護すべき注意義務を負う。生徒が頭部を打撲後頭痛と悪心を訴え嘔吐までした場合、頭蓋内に急性硬膜	261の控訴審

判例番号	年月日 裁判所 出典	種目	当事者 （X→原告 Y→被告）	事案の概要	判決内容	審級関係
					下血腫等の病変が生じている可能性を認識し、かつこれにより死亡等重大な結果が生じるという事態を予見することが可能であり、教諭は、直ちに練習をやめさせ医師の診察を受けさせ又は受診を指示するとともに、以後の練習への参加をやめさせるべきであったとして、教諭の過失により本件事故を発生させたことを認めた。	
271	平成21年 12月25日 名古屋地 判時2090-81 判タ1333-141	体育（組体操）	X　児童 Y　普通地方公共団体	小学校の体育の授業で組体操を練習中、児童が4段ピラミッドの最上位から落下して傷害を負った事故	慰謝料の算定に当たり、Xが小学校2年生の頃から空手を習っており、県大会で空手の型の部門で優勝するなどしていたが、本件負傷により左腕が曲がっていることが型の部門の判定において減点対象とされ、級も上がることができないため、空手をやめざるを得なくなったという事情を考慮した。	
272	平成22年 9月3日 大阪地 判時2102-87	体操	X1　生徒A X2・X3　生徒の両親 Y　市	Y設置高校の体操部に所属しているXが平行棒の試技中着地に失敗し、後遺障害が生じた事故	当該体操部員の技の習熟度並びに技の失敗の可能性及びその場合の危険性を考慮すれば、指導教諭は、体操部員が着地の宙返りを失敗して前方に飛び出すことも十分予見でき、前方方向の広い範囲にわたってマットを敷くなどして、着地の失敗による身体の打撲等を防止すべき注意義務を負っていたから、マットの敷設が不十分な範囲である場合には、注意義務違反があるとして、Yの責任を認めた。	
273	平成22年 10月20日 大阪地 交民43-5-1313	水上オートバイ	X　ボート乗船者 Y　水上オートバイ運転者	海上で、Yが操縦する水上オートバイが左旋回した際にプレジャーボートに衝突し、同ボートに乗船していたXが海に投げ出され負傷した事故	現場付近には多くの水上オートバイ等が航行していたのであるから、他の船舶と接触衝突しないように進路周辺の安全を確認しながら航行すべき注意義務があるのに、左方を航行するボートの存在を見落とし、漫然と左に旋回して進行したとして、Yの責任が認められた。	
274	平成23年 2月24日 仙台地 裁判所ウェブサイト	野球	X　観客 Y1　本件野球場の所有者（県）	プロ野球の試合を観戦中、打者の打ったファウルボールが原告	本件球場について、「設置又は管理の瑕疵」（国家賠償法2条1項）及び「設置又は保存の瑕疵」（民法717条1	279の原審

判例番号	年月日 裁判所 出典	種目	当事者 （X→原告 Y→被告）	事案の概要	判決内容	審級関係
			Y2　同球場を管理、運営していた株式会社A球団	の顔面に直撃し右眼球破裂により失明した事故	項）が存在するとは認められない。したがって、XのY2に対する民法717条1項に基づく損害賠償請求及びY1に対する国家賠償法2条1項に基づく損害賠償請求は、いずれも理由がない。	
275	平成23年 3月16日 長野地松本支 判時2155-75	柔道	X1　被害者 X2・X3　被害者の父及び母 Y1　柔道教室の主催者 Y2　体育協会 Y3　市	Y1が主宰する柔道教室の生徒であったX1が、柔道の乱取り稽古中にY1に投げられ、急性硬膜下血腫の傷害を負い、遷延性意識障害等の後遺障害を残した事案	乱取り練習においては、技能差・体力差の大きい相手を投げる場合にはスピードや技についていくことができず、その危険性が増大するから、相手の技能に配慮しこれに応じた練習をしなければならない。柔道教室の主宰者で年少者を指導する立場のY1にあっては、年少者の体力、技能を十分に把握して、事故の発生を未然に防止して事故の被害から指導を受ける者を保護すべき注意義務を負っており、X1にとって十分に慣れていない方法により相当な勢いで投げた安全配慮義務違反があった。 Y2において、構成員でもなく実質的にも運営に携わっていない本件柔道教室について、当然に安全指導を行う注意義務があったとは認められず、社会教育法に基づき、社会教育に必要な援助や物資の確保として場所の提供等を行うY3において、Y2に対する指導・監督義務が認められるものではなく、Y3において、本件柔道教室の運営に関し、指示や監督する地位にあるとは認められないとした。	
276	平成23年 6月27日 大阪地 民集69-3-464 判時2123-61	サッカー	X1～5　バイク運転者（死亡）の相続人 Y1　競技者 Y2・Y3　競技者の両親	普通自動二輪車を運転していたAが、Y1の蹴ったサッカーボールの影響で転倒して負傷し、その後死亡した。Aの相続人である、X1~5が、主位的請求として本件事故によってAが死亡したことを理由とし、予備的請求	本件事故当時、Y1がフリーキックの練習を行っていた場所と位置は、ボールの蹴り方次第では、ボールが本件校庭内から道路上まで飛び出し、道路を通行する車両に直接当て、又はこれを回避するために車両を転倒させる等の事故を発生させる危険性があり、その危険性を予見は十分に可能であった。そのため、ボールを本件道路に向けて蹴るなどの行為を行うべきではなかったが、Y1は、漫	289の原審

判例番号	年月日 裁判所 出典	種目	当事者 （X→原告 Y→被告）	事案の概要	判決内容	審級関係
				として本件事故によってAに後遺障害が残存したことを理由として、Y1～3に対し民法709条に基づき、又は、Y2・Y3に対し、民法714条1項に基づき、損害の賠償を請求する事案	然と、ボールを本件道路に向けて蹴ったため、当該ボールを本件校庭内から本件道路上に飛び出させたから、過失がある。	
277	平成23年 7月15日 東京地 判時2214-41 判タ1411-194	プール・水泳	X1・X2　亡生徒の両親 Y1　学校法人日本体育会 Y2　代表者理事長 Y3　水泳部コーチ	大学水泳部員が中国での高地合宿で潜水中に急死した事故	生徒の健康診断の結果につき特段の連絡をしなかったことは、専門医が異常なしと判断していること、その診断に医学的問題がある証拠も無い事から、学校保健法等の諸規定や学生に対する健康管理上の義務に反しない。本件事故当時、高地トレーニングにおける安全配慮義務の具体的水準は定まっていたものとは言えない。その他の体調管理に留意する義務についても、これを怠ったとはいえないなどとして被告の責任を否定した。	305の原審
278	平成23年 8月9日 仙台地 自保ジャ 1874-135	釣り	X　歩道走行者（自転車） Y　釣り人	Yが駐車して釣り道具を車から歩道に下ろしていたところ、歩道を自転車で走行してきたXの自転車車輪に釣り道具が挟まりXが転倒し負傷した事故	歩道上で他者の安全な通行の妨げになりうる行為をしている者には単なる歩行者以上の注意義務が課され、釣り道具の形状を認識していたYには、これを取り扱う際に歩道上を歩行してくる者等への危険を回避すべき注意義務が課されていたが、Yは十分な注意義務を果たしたとは評価できないとして、Yの責任が認められた。	
279	平成23年 10月14日 仙台高 判例秘書L06620505 TKC25473536	野球	X　観客 Y1　本件野球場の所有者（県） Y2　同球場を管理、運営していた株式会社A球団	プロ野球の試合を観戦中、打者の打ったファウルボールが原告の顔面に直撃し右眼球破裂により失明した事故	原判決は相当であり、本件控訴は理由がないからこれを棄却することとし、主文のとおり判決する。	274の控訴審
280	平成23年 10月28日 千葉地	野球	X　観客 Y　株式会社A球団	XがYの管理する野球場の客席（ライト側外野席	過失1（本件球場への入場制限の措置をとらなかった過失の有無について）Yに、	

判例番号	年月日 裁判所 出　典	種　目	当事者 (X→原告 Y→被告)	事案の概要	判決内容	審級関係
	TKC25473538			(芝生席)) においてプロ野球の試合開始前の打撃練習中に顔面に打球を受け右眼球破裂などの傷害を負った事故	本件打撃練習が終了するまでの間、ライト側外野席内の打球が太陽光によって見えなくなり、観戦客に打球が衝突する可能性の高い場所について入場制限を行う義務があったと認めることはできない。 過失2 (打球衝突の危険を認知させなかった過失の有無について) Yが打球衝突の危険を認知させるべき義務を怠った過失があるとはいえない。	
281	平成23年 11月11日 さいたま地 判例秘書L066 50674	ゴルフ	X　競技者 Y　ゴルフ場運営会社	Y運営のゴルフ場において、ゴルフプレー中のXが、自身の打球の方向に歩いていた際、コースに設置されていた雨水排水用チューブに足を挟み転倒して負傷した事故	コース内に設置された雨水排水用チューブも、Yの設備としてゴルフ場を構成する一部であるから、土地の工作物に該当し、通常有すべき安全性を備えていなければならない。本件設備が、通常予見される競技者の歩行中に足を挟まれ転倒する危険性の高い構造であり、かつ競技者の通常の歩行中にその存在に気づくことが困難な状況にあるのに、危険防止措置が何ら採られていなかったことは、Yの安全配慮義務違反ないし土地の工作物として通常有すべき安全性を欠く状態にある。	
282	平成23年 12月27日 横浜地 判時2140-28 判タ1378-122	柔道	X1　生徒 X2・X3　生徒の両親 Y1　県 Y2　市 Y3　教諭	市立中学校の生徒が部活動において柔道部の顧問教諭との乱取り中に負傷した事故	教師が絞め技により生徒を「半落ち」状態にした後にそのまま乱取りを再開すれば、生徒に重大な傷害結果が生じ得ることは予見することができたところ、生徒が中学3年生であることに照らすと、教師は、乱取りを中止したり、休憩を取らせるなどして、生徒の意識が正常な状態に回復するのを待つべき義務を負っていた。しかし、教師は、そのような措置を取らず、そのまま乱取りを再開し、生徒に傷害を負わせたのであるから、上記義務を怠った過失があり、Y1、Y2は連帯して損害賠償責任を負う。	

判例番号	年月日 裁判所 出　典	種　　目	当事者 （X→原告 Y→被告）	事案の概要	判決内容	審級関係
283	平成24年 1月25日 東京地 判タ1368-164	ゴルフ	X　競技者 Y　ゴルフ場運営会社	Y運営のゴルフ場でのプレー中に、Xがコース脇にある蓋のないマンホールに落ちて負傷した事故	競技の特色上、コース内には大小様々な人工物が存在することは通常のことであり、それら全てにつき、市街地や公道上のような安全性を確保すべきとまではいえない。しかし、本件マンホールは、隣接ホールの境界付近にあり、一定数の競技者がその周辺に立ち入ることが想定される場所で、本件マンホールが形状からして、足を踏み外した場合には大きな傷害を負うこともありうる工作物であるから、当該マンホールが競技者から明確に視認可能であったとしても、蓋をするなどの措置が採られるべきであり、これがされていないことは通常有すべき安全性を欠いていたといえる。	
284	平成24年 1月27日 名古屋地 判時2142-61	プール・水泳	X　母及び婚約者 Y1　監視業務受託会社 Y2　プール管理運営財団	男性（当時44歳）が、Y2の管理運営するプールで溺死した事故	男性が44歳の成人男性であって、平成16年頃から、1か月に2回程度の頻度で本件プールに来場していたこと、息継ぎをしないで50mを泳ぐだけの泳力があったこと、本件事故当日も、息継ぎをしないで平泳ぎ、クロールなどで泳いでいたことを認め、Y1の監視員が絶えず注視する必要があったということはできないとして監視義務違反を認めず、Y1の使用者責任及びY2の債務不履行責任（安全配慮義務違反）を否定した。	
285	平成24年 2月9日 岐阜地多治見支 判時2147-93	プール・水泳	X　施設利用者 Y　レジャー施設経営会社	男子中学生（当時14歳）が、温泉レジャー施設の流水プールで逆飛び込みして頭部をプール底部に打ちつけて受傷した事故	Yは、本件プールの利用者に対して、その生命・身体に危害が及ばないようにするための措置等をとっているのであって、少なくともXが自ら招いた本件事故によってXに発生した損害について、Yにその損害を賠償すべき責任があるとは認められないとして、Yの債務不履行責任を否定した。	293の原審
286	平成24年 2月15日 東京地 ウエストロー 2012WLJPCA02158001 TKC25491712	乗馬	X　競技者 Y　競技者	Xが、Yを含む集団で乗馬を練習していた際に落馬し、腰椎圧迫骨折等の傷害を負った事故	落馬の原因がYにあるとは認められないとして、Yの責任が否定された。	

判例番号	年月日 裁判所 出典	種目	当事者 （X→原告 Y→被告）	事案の概要	判決内容	審級関係
287	平成24年 2月17日 前橋地 判時2192-86	バレーボール	X　生徒 Y1　教員 Y2　県	県立高校の生徒がバレーボール部の顧問から暴行、暴言を受けたとして、県に対して国家賠償を求めた事案	Y1が平手又は竹刀を用いて頭やみぞおち等の身体枢要部を複数回にわたり叩いたことは違法な有形力の行使である暴行に該当するため、Y2は損害賠償責任を負うとした。	
288	平成24年 3月9日 札幌地 判時2148-101 判タ1382-110	柔道	X　生徒 Y　道	被告設置の高校柔道部に所属する生徒が練習試合中対戦相手に投げられて負傷した結果、重篤な後遺障害が残った事故	X1を本件練習試合に出場させた場合、対戦相手から、X1が十分に対応できない技を仕掛けられて頭部を打ち付けるなどする可能性が相応にあり、X1が頭部を打ち付けた場合には、X1に重篤な結果が生じる危険性は、格別に高いものであったといえ、本件顧問教諭らもかかる危険性を予見し得たといえる。したがって、本件顧問教諭らは、少なくともX1を本件練習試合に出場させるべきではなかったにもかかわらず、これを怠り、漫然とX1を本件練習試合に出場させた過失（以下「本件過失」という。）があるというべきである。そして、本件過失により、X1が本件練習試合に出場した結果、本件事故が発生し、X1に本件後遺障害が生じたことは明らかである、などとして道（学校側）の国家賠償責任が認められた。	292の原審
289	平成24年 6月7日 大阪高 民集69-3-488	サッカー	X1～5　バイク運転者（死亡）の相続人 Y1　競技者（但し第一審請求棄却に対してXが控訴せず確定） Y2・Y3　競技者の両親	普通自動二輪車を運転していたAが、被告Y1の蹴ったサッカーボールの影響で転倒して負傷し、その後死亡した。Aの相続人である、X1~5が、主位的請求として本件事故によってAが死亡したことを理由とし、予備的請求として本件事故によってAに後遺障害が残存したことを理由として、Y1～3に対し民法709条に基づき、又は、被告両	公道の性質から、道路外の者が公道の通行を妨害しないように措置すべき注意義務を負い、その者が学校内で遊戯等の活動をする者でも同様で、学校内での活動は学校の範囲内に収めるべきであるのが原則である。本件では、ゴールの設置位置、ネットフェンスや門扉の高さなどから、ゴールに向かってフリーキック練習をした場合、ボールがゴールを外れ門扉やネットフェンスを越えて公道に飛び出ることが十分予想され、前述の注意義務に反する行為であるとして、過失を認めた。	276の控訴審

判例番号	年月日 裁判所 出　典	種　目	当事者 （X→原告 Y→被告）	事案の概要	判決内容	審級関係
				親に対し、民法714条1項に基づき、損害の賠償を請求する事案		
290	平成24年 6月28日 さいたま地 ウエストロー 2012WLJPCA06286003	スノーボード	X　競技者（スキー） Y　競技者（スノーボード）	スキー場において、スノーボードで滑走中に山側に手をついて四つんばいになる形で転倒して、そのままゲレンデを横断するように滑走していたYに、上方から滑走してきたXが、Xのスキー板の前部をYのスノーボードに踏まれる形になり、Xが前方に転倒する事故により後遺障害を負ったため、XがYに対し、損害賠償を求めた事案	【被告の行為】 スキー場において、スノーボードで滑走中に山側に手をついて四つんばいになる形で転倒して、そのままゲレンデを横断するように滑走していた被告が、上方から滑走してきた原告のスキー板の前部を被告のスノーボードで踏む形になり、原告を前方に転倒させた。 【被告の責任】 被告は、ゲレンデを谷側に向かって滑降してくる他のスキーヤーの進路を妨害することとなる可能性の高い滑降方法であったと言わざるを得ず、また、通常の滑降方法をとることが困難な体勢になったのであれば、早期に山側に倒れて停止するなどして他のスキーヤーの進路を妨害することのないように行動すべき注意義務を負っていたとして、被告の責任を認めた。	296の原審
291	平成24年 7月18日 松江地 TKC25482457	ボクシング	X1　Y会社の従業員であり、Y10との間で「マネージャーとボクサーの契約」を締結したプロボクサー X2、X3　X1の父母 Y会社　本件ジムを営む特例有限会社 Y4　Y会社の代表取締役 Y5～8　Y会社の取締役 Y9　元プロボクサーで、Y4による本件ジムの開設に協力した者	被告会社が営むボクシングジムでのスパーリングの後、倒れて意識不明になり、現在も意識の戻らない息子とその両親が、被告会社、被告会社の代表取締役及び取締役らに対し、不法行為又は安全配慮義務違反等を理由に、損害賠償を請求した事案	本件事故前後の事実関係からすれば、仮に事故を想定したマニュアルの整備等が行われていたとしても、スパーリング後に急性硬膜下血腫を疑うことは困難であり、上記整備等によって本件事故を回避し得たとは認められないから、Yらに安全配慮義務違反による損害賠償責任を認めることはできないとして、安全配慮義務違反による責任を否定した。	297の原審

判例番号	年月日 裁判所 出典	種目	当事者 （X→原告 Y→被告）	事案の概要	判決内容	審級関係
			Y10　元プロボクサーで、X1との間で「マネージャーとボクサーの契約」を締結した者			
292	平成24年 9月13日 札幌高 判例秘書L067 20442 TKC25483042	柔道	X　生徒 Y　道	被告設置高校の柔道部に所属していた生徒が練習試合中の事故により後遺障害を負った事故	地方裁判所判決に加え、事故の被害者が賠償金の管理等のために成年後見人を選任する必要性が生じることは通常の事態であるから後見開始審判申立手続のために要した費用は、本件事故と相当因果関係がある損害と認められるなどとして、Xの主張は一部理由があるとしてその限度で原判決を変更した。	288の控訴審
293	平成24年 10月4日 名古屋高 判時2177-63	プール・水泳	X　施設利用者 Y　レジャー施設経営会社	男子中学生（当時14歳）が、温泉レジャー施設の流水プールで逆飛び込みして頭部をプール底部に打ちつけて受傷した事故	本件プールは、逆飛び込みをした場合には、頚髄損傷等の重篤な人身事故が発生するという本件危険があるが、Yにより飛び込みを一律に禁止され、その旨が明示されていたのであるから、警告板を見て飛び込みが禁止されていることを理解し、これに従って行動ができるだけの思慮分別を備えた利用者であるXとの関係では、本件プールが通常備えるべき安全性に欠けるものということはできないとして、Yの工作物責任を否定した。	285の控訴審
294	平成24年 10月18日 神戸地 TKC 25500137	アメリカンフットボール	X　生徒 Y　生徒	私立大学のアメリカンフットボール部の部員であった原告が、同部の先輩であった被告からいじめを受け、そのいじめが原因で急性ストレス反応を発症して建物の3階から飛び降りて骨折等の傷害を負い、後遺障害が残った、また、PTSDに罹患したと主張して、不法行為による損害賠償を求めた事案	本件で行われた、頭髪や眉毛を剃る、尿をかける、ベルトの金具部分で臀部や大腿を叩く、ライターの火ですね毛等をあぶる、着ているTシャツを引き裂くといった行為は、原告にアメフト部の部員としてのミスがあってペナルティとして行われたものであるか否かにかかわらず、各行為の具体的態様やその頻度に照らせば、原告に身体的及び精神的苦痛を与えるものであって、不法行為を構成するというほかないとして、かかる不法行為によって原告が被った精神的苦痛に対する慰謝料を100万円と認定した。	

判例番号	年月日 裁判所 出典	種目	当事者 （X→原告 Y→被告）	事案の概要	判決内容	審級関係
295	平成24年 11月21日 高知地 判タ1394-234	プール・ 水泳	X　妻子 Y　プール管理営業業務受託法人	男性（当時75歳）が、社団法人が管理営業業務を受託していたプールで溺死した事故	Yの監視員らは、男性の動静を注視する義務を怠り、一定程度の時間目を離したために、男性が溺れたことを発見できず、沈んでいた男性を引き上げるのが遅れたとして、同監視員らに不法行為の成立を認め、Yの使用者責任を認めた。	
296	平成24年 12月19日 東京高 ウエストロー 2012WLJPCA 12196002	スノーボード	X　競技者（スキー） Y　競技者（スノーボード）	スキー場において、スノーボードで滑走中に山側に手をついて四つんばいになる形で転倒して、そのままゲレンデを横断するように滑走していたYに、上方から滑走してきたXが、Xのスキー板の前部をYのスノーボードに踏まれる形になり、Xが前方に転倒する事故により後遺障害を負ったため、XがYに対し、損害賠償を求めた事案	被告は、進行方向の周辺で滑降している者の動静に注意し、必要に応じて山側に倒れて停止すること（これが不可能であったことを認めるに足りる証拠はない。）により他者の進路を妨害することのないように行動すべき注意義務を負っていたと解するのが相当である。それにもかかわらず、被告は、漫然と滑降を続けた結果、本件事故を起こしたのであるから、被告が相対的に原告より谷側すなわち下方を滑降しており、被告が原告を発見したのが本件事故の直前であったとしても、被告には本件事故の発生について過失があったと認めることができる。	290の 控訴審
297	平成25年 1月16日 広島高松江支 判例秘書L068 20028	ボクシング	X1　被害者（ボクシングジムの従業員） X2・X3　X1の両親 Y1　ボクシングジムを経営する会社 Y2　ボクシングジムの代表者 Y3～Y6　ボクシングジムの取締役 Y7・Y8　プロボクサー	ボクシングジムにおいて、スパーリング中にX1に頭部への衝撃により急性硬膜下血腫が発症した事案	X1は、スパーリング後に頭痛を訴えていたものではあるが、重篤な状態でそれを訴えていたことはうかがわれず、その後も特別普段とは違う様子を見せることもなかったこと、スパーリングは頭部にある程度の衝撃を加えるものであって、頭痛を訴えていることも不自然ではないことからすれば、X1の頭部に強度の衝撃を与えるような特段の事態も発生したとは認められないスパーリングの後にX1が単に頭痛を訴えたからといって、急性硬膜下血腫等の発症を疑い得たと考えることは困難であるとしてYらの責任を否定した。	291の 控訴審

判例番号	年月日 裁判所 出典	種目	当事者 （X→原告 Y→被告）	事案の概要	判決内容	審級関係
298	平成25年 1月29日 東京地 ウエストロー 2013WLJPCA01298031 D1-Law29023953 TKC25510584	スノーボード	X　競技者（スノーボード） Y　競技者（スノーボード）	スキー場において、Xがスノーボードで滑走中に転倒して停止していた時に、上方からスノーボードで滑降してきたYが衝突した事故によりXが負傷したため、XがYに対し、損害賠償を求めた事案	スキー場で、上方から滑降する者は、下方の滑走者や停止者の動静に注意して衝突を回避することができるように速度及び進路を選択すべき義務があり、とりわけ本件事故の現場は初級者コースで傾斜が緩やかであり、かつスキー客で混み合っていたのであるから、いっそう注意すべき状況にあったにもかかわらず、前記のとおり、被告は、速度の出し過ぎにより、コントロール不能となった結果、停止中の原告に衝突したのであり、かかる義務を怠った過失がある。	
299	平成25年 2月15日 横浜地 判タ1390-252	柔道	X1　生徒 X2・X3　生徒の両親 X4　生徒の妹 Y　学校	従前脳震盪症状を訴えていた原告が、柔道部の練習中に急性硬膜下血腫を発症した事故	柔道の指導教諭は、練習に参加した生徒の健康状態等を十分に把握し、それに応じた適切な指導をして、練習から生ずる生命及び身体に対する事故の危険を除去し、生徒がその事故の被害を受けることを未然に防止すべき注意義務を負うところ、脳震盪を起こした生徒の競技への復帰の手順について事故当時一般的に共通した理解・指導方法がなく、病院での検査において異常所見が認められなかった等の事情の下では、脳震盪を起こした生徒が17日後に行われた試合前のウォーミングアップ練習中に急性硬膜下血腫を発症した事故について顧問教諭に指導上の過失は認められないなどとして被告の責任を否定した。	303の原審
300	平成25年 3月21日 大分地 判時2197-89	剣道	X1・X2　両親 Y1　県 Y2・Y3　顧問及び副顧問 Y4　市 Y5　病院	県立高校二年生の生徒が剣道部での練習中に倒れ搬送された市立病院で熱射病により死亡した事故	顧問および副顧問が、当該生徒が竹刀を落としたことに気が付かず竹刀を構える仕草を続ける行動を認識した時点で、直ちに練習を中止させ、医療機関へ搬送し、適切な冷却措置を取るべき注意義務があったにもかかわらず怠ったとして過失を認めた。	
301	平成25年 4月5日 岡山地 判時2210-88	ゴルフ	X　競技者 Y1　同伴競技者 Y2　同伴キャディー Y3　ゴルフ場	Y3運営のゴルフ場で、X、Y1、Y2が同伴グループでラウンドをしている時、Y1の第二打がシャ	Y2は、同伴競技者は互いに他競技者が打つ前にその前方に出てはならず、打者は、打つ前に打球が飛ぶ範囲内に同伴競技者等がいる場合には打ってはならないとされてお	

判例番号	年月日 裁判所 出典	種目	当事者 （X→原告 Y→被告）	事案の概要	判決内容	審級関係
			運営会社 Y4　保険会社	ンクし当該打球がXにあたって負傷した事故	り、これに反する行動を競技者がとろうとする場合にはキャディーとしてこれを注意・阻止すべきところ、同伴中のXとY1を観察した結果、その程度の基本的なマナーやルールを両名に注意する必要はないと過信して十分な観察及び注意を怠った過失により、Xに傷害結果が生じており、Y3はY2の雇用者として、民法715条責任を同人の過失割合の範囲で負う。	
302	平成25年 6月20日 大分地 自保ジャ 1909-20	サッカー	X　非常勤教師 Y1　市 Y2　生徒	グラウンドから蹴り出されたサッカーボールによる受傷事故	サッカーボールがグラウンドから逸出し、危険が生じることが予見可能であったにもかかわらず、必要な防止措置が取られていなかったことを理由として瑕疵を認定し責任が認められた。	
303	平成25年 7月3日 東京高 判時2195-20 判タ1393-173	柔道	X1　生徒 X2・X3　生徒の両親 X4 Y　学校法人、理事長	被告設置高等学校の生徒が、部活の試合の練習中に他の部員に投げられて急性硬膜下血腫を発症した事故	教諭は生徒から同人が病院で前日に脳震盪と診断された旨を聞いていたのであるから、練習に参加しないように指導するか、練習方法について十分な指導をするべきであり、そのような指導をせず生徒が準備運動すらしないまま練習に参加したことを見逃した結果、生徒は受傷したのだから、教諭は注意義務に反しており、かつ注意義務違反と受傷との間に相当因果関係があるとして、被告の責任を肯定した。	299の控訴審
304	平成25年 7月29日 大阪地 ウエストロー 2013WLJPCA07296001 TKC25501662	バレーボール	X　生徒及びその家族 Y　大阪府	バレーボール部員が体育館の天井部分に乗ったボールをとるためはしごを用いて天井に登ったところ、天井の飾り板部分を踏み抜いて転落し、後遺障害を負った事故	本件体育館においては、従前も同様の事故があったにも関わらず、学校側が特段の事故防止策を講じていなかったことから、学校側は本件事故が予見可能であり、本件体育館の設置又は管理の瑕疵があったとして責任を認めた。	
305	平成25年 8月7日 東京高 判時2214-35 判タ1411-187	プール・水泳	X1・X2　生徒の両親 Y1　学校法人日本体育大学（旧：学校法人日本体育会） Y2　理事長 Y3　水泳部コーチ	被告設置大学の生徒が、高地トレーニングの合宿練習の潜水中に急死した事故	被害者の死因が「原因不明」と認められる場合には、両親らの主張する損害賠償請求は、被害者の死因が肺動脈血栓塞栓症であることを前提として、コーチらに予見可能性及び結果回避義務を措定し、これらの義務違反と死亡と因果関係があるというもので	277の控訴審

判例番号	年月日 裁判所 出　典	種　目	当事者 （X→原告 Y→被告）	事案の概要	判決内容	審級関係
					あるから、死因につき主張の前提を欠くことになる以上、これらの点につき判断するまでもなく、両親らの損害賠償請求は理由がないことが明らかとして、被告の責任を否定した。	
306	平成25年 8月28日 京都地 判例秘書L068 50446	バスケットボール	X　生徒 Y1　市 Y2　主催者団体	ミニバスケットボールスポーツ少年団大会の試合中、原告がレイアップシュートをした際、ゴール後ろの体育館の壁下部に設置してあった床窓の枠に激突し、骨折をした事故について、市の責任が認められた事案	ゴールと壁との間が90cmしかなく、シュートをする際などに勢いよく走りこんだ場合、勢いを殺し切れずに足が接触する可能性があり、床窓の枠の材質が鉄製であることなどから骨折等の危険性があり、窓枠にクッションを設置するなどの事故防止措置もないことからすると、本件体育館のゴールの配置に通常有すべき安全性を欠いている状態がある。	
307	平成25年 11月7日 神戸地 判例秘書L068 50782 TKC25503999	野球	X　生徒 Y　生徒	原告は、被告（高校の野球部先輩）から、連日のように暴力を伴う陰湿ないじめ行為を受けたため、野球部を退部し、高校を退学せざるを得なかったなどとして、不法行為による損害賠償を求めた事案	被告の原告に対する不法行為の態様・期間・程度、そのうちの一部の行為によって原告に生じた傷害の程度、原告は野球に対する強い思い入れをもって本件高校に入学したが、被告による上記不法行為によって野球部の退部及び転学を余儀なくされたこと、転学後の原告の生活状況を積極事情として考慮した一方で、被告が、原告に対する暴力行為が発覚した後、本件高校から野球部練習禁止処分、無期限自宅謹慎処分をそれぞれ受けるなどして反省し、原告に対し謝罪するなどしていること、被告が家庭裁判所において、原告に対する暴行事件について、審判不開始決定を受けたことを消極考慮し、慰謝料として80万円を認めた。	
308	平成25年 12月10日 福岡地小倉支 TKC25502650	サッカー	X　生徒 Y　県	県立高校のサッカー部の練習中に、同じグラウンドで練習中の野球部員が打った打球が原告の側頭部を直撃して傷害を負った事故	グラウンドの使用状況・広さ・練習内容等に照らせば、野球部の打球が飛んでくる可能性は当然予見できたのであり、実際に本件事故以前にも同様の事故が発生したにもかかわらず、顧問の間や校長らを加えての対策はしていなかったことからすれば、顧問・教員らの指導に過失があったというべきであるとして被告の責任を肯定した。	

判例番号	年月日 裁判所 出典	種目	当事者 (X→原告 Y→被告)	事案の概要	判決内容	審級関係
309	平成26年 1月31日 大阪高 判例秘書L06920035 TKC25502987	柔道	X　生徒父 Y　柔道部顧問	原審被告設置中学校の柔道部所属の生徒が、同部の練習中に頭部を負傷し死亡した事故	国賠法1条1項が、「国又は公共団体が」、賠償する責に任ずるという文言を用いているのは、賠償義務者としては、国又は公共団体のみを予定しているものと解されるし、被害者としても、国又は公共団体から確実に賠償が得られる以上、公務員個人の責任を追及させる必要はないと考えられるからであり、また、公務員個人の責任を否定しても、損害の填補という制度の目的に反することにはならないし、被害者から加害公務員個人への民法709条の損害賠償請求権を認めないことが、被害者の権利を不当に剥奪するものであるということもできないからであり、顧問に対する請求は理由がないとした。	
310	平成26年 3月24日 徳島地 判例秘書L06950121 TKC25503969	野球	X　生徒 Y　県	県立高校の硬式野球部のシートノックの練習中に教諭である監督のノックした打球が内野の守備をしていた生徒の頭部を直撃して負傷した事故	ライト方向にライナー性のノックをしようとしていたA監督としては、そのままノックを続ければ、ピッチャーマウンド付近にいる原告が一塁側のフィールド外に向かって全力疾走し、その結果、原告にノックの打球が衝突して原告が負傷するかもしれないことを予見することができたというべきであり、そのような立場にあるA監督として、ノックを打つ前に原告の方を見て原告の動静を確認し、原告が走り出そうとしているのであればノックを止めるか、原告が走ろうとするのを止めることも可能であったと認められるから、A監督は、ノックをする上で、原告の方を見て原告の動静を確認し、原告の状況によっては、原告に注意を喚起するかノックを一時中止して打球の衝突による危険を防止すべき注意義務を負っていたものというべきである。それにもかかわらず、A監督は原告の方を見ないままにノックをしたというのであるから、A監督には上記の注意義務を怠った過失があるというほかはなく、被告は、本件事故により原告に生じた損害を賠償すべき義務がある	

判例番号	年月日 裁判所 出　典	種　目	当事者 （X→原告 Y→被告）	事案の概要	判決内容	審級関係
					というべきであるとして、被告の責任を肯定した。	
311	平成26年 6月30日 大分地 裁判所ウェブサイト TKC25504587	バレーボール	X　生徒 Y　市	中学校の生徒が、中学校体育館内のバレーボール用支柱に設置されたステンレス製ネット巻き器を使用してネットを張る作業をしていたところネット巻き器が急に跳ね上がって顔面を直撃し、傷害を負った事故	ネット巻き器の固定が不十分であったことが瑕疵に当たるとして責任を認めた。	
312	平成26年 9月8日 静岡地浜松支 判時2243-67	ゴルフ	X1　入会希望者 X2　X1が経営する会社 Y　ゴルフ場運営者	性同一性障害により性別を変更したことを理由に会員制ゴルフクラブへの入会を拒否されたとして、同ゴルフ場を経営する会社と運営するクラブに対し、女性X1と会社が損害賠償を求めた事案	原告は、本件入会拒否及び本件承認拒否という被告らの一連の違法な行為により、記名者たる地位を取得する機会を失うという損害とともに、人格の根幹部分に関わる重大な精神的損害を被ったと認め、慰謝料額としては、本件弁論に現れた一切の事情を考慮の上、その金額を100万円とするのが相当であるとした。	
313	平成26年 10月21日 東京地 ウエストロー　2014WLJPCA　10218002 D1-Law.2904　5071 TKC25522134	スキー	X　亡競技者Eの遺族 Y1　競技者（スキー） Y2　コーチ Y3　Y4からコーチ等の業務委託を受けていた者 Y4　スキー用品等の製造販売業を営む会社（本件合宿後のスキーキャンプを主催） Y5　スキー場運営者	スキー合宿にしていたY1が高速で滑走中に、他の一般客に衝突して死亡させた事故	Y1は、被害者を発見して接触を回避する時間的余裕及び能力があったとして、前方注視義務違反による過失を認めた。 Y2は、Y1のスキーの水準を踏まえると、視野を広くする等の概括的注意と練習中の具体的な注意喚起等の個別の注意をしており注意義務違反はないとして過失を否定した。 Y2の責任を前提とするY3及びY4の使用者責任はいずれも否定されている。 Y5についても、注意看板等を設置しており、安全配慮義務違反はないとされた。	
314	平成26年 11月18日 福岡地 TKC25505230	バレーボール	X　生徒 Y　県	被告設置高校の生徒がネットを張るためにネット巻器のクランクを回していたところ、同ネット巻器が支柱上部まで上昇して生徒の顔面を直	本件ネット巻器は、本件事故当時、通常の手順で使用した場合であっても、強くネットを張ろうとすると突然支柱の上部まで上昇し、クランクを回している者だけでなく周囲の者の顔面や身体に当たる危険性があったと認められ、通常有すべき安全性を欠いてい	

判例番号	年月日 裁判所 出　典	種　目	当事者 （X→原告 Y→被告）	事案の概要	判決内容	審級関係
				撃した事故	たといえるから、本件ネット巻器に設置又は管理の瑕疵があったといえるとして、被告の責任を認めた。 県高等学校安全振興会PTA共済の災害見舞金についての損益相殺を否定した。	
315	平成26年 12月3日 東京地 ウエストロー 2014WLJPCA 12038003 TKC25523048	ラグビー	X1　競技者 X2　X1の母 Y　競技者	大学ラグビーの試合中に相手方選手（Y）から危険なタックルを受けたX1が頸髄損傷による重度の後遺障害を負い、Yに対して損害賠償（慰謝料含む）を求めるとともに、X2からYに慰謝料の支払いを求めた事案	被告によるタックルの具体的態様からすれば、相手に傷害を与え得ることが容易に予見可能で、結果を回避することも可能であったから、被告には過失がある。なお、過失の有無は、注意義務違反の有無という観点から判断すべきであり、競技規則は注意義務の内容を定めるに当たっての一つの指針となるにとどまり、規則に違反していないから過失はないとは言えない。	
316	平成27年 1月22日 大阪高 判時2254-27	テニス	X1　生徒 X2・X3　両親 Y　県	Yが設置・運営する高校のテニス部において、部活（屋外練習）中にX1が突然倒れて心停止に陥り、低酸素脳症を発症した事件	本件部活では、顧問が練習内容等を各部員に指示し、各部員がこれに忠実に従って練習していたことから、顧問は、練習に立ち会うことができず、部員の体調に応じた監督ができない以上、熱中症に陥らないよう予め指示指導すべき義務があったが、通常より練習時間も長く密度の高い練習内容を指示した上、水分補給の特段の指導もせず、水分補給のための十分な休憩時間を設定しない形で練習の指示をしていたとして、顧問の過失を認めた。	
317	平成27年 2月27日 札幌地 自保ジャ 1945-46	ダンス	X　ダンスインストラクター Y　加害者	交通事故により、ダンスインストラクターとして稼働できなくなった事案	労働能力喪失期間については、症状固定日における簡易生命表に基づき、原告の年齢である61歳の平均余命の2分の1を目安とし、労働能力喪失率については、原告が主婦として稼働していたことを加味して50%とし、算定基礎の賃金については、女性の全年齢平均賃金と認定した。	
318	平成27年 3月3日 福岡地 判時2271-100	体育祭（騎馬戦）	X1　生徒 X2・X3　両親 Y　県	県立高校の生徒であった原告X1が、体育祭の騎馬戦で落馬し、第7頸椎以下完全麻痺の後遺障害を残す受傷をした事案	本件事故は、管理者及び指導教師らが、事前に生徒に騎馬戦の危険性及び転落時にとるべき安全確保の手段を指導し、かつ十分な訓練をさせ、対戦においては転落方向の急変に対応できるように複数の審判員を配置するなどの義務に違反したこ	

判例番号	年月日 裁判所 出典	種目	当事者 （X→原告 Y→被告）	事案の概要	判決内容	審級関係
					とにより発生したものであって、国家賠償法上の損害賠償請求権は既に時効消滅しているが、在学契約上の安全配慮義務違反（安全配慮義務者の履行補助者である管理者等の過失）に基づく損害賠償義務があるとした。 県教育委員会からの見舞金100万円について損益相殺を認めた。 高校が締結していた傷害保険契約（レクレーション保険）に基づき支払われた入通院及び後遺障害保険金について損益相殺を否定した。	
319	平成27年 3月26日 札幌地 判時2314-49 判例自治410-78	野球	X　観客 Y1　球団 Y2　球場の占有者会社 Y2　球場の所有者である市	プロ野球の試合を観戦中、打者の打ったファウルボールが原告の顔面に直撃し右眼球破裂により失明した事故	球場に設けられていた安全設備等は、原告席付近で観戦する観客に対するものとしては通常有すべき安全性を欠いていたとして、工作物責任（民法717条1項）及び営造物責任上の瑕疵（国家賠償法2条1項）を認定し、原告の被告らに対する損害賠償請求を一部認容した。 主催者や球場管理者の損害賠償責任を免除する免責条項は、観客の利益を一方的に害するものであるから、それ自体無効というべきであるとした。	330の原審
320	平成27年 4月28日 札幌地 ウエストロー 2015WLJPCA 04286001	スキューバダイビング	X1　被害者 X2　X1の配偶者 Y　ガイドダイバー	ダイビングツアー（ファンダイビング）の参加者が潜水中に溺水して意識不明となり重篤な後遺障害を負った事故 なお、本件は、業務上過失傷害被疑事件により、被告に対する捜査がされ、不起訴処分となったが、検察審査会が不起訴不当の議決をし、起訴された刑事事件において、無罪となった事案	Yは、船長に対し、X1が久しぶり（6年ぶり）のダイビングであることを知らせ、船長は、難易度が低いポイントを選定したこと、本件現場は、事故当時、ほとんど風浪がない穏やかな海況であり、透明度も高い状態であったこと、Yは、X1がエントリーに失敗した後、X1がパニック状態から回復し、落ち着きを取り戻したことを確認した上、「大丈夫か」「行けますか」と尋ねたところ、X1が「大丈夫です」「平気です」と何度も返答したことから、Yがダイビングを続行するか否かを判断した時点において、ダイビングの続行によりX1の身体に異常が生ずることを予見することができたと認めることはできず、ダイビングを中止する義務を負っていたということはできなかったとして過失を否定した。	

判例番号	年月日 裁判所 出典	種目	当事者 (X→原告 Y→被告)	事案の概要	判決内容	審級関係
321	平成27年 5月20日 広島地 TKC25540957	剣道	X　生徒 Y1　学校法人A大学 Y2　生徒	学校法人A大学が運営する高校の剣道部に所属していた原告が、本件高校の運営する寮内で開かれた剣道部のミーティングにおいて、上級生であるY2から暴行を加えられたとして損害賠償を求めた事案	本件事件がなければ、原告が剣道の実績で有名私立大学に進学できた可能性があるとしても、それが必ずそうであったはずであるとまで断定できるだけの証拠はなく、そもそも本件事件後、原告が本件高校を学年途中で中途退学するに至った経緯を原告に有利に斟酌するにしても、そこには原告の自由な意思が作用していることは明らかであって、本件事件と、原告が本件高校を中途退学したことに由来する消極的影響との間に法的因果関係があるということはできないとして、原告が本件高校を中途退学するに至ったことに由来する原告主張に係る消極的影響そのものを、慰謝料算定上斟酌することは困難とした。	
322	平成27年 5月29日 高松高 判時2267-38	野球	X1・X2　両親 Y　地方公共団体	県立高校の野球部所属の生徒が練習中に熱中症に罹患して死亡した事故	指導教諭は、一度熱痙攣の状態に陥った生徒が練習を再開する場合、生徒が走れるまで回復していたとしても、生徒を注視し、少しでも異常があれば即座に練習を中止させ、熱中症に対する応急処置や病院への搬送措置を講ずべき注意義務を負うところ、注視を怠って生徒の異常を看過し練習を続行させたとして、過失を認めた。	
323	平成27年 8月20日 広島地尾道支 判例秘書L07050442 TKC25541081	柔道	X1～X3　生徒他 Y　学校法人	柔道部の乱取り練習においてX1が他の部員から投げられて高次脳機能障害等の後遺障害を負った事故	X1が柔道未経験者で、入部わずか14日目に乱取り練習に参加し、17日目に本件事故に遭っていることから、A顧問がX1に必要な練習方法を実施していなかったこと、本件事故後の対応も不適切であったとして、Yには安全配慮義務違反があり、債務不履行ないし不法行為責任を負うとし、X1の過失を認めず、後遺障害逸失利益ほか損害額を算定し、X1の両親である原告X2（父）、同X3（母）につき慰謝料請求を認めた。	
324	平成28年 2月4日 津地 判時2303-90	バレーボール	X1　生徒 X2・X3　両親 Y1　教師 Y2　市	X1が在学していた市立中学校のバレーボール部の顧問であるY1から暴力及び	Y1による暴力は、学校教育法で禁止される体罰ないし正当な懲戒権の範囲を逸脱した違法な行為であったと言わざるを得ず、またY1による暴	

判例番号	年月日 裁判所 出典	種目	当事者 （X→原告 Y→被告）	事案の概要	判決内容	審級関係
				暴言を受けたことを理由として、X1及びその両親が、Y1に対しては不法行為、Y2に対しては国賠法1条1項に基づき慰謝料を求めた事案	言は、X1に対する違法行為であったとした上で、校長は、Y1による違法な暴力等があることを認識し又は認識し得たにもかかわらず、再発防止に向けた行動をとらず、安全配慮義務に違反したとして、Y2の国家賠償法上の責任を認めた。	
325	平成28年 2月24日 東京地 判時2320-71 判タ1432-204	バスケットボール	X1～X3　生徒の父母、兄 Y　市	高等学校のバスケットボール部の顧問教諭から継続的な暴行や威迫的言動等の行為を伴う指導を受けていた生徒が自殺した事案	教師の暴行や暴言が不法行為に該当するとした上で、教師の当該行為と自殺との間に相当因果関係が認められ、生徒の自殺に対する顧問教諭の当該行為の寄与度が7割と認められるとした。 被害者が若年であること、暴行の態様や前後の経緯が悪質であること、事故後に何ら慰謝の措置がとられていないことや訴訟において遺族に責任を転嫁する如き主張をしたことを、いずれも慰謝料増額事由として斟酌した。	
326	平成28年 3月24日 東京地 判例秘書L071 30712	相撲	X　力士 Y1　加害力士 Y2　親方 Y3　相撲協会	力士である原告が、部屋所属先輩力士と親方からそれぞれ暴行を受けたことにより左目がほぼ失明した事案	中学卒業後に相撲部屋に力士として入門した者について、中学卒の男性労働者の平均賃金を基礎とし、67歳までの就労可能年数について逸失利益を算定した。	
327	平成28年 4月28日 奈良地 判例自治423-72 判例秘書L071 51322 TKC25542931	プール・水泳	X　大学生 Y　県	女子大学生（当時20歳）が、卒業した県立高校のプールで逆飛び込みしてプール底に頭部を衝突させて受傷した事故	本件プールは、日本水泳連盟が平成17年7月に策定したガイドラインの要求する水深が確保できていなかったことに照らし、飛び込みを行って使用するプールとして通常有すべき安全性を欠いたものとして瑕疵を認め、Yの営造物責任を認めた。	
328	平成28年 5月12日 東京地 ウエストロー 2016WLJPCA 05128001 D1-Law2904 5071 TKC25534272	スノーボード	X　競技者（スキー） Y　競技者（スノーボード）	スキー場において、上方をスキーで滑走していたXが、下方をスノーボードで滑走していたYに衝突した事故により、Xが後遺障害を負ったため、XがYに対し、損害賠償を求めた事案	「スキー場において上方から滑降する者は、前方を注視し、下方を滑降している者の動静に注意して、その者との接触ないし衝突を回避することができるように速度及び進路を選択して滑走すべき注意義務があるところ、本件事故現場は初心者コースであって、急斜面でなく、斜面の状況も特に滑降に困難な点はない上、原告は、準指導員の有資格者であるだけでなく、本	

判例番号	年月日 裁判所 出典	種目	当事者 (X→原告 Y→被告)	事案の概要	判決内容	審級関係
					件事故現場付近のコース状況を熟知していたのであるから、被告から見て上方にいた原告は、第1次的に前記注意義務を負うべきであって、本件事故は、Xが上記注意義務を怠ったことによって、発生したということができる。」、「他方で、被告の過失の有無について検討するに、被告においては、接触直前まで原告を認めていないこと、一般にスノーボードは操作可能範囲がスキーよりも狭く、走行に他者との接触が伴うことが多いことからすると、特に滑走には注意を要求されるが、・・・接触の態様からすると、接触直前まで原告を認識しなかったことを過失ととらえることは困難であることに加え、本件事故現場は初心者も滑走可能な区域であり、被告が特に危険な滑走方法を取っていたわけではないこと、そもそも原告は、相当の滑走技術を有していることなどを併せ考慮すると、スキー板に接触し、ビンディングが開放されたことを考慮しても、その後6メートル以上滑走して原告が転倒したという事故の発生に対して、被告に何らかの注意義務違反を問うのは相当でないというべきである。」として、被告の過失を否定した。	
329	平成28年 5月13日 静岡地 判時2336-83	野球	X 生徒 Y 県	県立高校の硬式野球部の部活動において、打撃投手を務めていた部員の頭部に打者の打ち返した硬式球が直撃して、打撃投手が受傷した事故	高等学校の野球部の監督に当たる教諭は、部員が打撃練習を行う際には、打撃投手に投手用ヘッドギアを着用するよう指導すべき職務上の注意義務を負い、過失により同義務に違反し、打者が打ち返したボールが打撃投手の頭部に直撃する事故を生じさせた場合、教諭の職務行為には違法性が認められるとして被告の責任を肯定した。 原告の後遺障害の程度を後遺障害等級14級相当と認定しつつ、原告が15歳にして将来の夢であったプロ野球選手に挑戦する機会を奪われたこと、特段の問題なく日常生活	

判例番号	年月日 裁判所 出典	種目	当事者 （X→原告 Y→被告）	事案の概要	判決内容	審級関係
					を送ることができているという原告の生活状況は原告の努力も寄与していると考えられること、原告はいつてんかん発作が発症するかわからないという不安を抱えながらの生活を余儀なくされていること等の事情を考慮し、後遺障害慰謝料を300万円と認定した。	
330	平成28年 5月20日 札幌高 判時2314-40 判例自治410-70	野球	X　観客 Y1　球団 Y2　球場の占有者会社 Y3　球場の所有者である市	プロ野球の試合を観戦中、打者の打ったファウルボールが原告の顔面に直撃し右眼球破裂により失明した事故	球場に設けられていた安全設備等に工作物責任ないし営造物責任上の瑕疵があったとは認められないが、球団運営会社は野球観戦契約に信義則上付随する安全配慮義務を尽くしたとは認められないとして、原審の判断を変更し、被控訴人の控訴人らに対する上記各責任に基づく損害賠償請求をいずれも棄却する一方、球団運営会社に対する債務不履行（安全配慮義務違反）に基づく損害賠償請求を一部認容した。	319の控訴審
331	平成28年 6月22日 広島地福山支 ウエストロー 2016WLJPCA06226001 TKC25560940	プール・水泳	X1、X2　被害者の両親 Y1　学校法人 Y2　校長	小学校で実施された臨海学校の水泳練習中に被害生徒が心肺停止状態となり死亡したことについて、被害生徒の両親らが損害賠償を求めた事例	当該場所で被害生徒らに水泳の練習をさせることを計画したこと自体に安全配慮義務違反はないとした上で、臨海学校を実施する場合、児童が海で溺れるという事故は常に予想されることから、かかる事故を未然に防ぐために、また、仮に事故が発生したとしても、これを早期に発見して死亡などの重大な結果が生じないよう迅速な救命活動を実施するためには、適切な監視体制を構築し、かつ、現に必要十分な監視を行うことが重要であるとして、同義務に違反した点に安全配慮義務違反があるとした。	
332	平成28年 6月28日 大阪地 判例秘書L07150700 TKC25543683	器械体操	X1　生徒 X2　生徒の母 X3・X4　生徒の姉 Y　地方公共団体	Yの設置する高等学校の器械体操部に所属していたXが、練習中に鉄棒から落下し頸部を負傷した事故	Xの有していた危険回避行動に関する技量等を考慮すれば、コーチ自らが補助に入る義務を負っていたとはいえず、顧問が補助体制を整える義務に違反したともいえないとし、また、顧問やコーチにおいて、本件鉄棒を交換したりその使用を禁止したりする義務を負っていたとも認められない等として、請求を棄却した。	352の原審

判例番号	年月日 裁判所 出典	種目	当事者 （X→原告 Y→被告）	事案の概要	判決内容	審級関係
333	平成28年 10月27日 京都地 判例秘書L07151169	陸上競技	X　生徒 Y　地方公共団体	陸上部の顧問教諭の指導による練習中に転倒して怪我を負い、顧問教諭に促されて陸上大会に出場し怪我が悪化した事故	本件ミニハードル練習は、転倒の危険とその回避行動が困難で、高校の部活動で許容される範囲内のものではなく、教諭はその危険を容易に認識し得た、大会への出場も原告の意思に反して出場させたと評価できるとし、教諭の各義務違反を認め、請求の一部（慰謝料66万円）を認容した。	
334	平成28年 11月7日 奈良地葛城支 ウエストロー2018WLJPCA11076003	柔道	X　生徒 Y　指導教諭	女子柔道部に所属していた原告が、高校の教諭で柔道部顧問・監督であった被告からわいせつ行為を受けた事案	高校入学時に購入した柔道着5着について、購入価格の一部について賠償が認められた。	
335	平成28年 11月21日 大阪地 自保ジャ1992-169	ゴルフ	X　保険会社 Y　ゴルフ場運営会社	Yゴルフ場でラウンド中のAが、昼食で酒を飲んだあとカートを運転し、Bもこれに同乗したところ、Aがカートの運転を誤り、カート通路を逸脱して道路下にカートごと転落し、Bが負傷した事故（求償金請求）	Yは、利用者が、通常の状態で乗用カートの運転をし、プレーをすることを前提として、人的条件並びに物的な施設及び器具等の整備をすれば足りるため、通常の性能を備えた乗用カートを整備した状態で利用者に提供し、かつ、利用者が希望する場合にはキャディーを利用できる環境を整えることをもって足り、利用者のうち乗用カートを運転する者に対し、酒類の提供を断り、また、酒類摂取により正常なカート運転ができない利用者がいないかを随時確認し、そのような状態にある者に対して警告する義務までを負っているとはいえない。	
336	平成28年 12月22日 さいたま地 川越支 判時2338-61	野球	X1　生徒 X2　母親 Y1～Y3　生徒（及び親権者） Y4　市	市立中学生のX1が部活動後の帰宅中に公園でY1~Y3から暴行されて植物状態となったことを理由に、X1とX2が、いじめ及びいじめを放置したこと等を理由としてY1~Y3とその親権者ら及び市に対し損害賠償を求めた事案	Y1~Y3による暴行につき共同不法行為の成立を認めたが、その親権者の監督義務違反は否定した。 また、Y1~Y3による暴行はいじめの一環であり、X1が周囲の生徒から継続的にからかいの対象となっていたこと、少年らはいずれも同級生の野球部であること等から、教員らは、部活終了後帰宅までの生活場面においても、いじめが暴力を伴う事件にまで発展する事態を予見し得たのであり、これを回避すべき義務を怠った過失があるとして、市の責任も認めた。	

判例番号	年月日 裁判所 出典	種目	当事者 （X→原告 Y→被告）	事案の概要	判決内容	審級関係
337	平成28年 12月22日 大分地 裁判所ウェブサイト 判例秘書L071 51189 TKC25545502	剣道	X　住民 Y　県知事 参加人1・2 指導教諭	高校剣道部の練習中に、部員が熱射病を発症して倒れ、搬送先の病院で医師の手当を受けるも死亡した事故	指導教諭が指導に熱中し、自身の経験を過信して、熱射病の症状を疑うこともなく、何ら合理的な理由もないのに、安易に演技であると決めつけ、練習を継続させ、救急車の出動要請までの時間をいたずらに浪費し、直ちに練習を中止させることをせず、また、医療機関へ搬送することも応急措置として適切な冷却措置を取ることもなかったこと等から、重過失を認めた。	
338	平成28年 12月22日 大阪高 判時2331-31	バドミントン	X　生徒 Y　市	市立中学校の生徒がバドミントン部の練習中に熱中症に罹患し脳梗塞を発症した事故	本件事故当時、Y中学校の体育館には、黒球温度計及び湿球温度計はもとより、一般の乾式温度計も一切設置されていなかったこと、WBGT等の温度を基本として対応を検討すべきものとする熱中症予防指針の趣旨と内容が周知・徹底され、これに従って行動するよう指導されたとは考え難く、それに及ばない一般的指導がされたに止まったものと認められること等から、校長の過失を認めた。	
339	平成28年 12月26日 東京地 判時2392-29	サッカー	X　競技者 Y1　競技者 Y2　Y1のチームの代表	サッカーの社会人リーグにおける試合中、原告Xが、相手チームに所属する被告Y1から左脛部を蹴られたことにより、左下腿脛骨骨折、左下腿腓骨骨折の傷害を負ったと主張し、被告Y1及び相手チームの代表者である被告Y2に対し、損害賠償を請求した事案	具体的な接触状況から、Yに傷害の予見可能性と結果回避可能性を認め、過失を認めた。また、違法性が阻却されるかは、社会的相当性の範囲内の行為か否かにより決まるが、具体的には、加害行為の態様、方法が競技規則に照らして相当だったかだけでなく、競技において通常生じうる負傷の範囲に留まるか、加害者の過失の程度などの諸要素を総合考慮して判断すべきであるとした。その上で、本件では、行為の危険性や傷害の程度などから違法性は阻却されないとした。 本件事故はスポーツ競技中の事故であり、負傷等の危険は一定程度原告も引き受けた上で試合に出場しているといえることや、ボールに対して無理に挑んだという非難は否めないものの、	

判例番号	年月日 裁判所 出典	種目	当事者 (X→原告 Y→被告)	事案の概要	判決内容	審級関係
					被告Y1が故意に原告を負傷させたとまでは認められないことなども考慮に入れるべきとして、170万円の慰謝料を認定した。	
340	平成28年 12月27日 東京高 交民49-6-1335	ダンス	X　舞台俳優志望者 Y　交通事故加害者	舞台俳優を目指して歌手やダンサーとして舞台活動をしている25歳の男性が、交通事故により外貌醜状を負った事案	今後も舞台活動を続けることが見込まれること、本件治癒痕の存在は、一般企業への就職活動等においても不利益に働き得るものであることなどから、67歳に達するまでの期間を労働能力喪失期間とした（喪失率5%）。 また、将来的に平均賃金程度の収入を得る蓋然性があるものとして、男子労働者の全年齢平均賃金を算定の基礎とした。	
341	平成29年 1月12日 東京地 D1-LAW2903 8200 TKC25538883	ゴルフ	X　競技者 Y　ゴルフ場運営会社	Yゴルフ場の13番ホールと14番ホールとの間に設置された乗用モノレールにおいて、Xがレール上に転落して傷害を負った事故	本件ボタンが押されたときは本件ゴンドラが発進するまでの約8秒の間は上記警告音が鳴るのであるから、通常は、利用者が転落等の事故を回避することを期待することができるものというべきである以上、本件ゴンドラを発進させる機能を有する本件ボタンが「呼戻しボタン」とのみ表示されて本件乗り場内の乗車口付近に設置されていたからといって、本件モノレールが通常有すべき安全性を欠いていたということはできず、本件モノレールに設置又は保存の瑕疵があったとはいえない。	
342	平成29年 2月15日 大阪地 判時2352-74	日本拳法	X　生徒 Y　学校法人	被告が設置運営する私立高校の日本拳法部に所属していた生徒が、練習中、後頭蓋窩急性硬膜下血腫等を負った事故	顧問Aは、初心者であるXと上級者であるBとの間で練習をさせるに当たって、Bに対し、手加減をするように、具体的には、蹴り足をつかみ、他の足を払うなどといった危険な技をかけないようには指導していないと認められるし、また、Aにおいて、Bが、Xの蹴り上げた左足をつかみ、Xの右足を払ったことから、Xが転倒したところを目撃していないことに照らすと、Aは、XとBの動向に注視し、できる限りそばに付き添って指導し、XがBから危険な技をか	

判例番号	年月日 裁判所 出典	種目	当事者 (X→原告 Y→被告)	事案の概要	判決内容	審級関係
					けられそうになった場合に、Bに対し、当該技をかけるのを止めるような指導もしていないと認められるのであるから、Aは、上記安全配慮義務に違反していたものというべきであるなどとして、Yの責任を肯定した。	
343	平成29年 3月30日 神戸地 交民50-2-395 自保ジャ1999-26	自動二輪車競技	X　競技者 Y　競技者	オフロードコース内で、Xが自動二輪車で走行中、Y運転の自動二輪車と正面衝突し、頸髄損傷等の傷害を負った事故	車両を運転して小山に進入する際には、反対側から進入してくる車両の有無を確認する義務があり、特に跳躍のような危険な行為を行う際には、見張りを立てて反対側から進入する車両の有無を確認するなど周囲の安全確認をより確実に行わねばならない義務があるとし、Yにはこれを怠った過失があるとして、Yの責任が認められた。	348、358の第一審
344	平成29年 4月13日 横浜地 判例秘書L07250278 TKC25545629	プール・水泳	X　両親 Y1　担任教諭 Y2　園長 Y3　学校法人 Y4　教諭 Y5　主任教諭	園児（当時3歳）が、幼稚園のプールにて溺死した事故	Y1の監視義務違反に争いはなく、Y3に使用者責任を認めるとともに、Y2につき、Y1にはプール活動後の片付け方法等具体的に教示されていない部分もあること、指導の内容はY4に任されており、Y2が指導の内容を具体的に指示せず、指導後に具体的な内容を確認していないこと等を総合的に勘案すれば、Y2が本件事故発生の防止のために相当の注意を払ったとは認められないとして、Y2に代理監督者として使用者責任を認めた。	
345	平成29年 4月24日 福岡地 判時2360-13 判例自治435-62	柔道	X1　生徒 X2・X3　両親 Y　県	県立高校の武道大会における柔道の試合に参加した生徒が技をかけた際、前方に転倒し、頸髄損傷等の傷害を負った事案	県高等学校安全振興会PTA共済の災害見舞金についての損益相殺を否定した。	
346	平成29年 6月13日 大阪地 判タ1451-223	空手	X1　生徒 X2　生徒 Y1　学校法人 Y2　教員 Y3　校長	Y1が設置運営する高校の空手道部に所属する生徒X1は、高校の教諭であり空手道部の顧問であったY2から、合理的理由のな	X1につき、インターハイ予選前の重要な時期に練習参加を禁じされて以降、大学入学が決まるまでの間、Y2のほか、本件空手道部の部員、OG及び父母会などからも差別的扱いを受けることとなり、高校での空手道部	

判例番号	年月日 裁判所 出典	種目	当事者 (X→原告 Y→被告)	事案の概要	判決内容	審級関係
				い団体戦への不起用、OGらによる深夜の酒席での威圧的指導、不合理な合同練習への参加禁止、インターハイ予選・本戦での差別的取扱い、退部届の強要、大学推薦の不当拒否等のパワハラを受けたことにより、多大な精神的苦痛を被ったとして不法行為に基づく損害賠償を求めるなどした事案	の活動を極めて不本意な形で終えることになったほか、その間、Y2の大学への推薦に関する不適切な対応などによる精神的疲労が重なり自殺を企図し、適応障害などと診断されるに至っており、多大な精神的苦痛を被ったものと推認されるとして、慰謝料70万円を認めた。 X2は、いわばX1の巻き添えとなって、練習参加を禁止されたことを契機として、他の部員らから差別的扱いを受けるようになり、他の部員との間にも溝ができ、本件寮にも居づらい状況となって、本件空手道部を引退した後も部員として関わるはずの行事への参加が難しくなったことなどが認められ、それらによる精神的苦痛により心身に不調を来し、適応障害、うつ状態などと診断されるまでに至っていることを考慮し、慰謝料40万円を認めた。	
347	平成29年 6月23日 大阪地 判タ1447-226	プール・水泳	X　死亡した男性の両親 Y1　障害者に対してスポーツインストラクター事業等を行うNPO法人 Y2　Y1の代表兼指導者	精神障害がある生徒が参加した水泳教室において、練習中に熱中症のため意識を消失しその後死亡した事故	指導者の注意義務違反と死亡の事実の因果関係を否定する一方、かかる注意義務違反による相当程度の生存可能性の侵害を認めて請求の一部を認容した。	
348	平成29年 9月14日 大阪高 ウエストロー 2017WLJPCA09146012	自動二輪車競技	X　競技者 Y　競技者	オフロードコース内で、Xが自動二輪車で走行中、Y運転の自動二輪車と正面衝突し、頚髄損傷等の傷害を負った事故	Yからの控訴を棄却し、Yの責任が認められた。	343の控訴審、358の原審
349	平成29年 10月26日 東京地 判例秘書L07230279 TKC25539821	ゴルフ	X　競技者 Y　競技者	ゴルフの初心者であるYが谷に打ち込んだボールを探すのに手間取っている間に、同じ組のXらがカートで前方に移動した。しばらくしてYは、ボールロストと	Yは、Xらが前方にいることは認識したものの、前方30ないし40ヤードの距離にいるXらが安全を確保することのできる状態にあることを確認せずにボールを打ったというのであるから、Yには、安全の確認を怠った過失がある。なお、Yは、「フォアー」などと叫ばなかったが、X	

判例番号	年月日 裁判所 出典	種目	当事者 （X→原告 Y→被告）	事案の概要	判決内容	審級関係
				して新しいボールを置いて2打目を打つことにしたが、YはXらが前方にいることは認識したものの、安全を十分確認せずにボールを打った。そうしたところ、ボールが狙った方向よりも左にそれ、そのままXの左耳に当たった。なお、Yは「フォアー」などと叫ぶことをしなかった事案	との距離を鑑みると、「フォアー」などと叫んでいればXがボールを避けることができたとまでは認められないから、その点ではYに過失は認められない。	
350	平成29年 11月1日 東京地 TKC25550716	キックボクシング	X　本件ジムの会員 Y1　本件ジムのオーナー兼経営者 Y2　本件ジムの管理者 Y3　本件ジムのインストラクター	本件ジムでキックボクシングの対面練習（本件練習）中にAから顔面を殴打され右眼窩内側壁の吹き抜け骨折の傷害を負った事故	Xはマススパーリングに参加したことがあり、力が強い状態でパンチが当たることを認識できていた。Xに対してダウンするほどのパンチをしたことのみをもって、練習を中止したり注意したりする法的義務が生じるとは言えない。Xがダウンした際、立ち上がってマススパーリングを続け、顔面に内出血の様子はなく、痛みについても伝えておらず、Y3には安全配慮義務違反はない。本件練習の際にその場にいたY3らにおいてすら安全配慮義務違反が認められないのであるから、その場にいなかったY1・2においては、なおさら、本件練習においてXが本件負傷を負うような出来事があることは予見できたとは認められない。また、Y3に対して何らかの不適切な指示をしたなどY1・2に安全配慮義務が特に認められるべき事情があったとも認められないとし、請求を棄却した。	
351	平成29年 11月10日 盛岡地 判例秘書L072 50921 TKC25548292	バレーボール	X1　生徒 X2・X3　両親 Y1　県 Y2　教員	原告及びその両親が、県立高校の男子バレーボール部の顧問から日常的に暴力等を受けてPTSDを発症し、不登	原告生徒は、被告教員から体育教官室に一人だけ呼び出されて、立たされた状態で椅子に座った状態の被告教員から、遠征を無断欠席したことを1時間近くにわたり厳しく叱責されたが、その際、被告教員が、	361の原審

判例番号	年月日 裁判所 出典	種目	当事者 (X→原告 Y→被告)	事案の概要	判決内容	審級関係
				校を余儀なくされて精神的苦痛を被ったとして損害賠償を求めた事案	「ふざけるな」「なめるんじゃないぞ」「お前のような人間が大人になると社会を駄目にする」などと激しい口調で怒鳴りつけたり、約1.1mの距離で対面していた生徒の目前で右手に持っていた鍵を自身から見て右手の陰に投げつけたりした行動を考慮し、原告生徒の慰謝料を10万円と認定した。	
352	平成29年 12月15日 大阪高 判時2370-54	器械体操	X1　生徒 X2　生徒の母 X3・X4　生徒の姉 Y　地方公共団体	器械体操部の練習中に鉄棒から落下して怪我を負った事故	コーチには、本件通し練習の際に自ら補助者として鉄棒下の適切な位置に立つべき注意義務違反等があり、被控訴人には、公務員であるコーチの過失で生じた事故による控訴人らの損害を賠償すべき責任があるとした上で、原判決を変更し、X1の逸失利益や同母及び姉の慰謝料等の請求の一部を認容した。	332の控訴審
353	平成30年 1月26日 さいたま地 判時2417-58	リングリレー	X　競技者 Y　競技者	地域の運動会における自転車リングリレー（注：金属製のスティックで自転車のリングホイール（直径60cm弱程度の金属製の輪）を転がしながら、スタート地点の反対側に待機している次走者に向かって走り、リレー方式で往復し、その速さを地区別のチームで競うもの）競技中、同競技に参加していたXが、同じく同競技に参加していたYと衝突し、頸椎捻挫等の傷害を負った事故	Yに自己のレーンを保持すべき注意義務やスピードをコントロールすべき注意義務があるとはいえないとし、仮に一般的な注意義務違反（接触回避義務違反）が認められるとしても、Xは競技に伴う危険を引き受けていたというべきであり、事故はその危険が発現したものであるとして、Yの責任は否定された。	359の原審
354	平成30年 2月9日 東京地 判時2402-32	バドミントン	X　競技者 Y　競技者	後衛Y、前衛Xの時にYが相手方のショットを打ち返した際、YのラケットがXの左眼に当たり負傷したことにつ	具体的態様や位置関係から、YはXの動静を把握でき、Xが動くことも予測できたから、振ったラケットがXの体にあたって傷害の結果が発生することを予測できたところ、これを回避する注意	360の原審

判例番号	年月日 裁判所 出典	種目	当事者 (X→原告 Y→被告)	事案の概要	判決内容	審級関係
				いて、Yの過失を認めた事案	義務を怠り、過失が認められる。違法性阻却について、ルールに著しく違反しない限り、どのような態様で生じた危険でも、競技者が全て引き受けているとはいえない。また、シャトルを打ち返す動作で有る限り具体的行為態様いかんを問わず、競技者が危険を引き受けているとは言えない。結果的に、違法性阻却は否定された。	
355	平成30年 2月28日 東京地 判タ1464-187	サッカー	X　競技者 Y　競技者	所属するサッカーチームの練習試合中に転倒して、右足関節開放性脱臼骨折の傷害を負い、創痕、伏在神経支配領域の知覚脱失及び足関節背屈時の趾屈曲現象の後遺障害を負った原告が、対戦チームに所属する被告に対し、原告の負傷は被告の危険なスライディングによるものである旨主張して、不法行為による損害賠償請求をした事案	本件スライディングは、少なくとも原告の真後ろのように、原告の視界の外で、およそ原告が認識し得ないような位置からされたものであるとは認められず、被告が原告によるボール保持を阻止するためのスライディング等のプレーを行うことも、当然に予想し得る状況にあったことなどから、被告において、スライディングをしてはならないという状況、すなわち、スライディングを行ってはならないという結果回避義務を課すべき状況にあったとまでは認めるに足りない。	
356	平成30年 3月1日 東京地 ウエストロー 2018WLJPCA 03018002 TKC25552788	スノーボード	X　利用者 Y　スキー場管理者	被告の管理するスキー場をスノーボードで滑走した原告がゲレンデ上のモーグルコースを構成するコブ斜面に着地して転倒負傷した事故	ゲレンデの状況や滑走態様を立証するため、当該スキー場で原告が滑走する様子を撮影した動画が証拠提出され、撮影のための交通費やリフト料金が損害として認定された。	
357	平成30年 3月7日 東京地 ウエストロー 2018WLJPCA 03078004 D1-Law2904 5071 TKC25553145	スキー	X　競技者（スキー） Y　競技者（スキー）	上方から滑走してきた被告が前方を注視し下方を滑走する原告との衝突を回避すべき注意義務を怠ったとして治療費慰謝料等の賠償を求め一部が認容された事例	上方からほぼ直線的に滑走してきた被告が、右向きに滑走してきた原告と衝突した。 原被告は相互に相手方の進行方向前方を横切ろうとする位置関係にあったと推認するのが合理的であり、原告がその際暴走していたとも、被告の速度が原告に比してさほど高速であったとも認められないことから、本件事故は、原被告のいずれか一方が自身の進行方向前方左右の安全に注意	

判例番号	年月日 裁判所 出典	種目	当事者 （X→原告 Y→被告）	事案の概要	判決内容	審級関係
					していれば、回避し得た蓋然性が極めて高く、また、その注意により回避し得た地点において、両者の滑走コースに明確な上下関係があったとは認められない。」として、被告と原告の責任を認めた（過失相殺5割）。 慰謝料の認定にあたり、一般に、スキーは受傷する危険のあるスポーツとして知られるところ、本件事故は、いずれもそのような危険のあるスキーを嗜好する原被告が、双方の前方不注視により惹起した同等の過失割合による事故であることを消極に考慮した。	
358	平成30年 3月23日 最高裁（2小） ウエストロー 2018WLJPCA 03236011	自動二輪車競技	X 競技者 Y 競技者	オフロードコース内で、Xが自動二輪車で走行中、Y運転の自動二輪車と正面衝突し、頚髄損傷等の傷害を負った事故	Yからの上告を不受理とし、Yの責任が認められた。	343、348の上告審
359	平成30年 7月19日 東京高 判時2417-54	リングリレー	X 競技者 Y 競技者	地域の運動会における自転車リングリレー（注：金属製のスティックで自転車のリングホイール（直径60cm弱程度の金属製の輪）を転がしながら、スタート地点の反対側に待機している次走者に向かって走り、リレー方式で往復し、その早さを地区別のチームで競うもの）競技中、同競技に参加していたXが、同じく同競技に参加していたYと衝突し、頚椎捻挫等の傷害を負った事故	競技参加者には、他の競技者らとの衝突を回避するように注意すべき一般的な注意義務があるとし、Yの注意義務違反を認め、スポーツであることによる違法性阻却も認めず、Yの責任が認められた。 本件受傷が親睦目的で行われたスポーツ競技中の衝突により生じたものであることからすると、交通事故における傷害事案と同様の基準で通院慰謝料の額を算定することは相当とはいえないとしたうえで、本件事故により頭部を地面に打ち付けた控訴人が脳震盪で意識が朦朧として動けなくなり、救急車で病院に搬送されたこと等、本件に関する一切の事情を鑑みて、控訴人の精神的苦痛を慰謝するための額としては10万円をもって相当と認める（なお、この慰謝料の額は、スタート直後であったとはいえ、控訴人も周囲の状況を注視しておらず、これが本件事故の一因となっていることを踏まえて定めたものであるので、この通院慰謝料については過失相殺	353の控訴審

判例番号	年月日 裁判所 出典	種目	当事者 （X→原告 Y→被告）	事案の概要	判決内容	審級関係
					することを要しない。）と判断した。	
360	平成30年 9月12日 東京高 判時2402-23	バドミントン	X　競技者 Y　競技者	後衛Y、前衛Xの時にYが相手方のショットを打ち返した際、YのラケットがXの左眼に当たり負傷したことについて、Yの過失を認めた事案	原審と同様に、控訴人（被告）の過失を認定し、違法性阻却も否定した。	354の控訴審
361	平成31年 2月1日 仙台高 判例秘書L074 20118 TKC25562681	バレーボール	X1　生徒 X2・X3　両親 Y1　県（県立高校） Y2　教員	県立高校の男子バレーボール部において、顧問の暴力・暴言により精神障害を発症し、不登校を余儀なくされたとして、関連する損害の賠償を求めた事案	被告教員が、本件訴訟が提起されるまで、原告生徒のみならず他のバレー部員に対して手をあげた事実を否認していたものの、原審の本人尋問においては、これを認める供述をする一方で、「平手打ち」は「ビンタ」と異なり暴力ではないなどと詭弁を弄していることなどの事情を考慮し、原告生徒に対する慰謝料を30万円と認定した。	351の控訴審
362	平成31年 4月18日 名古屋地 判タ1469-221 判例自治452-44	陸上競技（ハンマー投げ）	X　生徒 Y　県	県立高校の部活動中、ハンマー投げのハンマーのワイヤーが破断して、次の投てきのために待機していた原告の足にハンマーのヘッド部分がぶつかり受傷した事故	ハンマー投げのハンマーも公の営造物にあたるが、本件ではハンマーに瑕疵があったとはいえない。 投てき者の投てき方向の右後方部分が出入口となっており、その部分に防護ネットが張られていなかったことから、ハンマー投げの練習場として通常備えるべき安全性を欠いているとし、責任を認めた。	

スポーツ種目別一覧表

種目名	判例番号
合気道	51、162
アメリカンフットボール	254、294
運動会（体育祭）	119、194、243、318
カヌー	55
空手	23、29、185、346
器械体操	36、332、352
キックボクシング	235、350
剣道	20、245、256、260、300、321、337
ゴルフ	10、13、37、52、56、57、67、69、74、84、106、123、132、145、151、156、181、190、200、214、216、220、228、236、237、250、251、281、283、301、312、335、341、349
サーフィン	171
サッカー	19、46、73、112、141、160、208、221、232、246、264、276、289、302、308、339、355
自転車競技	180、257
自動車競技	98、101、158、182、224、269
自動二輪車競技	39、121、209、343、348、358
柔道	9、14、15、27、33、40、41、43、50、70、91、137、142、165、168、173、211、231、261、265、267、270、275、282、288、292、299、303、309、323、334、345
乗馬	286
新体操	242
水上オートバイ	273
スキー（そり等含む）	3、71、77、83、86、102、104、105、107、108、150、152、175、183、188、197、210、233、313、357
スキューバダイビング	79、89、113、117、154、179、201、202、205、218、227、230、234、240、268、320
スノーボード	229、290、296、298、328、356
スノーボードクロス	248
相撲	111、144、253、326
雪上歩行訓練	157
ソフトボール	212
体育	68、90、103、146、161、203、271

種目名	判例番号
体操	34、54、115、149、167、170、272
卓球	266
ダンス	226、317、340
釣り	42、66、278
テニス	61、64、88、128、176、187、316
登山	26、65、94、196、206、219
トライアスロン	114
日本拳法	342
バスケットボール	138、262、306、325
バドミントン	338、354、360
バレーボール	8、32、60、124、131、287、304、311、314、324、351、361
ハンドボール	122、127、255
プール・水泳	1、2、4、5、6、7、12、16、18、21、22、24、28、31、35、38、49、53、75、76、78、80、82、85、96、109、110、116、129、143、148、159、166、169、177、178、186、192、195、199、204、217、225、241、249、259、263、277、284、285、293、295、305、327、331、344、347
フットサル	258
部活動	247
ボート	134、244
ボクシング	172、174、184、291、297
ホッケー	193
マラソン	95、136
野球	11、17、25、45、47、48、72、92、99、100、118、125、126、130、139、140、147、189、191、198、207、213、238、239、252、274、279、280、307、310、319、322、329、330、336
ヨット	62、81、164
ラグビー	44、58、59、63、87、97、135、153、222、315
陸上競技	30、93、120、133、155、163、215、223、333、362
リングリレー	353、359

あとがき

本書は2020（令和2）年度関東十県会夏期研究会のテーマである「スポーツ事故の法律問題」についての研究成果をまとめたものです。研究会の準備としては、2018（平成30）年7月に委員会の主体となる会員を静岡、浜松、沼津から各10名ずつ選抜し、同年9月14日に合計30名の会員によって第1回の準備委員会を開催することにより、本格的に準備作業を開始することとなりました。

最初に、テーマについて検討しましたが、弁護士が実務に役立つようなテーマでかつ時宜に適ったものとは思いつつも、昨今、あらゆる分野にわたり実務書が多数発刊されていることから、テーマ選択には苦労しました。委員各自が1テーマ以上を考えるという条件でひねり出した41のテーマ候補から協議を重ねながら絞り込み、同年12月19日にようやく「スポーツと法に関する問題（仮）」のテーマが決定しました。このテーマが選ばれた理由は、言うまでもなく2020（令和2）年夏に予定された東京オリンピック・パラリンピックに乗っかったものでした(この時は、まさか延期されるとは夢にも思いませんでした)。

その後、2019（平成31）年の春先までは、目次内容を巡って、スポーツ関連の法律問題として、スポーツ事故以外にどこまで間口を広げるのかについて協議していました。そんな折、2020（令和2）年秋に開催される関東弁護士会連合会の大会シンポジウムのテーマが「スポーツと法」になったとの情報が飛び込んで来ました。そこで、同人会主催会である神奈川県弁護士会と調整した結果、夏期研究会は従前より実務的なテーマを取り上げていたことからスポーツ事故を中心とし、関弁連大会シンポジウムはスポーツ界の組織論など社会的なテーマに重きをおくことで、互いに棲み分けて盛り上げようということになりました。

テーマが「スポーツ事故」に絞られて目次内容が固まってからは、各種スポーツごとに関連判例の抽出作業を行いました。2019（令和元）年5月から8月にかけて、準備委員のほかに判例研究員として若手会員を駆り出して判例を調査し、同年9月9日には、抽出された判例をもとに各種スポーツごとに担当者が判例概要をまとめることで本書の骨格が見えてきました。

その後、準備委員は抽出された膨大な数の判例を判例一覧表に掲載するために絞り込み作業をしながら、翌2020（令和2）年1月15日までに初稿の原稿を提出するために年末年始を返上で原稿作成に取り組みました（この12月頃から「何やら中国で新型ウイルスが」というニュースが出ていたものの、当時は対岸の火事という感じでした)。

2020（令和2）年に入って春先までの2か月は、初稿の原稿を修正しながらまとめていく作業の大詰めに入っておりましたが、この最終コーナーを回った時期に新型コロナウイルスが猛威を振るい、世界中を感染の渦に巻き込んだことから、同年4月に東京オリンピック・パラリンピックの翌年への延期が決定されました。当準備委員会は、新型コロナウイルスにやる気を挫かれそうになりながらも、全員の底力で何とか踏ん張って本書を完成させることができました。

スポーツ事故をテーマにしたことで、各種スポーツ事故という多岐にわたる判例紹介ができたものの、他方で議論の深みという点では難しいテーマ選択となってしまったかもしれません。しかしながら、多種多様なスポーツに関する事故判例を紹介して分析したような書物は少ないので、スポーツ事故に関して調査する際の一助としていただければ幸いです。

最後に、本書を出版するに際しては、静岡県弁護士会の多くの会員、特に若手弁護士が中心となって準備してくれたことに感謝するとともに、常にアドバイスをいただき支えてくれた株式会社ぎょうせいの担当の方々に御礼を申し上げます。

令和2（2020）年8月

2020（令和2）年度
関東十県会夏期研究会実行委員会
委員長　洞　江　秀

裁判例からわかる

スポーツ事故の法律実務

令和2年9月25日　第1刷発行

編　集　静岡県弁護士会

発　行　株式会社ぎょうせい

〒136-8575　東京都江東区新木場1－18－11

電話　編集　03-6892-6508

営業　03-6892-6666

フリーコール　0120-953-431

〈検印省略〉　URL:https://gyosei.jp

印刷　ぎょうせいデジタル㈱

※乱丁・落丁本はお取り替えいたします。

ISBN978-4-324-10878-9

(5108639-00-000)

〔略号：スポーツ事故法律〕

〈関東十県会関連図書のご案内〉

—セクハラ・パワハラ・マタハラ・アカハラ・モラハラ—

Q&A
ハラスメントをめぐる諸問題

山梨県弁護士会／編集　A5判・定価（本体3,000円＋税）送料350円

電子版 本体3,000円＋税

●代表的な５つのハラスメントを中心にハラスメント全般を基礎的知識から具体的な対応まで、75の設問で簡潔にわかりやすく開設しました。（令元年9月）　5108550 QAハラスメント〈10701-0〉

分野別

ADR活用の実務

栃木県弁護士会／編　A5判・定価（本体3,700円＋税）送料350円

電子版 本体3,700円＋税

●ADRを交通事故、消費者、製造物、建築請負などの16の分野にわけ、42の機関を紹介。訴訟手続ではなく、紛争解決に向け、ADRのどの分野、どの機関を活用するか、その一助となる実務解説書。（平30年9月）　5108428 ADR実務〈10499-6〉

弁護士のための

保険相談対応Q&A

茨城県弁護士会／編　A5判・定価（本体4,000円＋税）送料350円

電子版 本体4,000円＋税

●生命保険・傷害保険・損害保険などの基本的なものから、災害・介護・年金・労災・雇用まで、広範囲な「保険」全般について、400を超えるテーマをQ&Aで簡潔に解説。（平29年9月）

5108370 保険相談 Q&A〈10390-6〉

立証の実務 改訂版

—証拠収集とその活用の手引—

群馬弁護士会／編　B5判・定価（本体3,700円＋税）送料350円

電子版 本体3,700円＋税

●10年ぶりに全面改訂した証拠収集活動に必ず役立つ弁護士必携書。立証活動を紛争・証拠類型ごとに分類し、「立証のポイント」「証拠の入手方法」をコンパクトにまとめて解説。（平28年9月）　5108254 立証実務改訂〈10178-0〉

※送料は2020年8月時点の料金です。

株式会社 ぎょうせい

フリーコール　※電子版は ぎょうせいオンラインショップ 検索 からご注文ください。

TEL：0120-953-431［平日9～17時］ FAX：0120-953-495

〒136-8575 東京都江東区新木場1-18-11

https://shop.gyosei.jp　ぎょうせいオンラインショップ 検索